科技金融银投合作的制度逻辑

吴佳其○著

经济日报出版社

图书在版编目（CIP）数据

科技金融银投合作的制度逻辑 / 吴佳其著 . -- 北京 : 经济日报出版社 , 2022.12
ISBN 978-7-5196-1216-0

Ⅰ . ①科 ... Ⅱ . ①吴 ... Ⅲ . ①科学技术—金融—研究—中国 Ⅳ . ① F832

中国版本图书馆 CIP 数据核字 (2022) 第 194237 号

科技金融银投合作的制度逻辑

作　　者	吴佳其
责任编辑	李晓红
责任校对	贾瑞雪
出版发行	经济日报出版社
地　　址	北京市西城区白纸坊东街 2 号 A 座综合楼 710(邮政编码 :100054)
电　　话	010-63567684 （总编室）
	010-63584556 （财经编辑部）
	010-63567687（企业与企业家史编辑部）
	010-63567683（经济与管理学术编辑部）
	010-63538621 63567692（发行部）
网　　址	www.edpbook.com.cn
E - mail	edpbook@126.com
经　　销	全国新华书店
印　　刷	北京虎彩文化传播有限公司
开　　本	710 毫米 ×1000 毫米　1/16
印　　张	18.5
字　　数	221 千字
版　　次	2022 年 12 月第 1 版
印　　次	2022 年 12 月第 1 次印刷
书　　号	ISBN 978-7-5196-1216-0
定　　价	48.00 元

摘 要

ABSTRACT

我国全面创新改革试验自启动以来，金融服务企业科技创新的银投合作试验一直是科技金融的亮点。随着国务院科技金融成果的发布，银投合作试验呈现新变化。引发的思考是：这些新变化能有效降低制度性交易成本吗？金融服务企业科技创新是否有规律可循？如何符合规律地优化科技金融服务？理性探讨这些问题，可以助力于试验区当下全面创新试验的深化，还可以为实现党的十八届五中全会提出的“产业链、创新链、资金链”三链融合以及党的十九大提出的“构建实体经济、科技创新、现代金融、人力资源协同发展的产业体系”提供一定学理参考。文献回顾发现，囿于银行贷款契约信息的机密性和传统融资理论的“理性人”（rational person）研究范式相关因素，目前基于银投合作制度变迁背景，系统探讨金融体系如何服务企业科技创新的理论成果还很稀缺。

在新制度学理论的“契约人”（contractual person）研究范式下，科技金融制度优化的目的是节约金融交易成本。交易成本经济学（transaction cost economics）认为，只有融资契约选择和契约治理相互匹配才能节约金融交易成本。因此结合我国现有贷款制度和银投合作试验，可以将前述问题围绕融资契约选择和契约治理归纳为以下两个子问题：①适宜企业科技创新的融资契约选择究竟是“投”（股权融资）还是“贷”（债权融资）？②适宜企业科技创新的契约治理机制究竟是关系缔约还是古典缔约？在探讨融资契约选择和契约治理这些影响科技金融交易的共性问题的基础上，进一步分情景讨论科技金融交易的个性问题，最后通过交易成本理论的比较制度分析（comparative institutional analysis），为我国新时代科技金融发展提供学理参考。

本研究共分7章。

第1章是导论，介绍选题背景和意义、研究思路和方法、全文结构和内容、创新性。

第2章是文献综述，对科技金融、专用性资本和贷款缔约做出定义。将专用性资本划为物质专用性资本、关系专用性资本分别进行文献回顾。从我国企业科技创新的主要资金来源——债权融资、股权融资、政府资助——对科技金融相关文献进行回顾和述评。文献分析结果发现，不同融资来源虽然对科技创新产出存在异质影响，但是都有助于缓释企业科技创新的融资约束，后者是深入探讨本研究研究主题的重要前提。

第3章是制度背景和理论基础阐述，梳理了我国科技金融的制度变迁脉络，对银投合作这一重要科技金融制度进行了深入考察。紧扣研究主题和专用性资本投入的内涵，给出科技创新的组织资源理论、交易成本理论、关系契约理论三大理论基础，对两个子问题进行初步分析，为后文实证分析提供必要的制度背景和理论铺垫。制度分析和理论分析结果发现，①党的十一届三中全会以来，我国科技金融发展属于政府主导下的渐进性制度变迁，银行一直是核心的次级行动方，银投合作是科技金融新的发展方向；②专用性资本投入是贯穿组织资源理论、交易成本理论和关系契约理论的核心术语，基于此，将三大理论融入新制度学理论分析框架，增进了全文理论分析的系统性和解释力。

第4章、第5章、第6章分别检验不同专用性资本投入对贷款缔约行为的影响，实证考察了科技金融交易的共性规律和个性特征。基于我国《合同法》《贷款通则》等贷款制度，选用全面创新改革试验区第一手大样本贷款交易数据和银行监管数据，从“企业融资契约选择（要约）→银行贷款信誉认证（承诺）→银企关系契约治理（立约）”三个缔约层级纵向论证前述两个子问题。实证结果发现：①专用性资本投入与企业选择股权契约融资正相关，与企业选择债权契约融资负相关；②物质专用性投入与银行信誉认证负相关，关系专用性投入与银行信誉认证正相关；③专用性资本投入主要通过匹配长期契约和节约交易成本传递了关系契约信号；④分情景探讨了科技金融交易的个性问题，其结果为上述共性发现提供了证据支撑。本研究的实证研究为银投合作服务企业科技创新的融资契约选择和契约治理提供了明晰的学理参考。

第7章是全文的结束。对全文的主要结论和政策启示进行总结，介绍全文的不足和未来的改进方向。

本研究可能的创新体现在以下三方面。

（1）尝试性探讨了一个理论性和决策有用性兼备的新制度金融学命题。科技金融这一术语本身就蕴含本土特色，在金融制度变迁下构建本土金融理论体系被赋予了特殊含义和使命（张杰，2020）。聚焦于我国当下全面创新改革试验的科技金融前沿政策热点，以科技金融银投合作制度优化为研究对象，紧扣制度优化的微观动因，对“试验区”银投合作服务企业科技创新这一制度金融学命题从理论上和实证上做出尝试性探讨。基于实证结果和比较制度分析，明确了科技金融交易的融资契约选择方向和契约治理重点。进一步考察两者间的匹配性后，凝练出科技金融合伙制组织创新和以核心价值观集聚社会资本等观点。

（2）选用的微观制度研究范式和理论分析切入有一定新意。全文将交易成本理论的微观规范研究融入本土化的实证制度金融学研究，初步廓清了专用性资本（物质资本、社会资本）投入作用于科技金融交易的微观机理。将交易成本理论的“交易频率”与关系契约理论的“关系型社会资本”实现创造性融合。基于大样本微观贷款交易数据和银行监管数据，从实证上对理论机理做出检验。从“契约人”双边要素交易视角弥补了传统融资理论单边“理性”的认知不足，为新制度学理论的本土化，使其服务于我国科技金融发展做出有益尝试。

（3）实证分析选用的数据、变量和论证逻辑有一定新意。所选近10万笔贷款交易来自我国全面创新改革试验区。银行是链接宏微观经济组织的特殊中介（Gertler等，2020），银行贷款交易信息在我国理论界较为稀缺，具有独特的学术价值。综合国内外银行业监管体系及其指标，考察银企双边专用性资本投入对关系契约条款的影响。变量选用与研究主题的契合度较高，重点凸出。基于新制度学理论框架，从横向上、纵向上论证研究主题。论证逻辑较为严谨。选用TE模型、IV估计、PSM方法等对实证结果进行了稳健性测试和科技金融分情景讨论。主要实证结果可以相互印证。

关键词： 科技金融；专用性资本；交易成本；契约人假说；创新发展；组织间信任

ABSTRACT

Since China's comprehensive innovation and reform experiment was launched , the Bank–VC (venture capital) cooperation experiment of financial service to enterprise innovation has been the highlight of Science and Technology (Sci–tech) Finance.The State Council of China announced a new batch of Sci–tech Finance achievements, which prompted new changes to take place in the experiment of Bank–VC cooperation. All of them beg the questions as follows: Can these changes effectively reduce the transaction cost of the institution? Are there rules to follow in the innovation of financial service to enterprises? How to optimize the Sci–tech Financial Institutions in accordance with rules? A rational discussion of these problems can help deepen the current innovation experiment in the Experimental Zone, and also provide a theoretical reference for realizing the integration of "industrial chain, innovation chain and capital chain" proposed by the Fifth Plenary Session of the 18th CPC Central Committee, and for realizing "establishing an industrial system of coordinated development of real economy, Sci–tech innovation, modern finance and human resources" proposed by the 19th National Congress of the CPC. Literature review shows that due to the confidentiality of the data of loan contracts and the "rational person" paradigms, few theoretical results are found concerning systematic exploration of the above issues.

Guided the "contractual person" paradigms of new institutionalism theory, the purpose of optimizing the Sci–tech Finance institution is to save transaction costs. Transaction cost economics believes that only when contract selection and contract governance match each other could transaction costs be saved. Therefore, combined with China's existing loan extending regulations and the pilot of Bank–VC cooperation, the above problems can be divided into the following two sub–problems around loan contract selection and contract governance: (1) Which is more suitable for enterprise innovation, "investment" (equity financing) or "loan" (debt financing) ? (2) Which contract governance mechanism is more suitable for enterprise innovation, relational contracting or classical contracting? On the basis of discussing the common problems of contract selection and contract governance, this study investigates the heterogeneity of high–tech enterprises, and, through comparative institutional analysis, provides theoretical reference for the development of the Sci–tech finance of the new era in our country.

This study consists of seven chapters.

Chapter 1 is the introduction, which introduces the background of the topic, research significance, research logic and methods, study structure and contents, innovations.

Chapter 2 presents a review of the research, which defines the important concepts, and reviews the literatures of specificity capital in terms of material specificity and relationship specificity. This study critiques and evaluates the research on Sci–tech Finance from the perspective of financing sources of enterprise innovation–debt financing, equity financing and government funding. It is found that although these financing sources have heterogeneous effects on innovation output, they all help to release the financing constraints of enterprise innovation, which serves as the premise of the research theme into which my study will conduct a deeper exploration.

Chapter 3 elucidates the analysis of the institution background and theoretical basis, introduces the development of Sci–tech Finance in China, and makes a special investigation on the Bank–VC cooperation institution. Closely related to the research topic, the study gives the theoretical basis, and makes a preliminary analysis of the two sub–problems, which provides the necessary institutional background and theoretical foundation for the empirical analysis. It is found that since the 3rd Plenary Session of the 11th CPC Central Committee governments have led the gradual institutional change of Sci–tech Finance, and banks have always been the core secondary actors. The relationship financing under Bank–VC cooperation is the development direction of Sci–tech Finance.

Chapters 4, 5 and 6 respectively test the effect of different specificity capital inputs to loan contracting behavior, empirically examine the regularity and heterogeneity of Sci–tech Finance in development. Based on China's "Contract Law" and "General Principles of Loans" and other loan institutions, this study selects the first–hand loan transaction records from "Experimental Zone", and vertically addresses the above two sub–problems from three contracting levels:

enterprise financing contracts selection, bank loan credit certification, and contracts governance. It is found that: (1) there is a positive correlation between specificity capital investment and enterprises' choice of equity contract financing; (2) there is a negative correlation between material specificity inputs and bank credit certification; (3) specificity capital inputs transmits relational contracting signal; (4) By further selecting the samples of Sci–tech enterprise financing, the section offers micro supportive evidence to the finding of the homogeneity of the above–mentioned Sci–tech enterprise financing. The impirical research in this study provides a clearer theoretical reference to the Bank–VC cooperative services to enterprise innovation in selection of contracts and contract governance.

Chapter 7 draws the conclusion to the study. This chapter summarizes the main conclusions and policy implications, and points out the shortcomings and future improvement direction of the study.

The possible innovations of this study are as follows:

(1) The topic is original as the study focuses on the frontier policy hot spots of Sci–tech Finance in China's comprehensive innovation and reform experiment. Taking the optimization of Bank–VC cooperation institution as the research object, and focusing on the micro motivation of the optimization of Sci–tech Finance institution, this study makes a theoretical and empirical exploration into the institutional proposition of Bank–VC cooperation service to enterprise innovation. Based on the above empirical results and the comparative institutional analysis of the TCT, there are new findings, and combined with the optimization of the Bank–VC cooperation institution, a new view of partnetship organizational innovation is

extracted.

(2) The micro institutional research paradigm and theoretical analysis are innovative. This study integrates the micro transaction analysis paradigm of Transaction Cost Theory (TCT) into the localized Relational Contract Theory (RCT), and preliminarily clarifies the micro mechanism of specificity capital (material capital & social capital) inputs affecting Sci–tech Finance. Based on the micro loan records, this study empirically tests the theoretical mechanism. From the perspective of two–way factor trading of "contractual person", it expands the limitation of unilateral "rational person" in traditional financing theory, and makes a beneficial attempt for the localization of new institutional theory and its service to China's Sci–tech Finance development.

(3) The data, variables and logic of argument used in empirical analysis are innovative. The selected nearly 100,000 loan transactions, of which the data are rare in the related academic circle, are from the comprehensive innovation and reform pilot zone in China, and the variable setting is highly consistent with the research theme. Based on the theoretical analysis framework of new institutionalism, this study demonstrates the research theme from the horizontal and vertical aspects. The logic of argument is more rigorous. TE estimation, IV estimation and PSM estimation are used to test the robustness and heterogeneity of the empirical results. The main results can be verified vertically and horizontally.

Key words: Sci–tech Finance, Specificity Capital, Transaction Cost, Contractor Hypothesis, Innovation Development， Inter–organization Trust

目 录

CONTENTS

第1章

导 论

1.1　选题背景和意义

1.1.1　现实背景和意义

党的十八大以来，我国自主创新力度加大。金融服务于经济组织创新，即科技金融的发展被赋予新的历史意涵。习近平总书记在2013年指出，以科技创新面向经济社会发展为导向，加大“产业链、创新链、资金链”三链的辩证融合。国家科技部和人民银行等部委于2014年联合发布《关于大力推进体制机制创新扎实做好科技金融服务的意见》。党的十八大五中全会指出，建立从实验研究、中试到生产的全周期科技金融服务模式。2017年《国家创新驱动发展战略纲要》进一步明确，要立足我国国情及科技金融发展和改革的实际，探索适宜我国企业科技创新的金融服务模式。2017年党的十九大报告指出，建立实体经济、科技创新、现代金融和人力资源协同发展的产业体系，从发展实体经济的科技资本、金融资本、人力资本战略要素投入的视角为科技金融“三链融合”提供了新时代的诠释。党的十九届五中全会再次凸显发展科技金融的新时代意涵。

作为科技金融顶层制度的次级行动方，国家科技部和金融监管部门、国有银行、证券交易所等金融组织就促进科技金融发展建立了组织合作。同时，地方政府科技主管部门与地方金融监管部门、地方金融组织也建立了组织合作，形成了各级政府部门和金融组织上下联动的合作体系。为了强化科技金融制度执行，国家科技部与金融监管部门在2009—2016年分批次开展科技金融试点，这些试点区域主要分布在“全面创新改革试验区”和“国家自主创新示范区”[①]。试点区域在债权资本、股权资本协同服务企业科技创新方面[②]，积极探索，先行先试，积累了成功经验，发挥出试验区科技金融制度创新的引领效应。

（1）企业科技创新的债权资本支持。我国金融体系长期由银行主导，贷款交易是银行经营的核心构成（王国刚，2019；殷孟波等，2020b；马永强等，2021），银行贷款债权资本是企业科技创新主流的融资来源（马光荣等，2014；翟胜宝等，2018；张明喜等，2019）。金融监管部门在2013年颁布了做好小企业金融服务的指导意见，文件要求银行落实贷款定价、贷款核算和审批、人员培训、激励约束机制、违约信息通报等“六项机制”，纾解小企业贷款难困局。2014年颁布《关于大力推进体制机制创新扎实做好科技金融服务的意见》，鼓励银行在高科技产业开发区设置专门组织，服务科技企业创新。允许依法发起设立民营银行，为企业科技创新提供专业金融服务。这些制度为我国金融体系服务企业科技创新提供了科学指引。在其他债权资本募集方面，我国近年还推出中小企业集合债、中小企业私募债、“创业创新债”等新型金融工具，为企业科技创新提供了更多债权融资选项。

（2）企业科技创新的股权资本支持。政府风险股权投资（government venture capital，GVC）和企业风险股权投资（corporate venture capital，CVC）是企业科技创新重要的股权资本来源。政府通过产业基金引导和财税支持发

① 我国8个“全面创新改革试验区”由党中央全面深化改革委员会于2015年审议设置，“国家自主创新示范区”由国务院于2009年起分批审议设置。党中央和国务院部署这些区域的目的是增进科技创新和制度创新的协同性。本研究立足于“全面创新改革试验区”考察我国科技金融发展和改革。

② 在2020年8月的“十四五”规划纲要编制座谈会上，习近平总书记明确了企业是我国技术创新体系的主体和创新要素集成的生力军。国家统计局的数据显示，2019年全国R&D经费源于企业的比例超过75%。本研究重点关注的参与科技金融交易的经济组织为企业。

挥了重要的杠杆撬动效应。国务院于2014年颁布《关于深化中央财政科技计划管理改革方案》，进一步优化了中央财政对科技创新的资助。政府创业风险股权投资引导基金，通过阶段性参股、风险补助等方式推进我国风险股权投资行业发展。风险股权投资组织为我国非上市企业的科技创新提供了重要的股权融资支持，还发挥了专用性人力资本优势，为企业科技创新提供技术和管理咨询等专业服务，形成了更紧密的关系契约治理。国务院在2016年颁布《关于促进创业投资持续健康发展的若干意见》，从创业创新投资主体、资金来源和政策扶持等方面持续优化科技金融的股权资本供给。近年来，我国风险股权投资发展迅速，中国创业投资仅次于美国，已成为名副其实的创业投资大国，但是风险股权资本对企业科技创新的融资支持最高仅为同期银行贷款的0.18%，美国则为5.70%（王满四和王旭东，2020）①。这说明银行仍然是我国企业科技创新资金要素最大的支持体，银行体系是我国当前发展科技金融可能的突破口。

（3）企业科技创新的债权股权资本协同支持。2016年，国家金融监管部门和科技部联合制定《关于支持银行业金融机构加大创新力度开展科创企业投贷联动试点的指导意见》。在“试验区”选择10家银行启动银投合作（银行和风险股权投资合作）服务企业科技创新的试点。此后，全国成立科技银行分支机构超过200家。这些经济组织是银投合作制度的次级行动方，发挥着债权资本、股权资本供给主体的功能。银投合作正在国内深入推进，代表了我国科技金融制度变迁的前沿，是我国贷款制度从规制单一的债权交易到规制债权股权交易的高级化。资本市场是上市企业科技创新主要的股权资本

① 资料来源：Pitch Book数据库、美联储经济研究中心、CEIC数据库，2010—2018年。

来源。因为上市企业的资质较高，面临的融资约束相比非上市企业低（钟宁桦等，2016）。服务于非上市企业股权融资，是发展多层次资本市场的主要任务，地方股权交易市场是多层次资本市场的重要构成。我国8个全面创新改革试验区正在积极探索建立银投合作的交易创新、组织创新、制度创新，这为科技金融的学术研究提供了现实的肥壤沃土。

综上所述，我国的科技体制和金融体制的构成有其特殊的国情背景，优化科技金融服务需要立足于实际，具体问题具体分析，避免落入“经验主义”和“本本主义”的窠臼。伴随着我国经济的迅速崛起以及金融改革情景，相关金融理论的“本土化”被赋予了全新的含义和使命（张杰，2020）。本研究扎根于我国科技金融试验区的现实土壤，在新制度学理论框架下，对“金融体系如何在银投合作制度变迁下服务企业科技创新”这一重要的制度金融学命题做出尝试性探讨①。笔者首先从企业科技创新与融资支持的相关文献入手，在分析和归纳现有文献贡献和不足的基础上，对我国科技金融渐进性制度变迁脉络进行了梳理，寻找科技创新专用性要素投入影响贷款缔约行为的基础理论。然后，基于“试验区”近10万笔贷款交易数据和银行监管数据，分别实证检验了专用性资本投入对企业融资契约选择（要约）、银行信誉认证（承诺）、关系契约条款（立约）的影响。最后，基于交易成本理论的比较制度分析方法，考察了融资契约选择与契约治理是否匹配。笔者期望本研究可以为理论界、政策界、实务界合力推动我国新时代科技金融发展提供一定学理参考。

---

① 张杰（2011）系统梳理了制度金融学的理论脉络，发现，制度金融学（institutional finance）和Williamson首次提出的新制度经济学（new institutional economics，NIE，是新制度学理论的主体）一脉相承，相比于新古典融资理论引入了更多的交易成本分析和“契约人”微观分析。

1.1.2　理论背景和意义

依据第2章对科技金融术语的定义，科技金融本质上是经济组织间有关资金要素的交易行为，立足于融资方视角的理论体系相对更完备。在新古典融资理论体系下，Modigliani和Miller（1958）基于融资方的“理性人”视角，开创性地提出MM融资理论以来，有关企业融资影响因素的研究，譬如税盾、破产清算、持续经营、公司治理、融资能力等成为公司金融研究领域的热门话题。在20世纪80年代，Brander和Lewis（1986）基于组织行为理论将企业融资行为的影响因素拓展到产业组织领域，认为企业的战略性投资决策会影响其融资决策，开创性地研究了产品决策对融资行为的影响。之后，行业特征和产业生命周期等影响企业产品市场竞争的外生性因素与融资结构的关系引发学人关注。Williamson（1988）基于“契约人”视角，在交易成本理论中指出，企业融资是有关资金要素的微观交易，首先，融资决策取决于企业对融资契约的选择；其次，融资决策还取决于缔约当事人对融资契约治理的安排。只有在融资契约选择与融资契约治理相匹配的情况下，才能节约金融交易成本。因此企业科技创新选择融资契约不单是选择一种融资工具，还涉及选择与金融权利相匹配的契约治理机制（张杰，2011）。债权融资一般匹配古典契约治理，而股权融资一般匹配关系契约治理。

传统融资理论重点关注完全契约假设条件下，企业融资决策的最优化。优序融资理论（pecking order theory）、权衡理论（trade-off theory）、代理成本理论（agency cost theory）等都存在一系列假设条件，譬如行为人理性假设、金融市场无摩擦假设、融资契约可执行假设。在优序融资理论和权衡理论下，即便是相同的融资契约影响因素，其作用机理和后果迥异，传统融资理论孰优孰劣，理论界尚未达成一致意见（肖泽忠和邹宏，2008）。①优序融资理论认为，企业选用债权融资的交易成本比内源性股权融资高，但是比外源性股权融资低，所以企业债权融资能力用尽之后才会选用外源股权融资。如果企业科技创新成功概率高则会创造"租金效应"，在优序融资理论的持续经营假说条件下，高效率的企业科技创新会保有更多留存收益，因为选用留存收益融资的交易成本低，所以企业会优先选择留存收益融资，结果导致科技创新投资与选用债权融资负相关。②权衡理论认为，企业选择债权融资是基于税盾收益和破产清算成本等因素综合权衡后的结果。如果在债权融资能力范围内举债，企业就不会发生破产清算风险，接近或超过最大债权融资能力，破产清算风险就会增加。因此在权衡理论的破产清算假说条件下，企业科技创新投入越高，越能实现税盾收益，并且破产清算风险越低，选用债权融资还可以缓解更多自由现金流量（free cash flow）所诱致的代理成本问题，结果导致企业科技创新专用性投入与选用债权融资正相关。由此可见，选用传统融资理论分析企业融资行为也要具体问题具体分析。

Williamson在1988年从不完全契约假设条件出发，指出随着企业科技创新专用性投入强度加大，预期收益的不确定性会加大，此时选用股权融资与选用债权融资的交易成本都会变大，但是在"契约人"假说条件下，基于债权融资契约的古典契约治理，或新古典契约治理很难保护债权人的产权，债务人提供给债权人的物权担保所赋予的优先受偿权也会因物质专用性而被削弱（Williamson，1996）。因此，随着科技创新专用性的投入加大，企业可能越偏好选用股权融资和关系契约治理。Williamson的这一思路较深刻地体现专用性资本投入、"套牢效应"的不确定性（uncertain）以及交易频率（frequency，一种关系契约治理机制）这三个交易维度间的内在微观机理[①]，这也正是交易成本理论视角的企业融资理论相比于传统融资理论的独特之处。进一步，Shleifer 和Vishny（1992）考虑在破产清算假说条件下，选用资产出售的一般均衡模型，将专用性投入的最佳使用价值与破产清算残值之差用于测度专用性投入强度，发现，专用性投入越高，企业选择债权融资的比例越低。Williamson（1988）和Shleifer & Vishny（1992）对专用性资本投入与企业融资行为间的关系得出了较为明确的结论，为后续学人提供了文献参考。

综上所述，企业融资除受“理性人”的最优化融资决策影响外，还需要结合所处的制度情景考察正式制度和非正式制度对双边交易所带来的影响（程六兵等，2017；马永强等，2021）。尤其需要关注微观层面“契约人”因素，将更多反映真实交易的人性因子（譬如信任感、有限理性和机会主义）纳入理论分析，以避免传统融资理论单边“理性”有余而“契约人”社会性分析不足的瑕疵（张敦力和李四海，2012）。相比于其他融资理论，交易成本理论更加专注于微观“契约人”双边交易分析，但是该理论主要是在破产清算假说条件下，探讨如何规避专用性资本投入诱致的“套牢”风险。事实上，企业科技创新主要考察在持续经营假说条件下，如何创造专用性资本投入的“租金效应”。因此，有必要将企业的融资契约选择、投资人的意愿和双边契约治理纳入统一的理论框架，系统考察专用性资本投入的“租金效应”和“套牢效应”，以得出更富含理论指引意义的研究结论。我国企业科技创新的债权融资主要依赖于银行贷款支持（翟胜宝等，2018；王满四和王旭东，2020）。贷款市场是化解我国企业科技创新融资约束的主要抓手

① 第4章、第5章、第6章实证模型选用专用性资本投入（ASI）、不确定性（uncertain）和交易频率（frequency，代理关系型社会资本）为核心解释变量。这些变量更详细的理论阐释参见3.2节。

（纪洋等，2018；殷孟波等，2020b），在我国特殊的制度背景下，银行贷款信息具有独特的经济价值（马永强等，2021）。我国在长期历史沿革中形成的“社会人情”，特有的差序格局中的人际关系构成了最为稳固的社会关系网络（费孝通，1998；徐德信和汪国银，2010）。因此，基于贷款市场的真实贷款交易和嵌入“契约人”属性，分析企业科技创新的融资契约选择、银行的贷款意愿和银企关系契约治理，可以增进新制度学理论体系的本土化，使其更好地服务于我国新时代的科技金融发展。

1.2 研究思路和方法

本研究遵循问题原则，沿着“问题背景→问题提出→问题分析→问题解决”的总体思路展开。①在银投合作制度变迁背景下，提出拟探讨的科技金融制度优化主题；②在新制度学理论体系下，将主题细分为两个子问题加以系统论证；③基于对两个子问题的论证，通过比较制度分析得出科技金融制度优化的政策性启示。

新制度学理论认为，科技金融制度优化的主要目标是节约金融交易成本。因为金融交易的标的是金融产权，其载体是金融契约（Williamson，1996；张杰，2011）。所以，科技金融还可以诠释为因金融产权交易链接而成的融资契约关系。Williamson（1996）认为节约金融交易成本的必要条件是，融资契约选择和契约治理相匹配。因此，结合我国科技金融银投合作试点和现有贷款制度，可以将“金融体系如何在银投合作制度变迁下服务企业科技创新”这一主题围绕融资契约选择和契约治理细分为以下两个子问题。子问题1，适宜于企业科技创新的金融交易究竟是“投”（股权融资）还是“贷”（债权融资）？子问题2，适宜于企业科技创新的契约治理机制究竟是关系缔约还是古典缔约？在探讨有关融资契约选择和契约治理这些影响科技金融交易的共性问题基础上，本研究选用倾向得分匹配（propensity score matching，简称PSM）等方法，分情景考察了科技金融交易的个性特征，以对共性发现加以佐证。

企业科技创新事实上需要投入大量的专用性资本。理论上，这些专用性资本又是影响科技金融交易的决定因素。因为交易成本理论认为，科技金融交易主要取决于专用性资本投入、不确定性、交易频率三个维度。专用资本投入同时存在租金效应（rents effect）、套牢效应（hold-up effect）和治理效应（governance effect），是影响金融交易的关键。鉴于此，本研究紧扣专用性资本投入，初步廓清了专用性资本投入作用于科技金融贷款缔约的微观机理“专用性资本投入→融资契约选择（要约）→契约人（承诺）→契约治理（立约）”。在这4个环节中，因为融资契约是金融产权交易和契约治理的载体，所以，贷款缔约行为可以传递融资契约选择和契约治理信号。科技创新的组织资源理论认为，企业科技创新投入属于专用性投入范畴，其目的在于形成新的专用性资源，这些资源是企业创造“租金效应”的源泉。由此可见，专用性资本投入和企业科技创新投入互为表里，是影响经济组织间资金要素交易的先导（更系统的理论阐释参见3.2节）。研究思路如图1.1所示。

本研究选用理论分析与经验研究相结合的方法，重点探讨银投合作制度变迁下科技金融制度优化。①理论基础主要涵盖新制度经济学、组织行为学、民商法学等学科，理论分析融合了形式逻辑的归纳推理和演绎推理；②在实证分析部分，选用大样本银行贷款交易数据和银行监管数据，立足于我国银投合作试验，构建多元回归模型，选用TE模型、IV估计、PSM方法对主

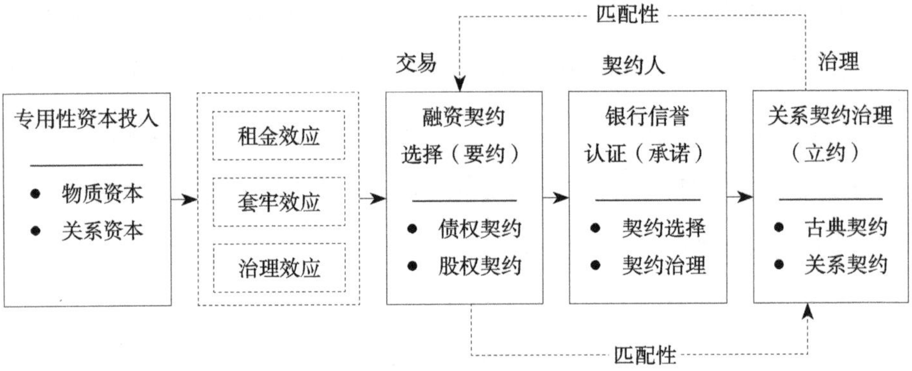

图1.1　研究思路图

要实证结果进行稳健性测试和科技金融分情景讨论；③创新性选用交易成本理论的比较制度分析方法，考察融资契约选择和契约治理间的匹配性，为我国科技金融制度优化提供学理参考；④全书各章均涉及文献研究方法，相比前人文献，本书的研究主题、理论切入视角、数据“原材料”选用和观点提出等方面有一定新意（相关内容的文献述评参见2.6节），可以为新制度学理论的本土化，使其服务我国科技金融发展提供文献补充。

1.3　研究框架和内容

本研究共7章。包括导论和正文两部分，各部分内容构成如图1.2所示。

第1章，导论部分。介绍本研究的选题背景、研究意义、研究思路与研究方法、全文的结构与内容、创新性。

正文共分6章。

第2章，文献综述。首先对科技金融、专用性资本和贷款缔约进行定义。其次对专用性资本做出细分，依照物质专用性、关系专用性分别进行文献回顾。从我国企业科技创新的主流资金来源——银行贷款债权资本、风险股权资本、政府资助——对科技金融相关文献进行回顾。最后对现有研究进行述评，总结当前研究仍然存在的一些问题，进一步凸显本研究选题意义和创新性，为后文的理论分析和实证分析提供文献支撑。文献研究发现，不同融资来源对科技创新产出虽然存在异质影响，但是都有助于缓释企业科技创新的融资约束，后者是深入探讨本研究主题的重要前提。

第3章，制度背景和理论基础。论文基于新制度学理论框架，首先梳理我国科技金融的渐进性制度变迁脉络，对新时期的科技金融银投合作制度，从内部和外部合作分别加以考察，提炼相应的融资契约选择和融资契约治理信息。本书紧扣研究主题，沿用“专用性资本投入→融资契约选择（要约）→契约人（承诺）→契约治理（立约）”研究思路，给出本研究理论基础，并对两个子问题进行初步分析。这些理论主要包含：科技创新的组织资源理论、交易成本理论和关系契约理论。本章内容为后文实证分析的假设提出，实证结果的经济意义探讨，提供了必要的制度背景和理论铺垫。①制度分析发现，改革开放以来，我国科技金融发展和改革属于政府主导下的渐进性制度变迁，银行一直是核心的次级行动方，银投合作是科技金融新的发展方向。②理论分析发现，专用性资本投入是贯串组织资源理论、交易成本理论和关系契约理论的核心术语，以此将三大理论体系融入新制度学理论分析框架，增进了本书理论分析的系统性和解释力。

第4章、第5章、第6章展开本研究的实证分析。

基于我国《合同法》《贷款通则》等贷款制度[①]，选用全面创新改革试验

① 我国自2021年1月1日起施行《民法典》，本研究样本所适用的《合同法》同时废止。笔者详细核对后发现，前述法律文本中与本书相关的条款内容前后一致。

区的第一手贷款交易数据和银行监管数据，从贷款交易“企业融资契约选择（要约）→银行计算性组织间信任（承诺）→银企双边契约治理（立约）”三个缔约层级纵向推进论证前述两个子问题。第4章和第5章主要论证子问题1。第5章和第6章主要论证子问题2。

第4章，专用性资本投入对企业融资契约选择的影响。在企业存在外源融资需求时，从企业发起融资要约的视角，探讨了专用性资本投入对企业选择融资契约的影响。企业选择融资契约可以理解为选用债权融资或股权融资调整融资结构。其实质是企业在不完全契约条件下为保护专用性投资而选择的契约治理机制（Williamson，1988；韩洪云和李寒凝，2018）。基准回归结果表明，专用性物质资本和专用性关系资本投入均对企业负债率有负向影响。这意味着专用性资本投入强度越高，企业越偏好选用股权融资和关系契约治理。这一结果与交易成本理论的预期一致。本书选用处理效应（TE）模型、工具变量（IV）方法检验模型稳健性。选用PSM等方法深入考察了科技金融情景后发现，专用性资本投入对企业负债率的负向影响在科技企业中更加凸显，科技金融交易的共性得到分情景讨论结果的进一步验证。子问题1得到初步回答。

第5章，专用性资本投入对银行组织间信任的影响。银行信誉认证行为既关系到融资契约选择也关系到融资契约治理。本章发挥了承上启下的作用。一方面，从银行信誉认证视角继续探讨专用性资本投入对融资契约选择（要约）的影响。因为全样本是基于我国“贷款新规”制度下的贷款债权交易，银行授信的主要决策依据是企业的信誉等级，通过信誉认证即可辨别实现债权交易的概率。全样本和科技金融分情景实证结果表明，专用性物质资本投入对信誉认证有负向影响，专用性关系资本投入对信誉认证有正向影响。说明企业物质资本专用性越高，越可能向银行传递“套牢”信号，银行向企业提供债权资本的意愿会受到抑制。选用PSM等方法深入考察了科技金融情景，发现，专用性物质资本投入对信誉认证的负向影响在科技企业中更加凸显。子问题1得到进一步回答。另一方面，信誉认证是银行在不完全契约条件下对缔结关系契约的预判（Kreps和Wilson，1982；Williamson，1996；韩洪云和李寒凝，2018）。关系型社会资本可以增进缔约双方的信任。实证结果表明，关系型社会资本投入对信誉认证具有正向影响，说明关系型社会资本有助于增进银行信任感，进而助力于双方缔结关系契约。子问题2得到初步回答。

第6章，专用性资本投入对关系契约条款的影响。本章从银企双边贷款立约视角进一步探讨专用性资本投入对契约治理的影响。新制度学理论认为，专用性资本投入所诱致的“套牢效应”其主要治理机制，是长期契约（Coase，1937）和纵向一体化（Williamson，1971；Klein等，1978）。我国《合同法》《贷款通则》规定，贷款期限、贷款利率、贷款规模属于核心定量契约条款。除了重点考察专用性资本对贷款期限的影响之外，还考察了专用性资本对贷款规模和贷款利率的影响。因为贷款规模是企业的增量负债，会影响其负债率，而贷款利率常常取决于银行对企业的信誉认证结果。所以，第6章实证结果可以为第4章和第5章的实证结果提供印证。第6章融合国际银行业的“骆驼评级法”和我国银行业的“腕骨监管体系”，引入BvD-Bankscope数据库、CSMAR数据库、Wind数据库的银行监管数据，构建5个银行监管指标，主要考察银行专用性资本投入对契约治理的影响。实证结果发现，银企双边专用性资本投入从对贷款契约期限和贷款成本条款的影响角度，总体上传递了关系契约信号。子问题2得到进一步回答。

第7章是全书的结束章。对本研究的主要结论、政策启示进行总结，介绍本研究的不足和未来的改进方向。

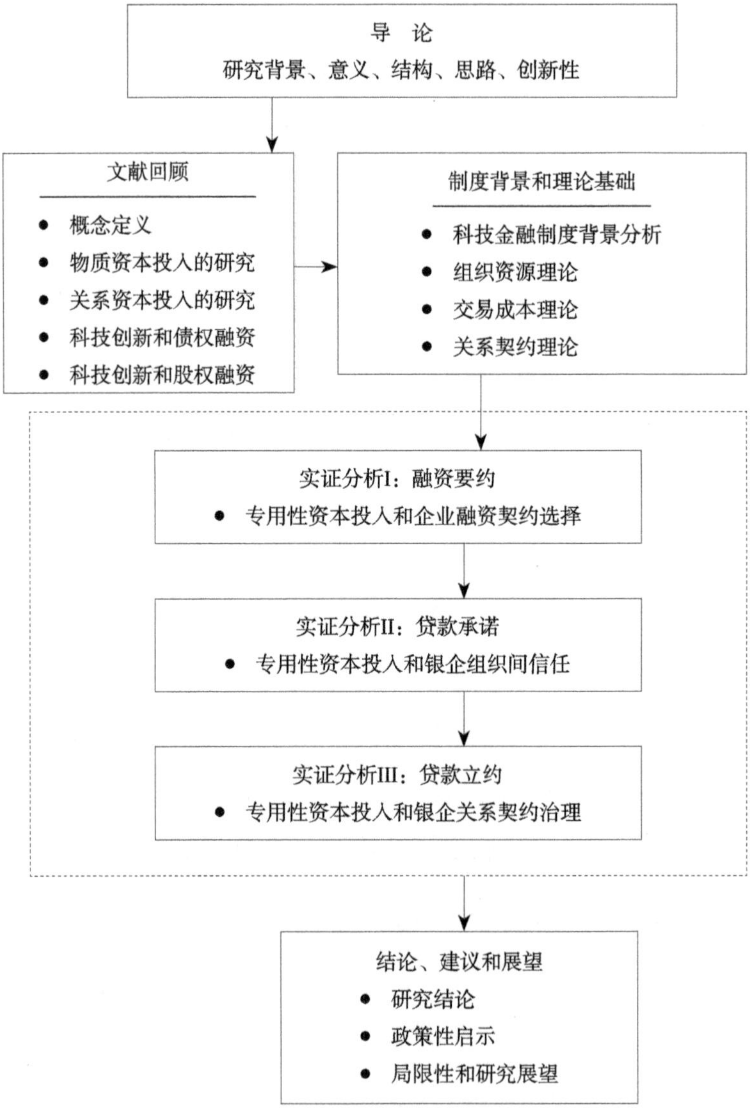

图1.2 本研究结构图

1.4　本研究的创新性

在新制度学理论框架下，结合我国银投合作制度变迁背景，本研究凸显了新时代发展我国科技金融的理论性与政策性的融合。

本研究的创新性体现在以下三方面。

（1）尝试性探讨了一个理论性和决策有用性兼备的新制度金融学命题。聚焦于我国全面创新改革试验的科技金融政策热点“金融体系如何在银投合作制度变迁下服务企业科技创新”，“科技金融”这一术语本身就蕴含“本土化”特色（赵昌文等，2009；薛澜和俞乔，2010），在金融改革背景下构建本土金融理论体系被赋予了特殊含义与使命（张杰，2020）。本研究立足于我国科技金融现实土壤，以科技金融制度优化为具体研究对象，发现，2020年的“投贷联盟”制度相比于先前的“投贷联动”制度呈现新变化，以此作为切口，紧扣科技金融制度变迁的微观动因——融资契约选择与契约治理相匹配——对这一有价值的制度金融学命题从理论上、实证上做出尝试性探讨。对本研究实证结果进行比较制度分析（compare institute analysis），有进一步的发现，并提炼出新观点。发现：①选用股权契约融资相比于债权契约融资更有助于节约交易成本（“投”优于“贷”）；②关系契约相比于古典契约更有助于节约交易成本；③银企之间的股权资金交易和关系契约治理可以相互匹配，有助于节约交易成本。“试验区”的科技金融银投合作试点，嵌入合伙制组织创新和社会主义核心价值观可以增进“产业链、创新链、资金链”三链融合，可以为产业体系高级化提供微观组织动能。

（2）选用的微观制度研究范式和理论分析视角有一定新意。本研究紧扣企业科技创新需投入大量专用性资本以创造“租金效应”这一客观事实，加之专用性资本投入在持续经营假说条件下和破产清算假说条件下会带来不同经济后果的理论背景。初步廓清了专用性资本投入作用于科技金融交易的理论机理“专用性资本投入→融资契约选择（要约）→契约人（承诺）→契约治理（立约）”。进一步选用近10万笔贷款交易记录和源于BvD-Bankscope数据库、CSMAR数据库、Wind数据库的银行监管数据，从实证上对理论机理做出检验。从银企之间贷款资金要素交易的微观视角拓展了组织资源理论、交易成本理论和关系契约理论的学术视野。为“理性人”假说条件下的传统融资理论引入“契约人”人性因子。本研究为新制度学理论的本土化，使其服务于我国科技金融发展和改革做出有益尝试，为构建本土化科技金融理论体系提供了文献补充。

（3）实证分析所选用的数据“原材料”、模型变量和论证逻辑有一定新意。高质量银行贷款交易数据在国内理论界较为稀缺，银行是链接宏观经济、微观经济的特殊金融中介组织（Gertler等，2020）。在我国特殊的制度背景下，银行贷款信息可能具有独特的学术价值（马永强等，2021）。本研究所选样本来自我国全面创新改革试验区的第一手贷款交易。基于新制度学理论框架，从横向上将决定贷款交易的三个维度设定为核心解释变量，通过考察交易频率（一种关系型非正式制度）的关系契约“治理效应”，创新性地将关系型社会资本融入融资理论分析，弥补了传统融资理论“缺乏社会性”的不足（张敦力和李四海，2012）。基于我国社会主义核心价值观系统融入《民法典》的新时代背景[①]，进一步结合《合同法》《贷款通则》等贷款

① 我国《民法典》第1条开宗明义地指出以法治和德治协同促进“中国之治”的立法目的。第1条的内容是“为了保护民事主体的合法权益，调整民事关系，维护社会和经济秩序，适应中国特色社会主义发展要求，弘扬社会主义核心价值观，依据宪法，制定本法”。

制度，从贷款交易的“企业融资要约→银行贷款承诺→银企双方立约”纵向逐层推进论证研究主题。论证结构较为严谨，实证分析过程较为规范。选用TE模型、IV估计、PSM方法等对实证结果进行了稳健性测试和分情景讨论，主要实证结果在纵向上横向上可以交叉印证，增进了研究结论的可信性。

第 2 章

文献综述

本章首先对科技金融、专用性资本和贷款缔约的概念做出定义。其次对专用性资本做出细分，依照专用性物质资本、专用性关系资本分别进行文献回顾。从我国企业科技创新的主流融资来源——贷款债权资本、风险股权资本、政府资助——对科技金融的影响相关研究进行综述。最后对现有研究进行述评，总结前人文献的贡献和尚待改进的地方，进一步凸显本研究的选题意义和创新性，为后续理论分析和实证分析提供文献支撑。

2.1　概念定义

2.1.1　科技金融

科技金融（science and technology finance，Sci-tech Finance）是一个蕴含中国特色的本土化术语（赵昌文等，2009）①。在理论界，《科技金融》专著的主要作者赵昌文，对科技金融的定义比较有代表性（薛澜和俞乔，2010）。他认为，科技金融是一国科技创新体系和金融体系的重要构成，是促进科技产业发展的一系列金融制度和金融服务的系统性、创新性安排，是由为科技创新提供融资资源的主体及在科技创新融资交易活动中组成的体系（赵昌文等，2009）。相比其他文献，上述定义较深刻地体现了科技金融是经济组织间的资金要素交易。这一内涵与本书的新制度学理论分析视角较为契合。鉴于此，本书从金融交易视角对科技金融进行广义定义，即金融服务经济组织科技创新相关的资金要素交易，交易遵循交易成本理论的共性规律，专用性资本投入是影响交易的关键转捩点，交易的载体是不完全的债权股权契约。

① 在定义方面有必要区分的是，科技金融（Sci-tech Finance）与金融科技（Fintech）的外延虽存在一定交集，但是两者的内涵迥异。前者是本研究的研究重点。

本研究所探讨的科技企业集中在医药、航空航天器、电子及通信等六大高技术产业①。在我国现行科技金融制度下，企业是科技创新的主力，银行是企业科技创新债权资本的主要支持体，风险股权投资（含政府产业基金）是股权资本的主要支持体。文献发现，我国2010—2018年风险股权资本对企业科技创新的融资支持规模最高仅为美国的3.77%（王满四和王旭东，2020）。因此，探讨一国科技金融发展和改革有必要立足于现实制度情景（张杰，2020），这也证明了科技金融术语内含本土化特色。本研究所探讨的主题是一个新的制度金融学命题，两个子问题均围绕如何优化科技金融制度展开，呈现科技金融分析的主要内容包含：①全书以银投合作制度变迁作为考察我国科技金融发展和改革的制度背景；②在第4章、第5章、第6章的实证分析环节，首先，基于全样本考察企业的融资行为是否符合交易成本理论的预期（基于基准回归归纳科技金融交易的共性规律）；③然后，在各章分情景深入讨论科技金融交易的个性特征是否符合共性规律。

2.1.2 专用性资本

企业科技创新在客观上需要投入大量的专用性资本，专用性资本投入在理论上又是影响科技金融资金要素交易的关键。因为在新制度学理论下，专用性资本投入可以传递金融交易的共性规律信号。专用性资本是贯串组织资源理论、交易成本理论和关系契约理论三大理论体系的核心术语。本书是“专用性

① 本研究主要参考《中华人民共和国2019年国民经济和社会发展统计公报》和我国高技术产业分类代码标准（GB/T 4754-2017）综合认定样本企业的高科技属性。依据样本企业的4位行业代码与“医药制造业；航空航天器及设备制造业；电子及通信设备制造业；计算机及办公设备制造业；医疗仪器设备及仪器仪表制造业；信息化学品制造业”6大高技术产业代码一对一匹配形成本研究第4章、第5章、第6章“科技金融情景进一步讨论”内容的科技企业样本。后文不再赘述。

资本投入”代理组织资源理论的“专用性资源投入”（resource specificity inputs），交易成本理论和关系契约理论的“专用性资产投入”（asset specificity inputs，ASI）。专用性资本在三大理论体系中的内涵相通[①]，但是也有所差异。①组织资源理论认为，企业科技创新需持续投入大量专用性资源，除资金要素之外，还需长期投入大量物质资本和非物质资本（Wernerfelt，1984，1989；Barney，1991；Barney等2001；钟田丽等，2014b；申宇等，2017）。这些专用性投入是企业科技创新力和市场竞争力的源泉。②基于“契约人”假说，Williamson在交易成本理论中，更注重探讨专用性投入对交易行为的影响及其所诱致的“套牢效应”。③为了规避被“套牢”，Williamson（1979）和Macneil（1985）将专用性资本术语引入关系契约理论。该理论认为，高专用性投入需匹配关系契约治理（Williamson，1996），长期契约和纵向一体化是主要的关系契约治理机制。基于研究主题和银行贷款契约会计信息的可得性，本研究主要考察专用性物质资本和关系型社会资本，分别代理企业科技创新的物质和非物质资源投入。相比于关系型社会资本，专用性物质资本对我国银行贷款决策的影响更大，因此第4章、第5章、第6章实证分析的稳健性测试和科技金融分情景讨论，主要围绕核心解释变量“专用性物质资本”展开，以凸显本研究的研究重点。

2.1.3　贷款契约缔约

贷款契约是强调缔约双方合意的诺成契约（consensual contract）[②]，是典

① “专用性资源投入”和“专用性资产投入”术语的定义参见3.2节。

② 我国于2020年颁布的《民法典》第1条规定，要弘扬社会主义核心价值观（其中包含和谐、平等、法治、诚信、友善等价值观）。《民法典》第7条规定：民事主体从事民事活动，应当遵循诚信原则，秉持诚实，恪守承诺。由此可见，“法治”和“诚信”是“中国之治”的重要微观制度基础。

型的不完全契约（韩洪云和李寒凝，2018；殷孟波等，2020a），具有非标准化、非匿名性、低流动性、非共时性（non-simultaneous exchange）等特性。银行贷款契约虽然是一类正式契约，但主要匹配关系契约治理，信誉机制是关系契约治理的核心。信誉认证是银行授信最核心的决策依据。我国《合同法》第13条（对应《民法典》第471条）规定，契约当事人缔约主要选用要约和承诺方式。本书依据贷款缔约的法律程序定义这一术语，具体内容是，债务人决策举债后向意向债权人发出贷款融资要约，债权人对债务人信誉经过认证后决策是否给予贷款承诺，贷款缔约当事人形成合意后会谈判确立契约条款（立约），契约条款是贷款契约治理的依据。[①]本研究的贷款缔约主要包含要约、承诺和立约三个环节，第4章、第5章、第6章的实证分析也沿用上述法律流程逐层展开。我国《合同法》《贷款通则》规定，贷款期限、贷款利率、贷款规模是贷款契约的核心定量条款，本书结合这些条款考察关系契约治理是否成立，这是第4章、第5章、第6章的实证分析选取被解释变量的法理性依据。

2.2 专用性资本投入和科技创新投资

我国在2016年发布的“投贷联动”制度和全面创新改革试验第3批制度成果中的“投贷联盟”制度，代表了我国科技金融制度变迁的前沿。在新制度学理论体系下，这两类科技金融制度虽一字之差，但是内含的融资契约性质和契约治理关系差异显著。从“投贷联动”到“投贷联盟”的渐进性科技

① 相比于贷款缔约的要约、承诺和立约行为，缔约事后的契约治理所涉及的内容更加复杂，这是后续研究尚待深入的学术领域。

金融制度变迁能否节约制度性交易成本？金融服务企业科技创新是否有规律可循？如何符合规律地优化科技金融服务？前人有关企业科技创新投资和融资的研究，为正确回答上述问题提供了文献指引。

2.2.1　要素投入对科技创新的影响

1912年熊彼特在其著作“The Theory of Economic Development”中首次提出“innovation theory”（创新理论）这一术语，他认为创新不属于技术范畴，而属于经济学范畴。与新古典经济增长理论强调资金要素、人力要素的重要性不同，他认为创新才是经济发展的根本动因。并认为，金融发展的本质是金融服务经济组织创新，否则金融资源的使用过程会出现低效甚至无效（Schumpeter，1912）。Arvanitis 和 Stucki（2013）认为，企业科技创新各个阶段均需要投入大量专用性资源，如果缺乏资金要素，科技创新活动可能会被终止。除资金要素之外，企业科技创新还需在各阶段投入大量其他专用性资本，包括物质专用性投入、人力专用性投入以及关系专用性投入等（Wernerfelt，1989；Barney，1991；Barney等2001；钟田丽等，2014a、b）。这些专用性投入会产生“租金效应”“套牢效应”和“治理效应”。大量文献使用R&D投入来衡量企业科技创新要素投入（郝盼盼等，2019；成力为和邹双，2020）。相比于R&D资金要素投入，企业科技创新所投入的专用性设备、基础设施、人力资本、社会关系资本更具有长期性和资本化的属性（马娜和钟田丽，2017；申宇等，2017）。

熊彼特认为企业家是创新的主体，并强调了创新的过程性。他将创新分为原材料创新、技术创新、组织创新、产品创新、市场创新（Schumpeter，1912）。创新理论的后续学人，更加凸显熊彼特对创新长期性和不确定性的认知。Arvanitis 和 Stucki（2013）认为，科技创新不单是基础性科学研究，还包括科技成果的市场化和产业化，使企业孕育动态能力的一系列活动。Mansfield（1968）认为，从创新理念萌发，到技术开发、产品生产、市场化所有阶段都实现了才算是真正的创新。Mansfield（1968）将科技创新分为突破性创新、渐进性创新。突破性创新是以高效率的技术和知识等为要素投入进行的破坏式创新（叶江峰和顾远东，2019）；渐进性创新则是一种较为缓慢的改进性、完善性创新（Javier 等，2011；王建平和吴晓云，2017）。Nelson 和 Winter（1982）从演化经济学视角，指出科技创新需要一系列探索活动，不确定性和长周期是其主要特点。文献认为，企业创新不仅仅是技术创新，还包括组织创新和制度创新（刘景东和朱梦妍，2019）。

熊彼特创新理论认为，创新是经济组织将原材料等要素资源重新组合的生产函数（Schumpeter，1912）。尚待深入探讨的是，企业家为何要投入这些专用性要素资源创新？以及企业家如何优化配置这些创新要素资源？这些问题涉及企业战略选择，是组织资源理论的关注重点。

Penrose是最早倡导资源基础观的学者之一。她在1959年就指出，企业更重要的存在形式是生产性资源的聚集（Penrose，1959）。Wernerfelt（1989）指出企业是一系列有形资源和无形资源的组合，因此有必要将企业发展战略的制定从外部市场结构分析转化到企业内部异质资源上。Barney（1991）在分析企业竞争力时指出，经济组织之间可能存在的异质资源是其竞争力的来源。Vicente-Lorente（2001）指出，“专用性”是判断企业异质资源是否具有竞争力的主要标准之一，除此之外还需要符合“VRIN/O”属性（Dierickx 和 Cool，1989；Barney，1991；Amit和 Schoemaker，1993）。“VRIN/O”属性的具体含义是：有价值性（value）、稀缺性（rarity）、难以模仿性（inimitability）、难以替代性（non-substitutable）和组织性（organization）。Barney（1991）将企业资源分为物质资本、人力资本、组织资本三类。物质资本主要包括专用性机器设备、基础设施、技术以及地理区位等。人力资本主要是指企业家才能、员工技能等。组织资本主要包含市场资源、管理制度、同政府和银行利益相关者的关系网络，等等。Barney 等（2001）的后期研究指出，企业的专用性资源除了有形物质资源外，还包括大量的无形资源。异质资源是企业科技创新产生“租金效应”的基础，但是科技企业一般规模较小，专用性资本相对缺乏，难以引入三方契约治理，加之企业科技创新风险高、孵化周期长，盈利波动性大，这些因素使得企业科技创新的融资约束更加凸显（Cole 和 Sokoly，2018；黄宇虹和黄霖，2019）。

2.2.2 专用性物质资本投入相关研究

在组织资源理论下，企业科技创新需要投入大量专用性资源，这些资源长期投入可以累积形成企业的专用物资资本和社会资本（钟田丽等，2014b）。王永海和范明（2004）认为专用性资源的价值依赖于所属组织，离开组织后专用性物质的价值将会大跌。Williamson（1985）对专用性投入进行了细分，包含专用性物质、专用性人力、专用场地、特定用途资产、品牌和暂时性专用资产。组织资源理论认为，企业科技创新的资源投入都具有一定专用性。结合本书的研究主题和我国《会计准则》，将专用物质资本从形成来源细分，这些物质资本具有长期性和资本化投入属性。做出这样的分类有助于从物质和非物质两大形态对专用性资本投入加以确认和计量。固定资产是企业科技创新最基本的专用性物质资本投入。准确计量物质专用性资本有难度，理论界尚未形成一致结论。企业和行业层面的计量常常存在偏差，学人一般选用特定行业为分析对象以保障检验结果的稳健性（Joskow，2005；Lafontaine和Slade，2007）。微观企业专用性投入的确认、计量一般依赖于会计信息，这些会计信息主要来源于固定资产、在建工程和无形资产等科目。固定资产投入一般跨会计期间，流动性弱，资产可逆性差，其资本化属性更为明显。

Williamson（1985，1996）和Demsetz（1999）选用固定资产与资产总额之比来度量企业物质资本专用性，这一方法也可以用于测度企业资产的可逆性。Cushing和 McCarty（1996）根据资产清算价值比例分布来测度物质专用性。他们的具体方法是，首先选用应收账款、存货、固定资产以及其他非流动资产这些会计科目分别与总资产的比值形成四个财务指标，然后依不同资产的权重加总，估计物质专用性综合比率。在上述四个财务指标的分子项中，Cushing和 McCarty给固定资产的赋值是0.69，权重最高，同方向第二高的为其他非流动资产额，其权重赋值是0.20。可以认为，在这一方法下，固定资产科目是确认、计量和报告物质专用性的关键。Berger（1996）选用固定资产、存货、应收账款、现金及等价物这四个会计科目构建了一个资产退出价值方程，退出价值与物质专用性负相关。在Berger的方法下，固定资产被赋予的权重是0.54。进一步说明固定资产占比是考察企业物质专用性强度的主流参考指标。类似于上述方法，Gopalan 等（2012）基于资产负债表的不同资产级别加权累计构造了资产非流动性指数方程，纳入方程的资产包括现金及等价物、其他流动资产和固定资产等科目，该比率与企业资产非流动性负相关。可见，前述研究较多选用以固定资产为主的有形资产占比测度物质专用性。

此外，还有部分研究选用无形资产来测度物质专用性。Collis 和

Montgomery（1997）认为无形资产的专用性较强，无形资产与总资产之比可以替代固定资产与总资产的比值。Balakrishnan等（1993）选用R&D支出和广告费用与销售收入之比测度专用性投入，该比率与企业专用性正相关。笔者认为，同企业科技创新相关的无形资产主要包括企业科技创新成果，而R&D支出和广告费用在我国《会计准则》下，一般确认为费用支出而非资本性支出，只有符合《会计准则》规定的才能资本化。因为本研究所考察的重点是创新要素的物质资本投入。这类投入持续时间长，占总资产的比重高，对企业科技创新具有战略性影响，相比于创新产出等无形资产和R&D支出，固定资产更符合企业科技创新资本要素投入的特性。

在组织行为理论下，行业竞争度和市场势力与单一企业发展密切相关。学者们开始选用行业数据构建企业物质专用性的外生测度指标。Shleifer & Vishny（1992）和Kogan等（2004）认为，企业专用性投入所发挥的价值要置于企业所属行业才能甄别。Nunn（2007）在研究不完全契约条件下，关系专用性投入对交易模式的影响时，使用美国投入产出表内中间投入品信息，计算各个行业的契约密度来表征专用性投资。Ortiz-Molina 和Phillips（2012）研究了企业资产流动性、行业资产流动性和企业专用性投入之间的关系。行业资产流动性主要通过行业一体化交易量与行业总资产的比值来测度。Kim 和 Kung（2011）以123 类行业180 种产品为基础，研究了专用性资本、不确定性与企业投资间的关系，通过行业资产专用性指数与企业各行业资产比重的加权累计值来测度专用性投入。

综上所论，前人文献从不同角度诠释了物质专用性的定义和计量。所选样本主要来自发达国家的公开金融市场，计量物质专用性的指标主要是固定资产占总资产的比重，固定资产是企业主要的资本化投入，尤其是对于企业科技创新而言，专用性仪器设备、专用性基础设施是企业长期积累的结果，占企业资本化支出的比重高，且具有战略重要性。国内学者（方明月，2011；钟田丽等，2014b；刘贯春等，2019；殷孟波等，2020b）选用我国企业为样本，参考固定资产与总资产之比测度物质专用性投入强度，为本研究对物质专用性的测度提供了文献参考。值得关注的是，这一指标在资本结构理论文献中也常常被用于代理资产有形性（assets tangible）。殷孟波等（2020b）对相关文献加以梳理后发现，在不同金融市场环境下，资产有形性对资本结构的影响结果迥异。这说明，分析我国科技金融的制度优化，具体问题具体分析的确是很有必要的。

2.2.3 专用性关系资本投入相关研究

本研究所考察的关系专用性资本主要是银企关系型社会资本。主要文献脉络分为两支。一支是从银企关系的持续性以及多重性方面定量测度银企关系强度的展开（胡志浩和李勍，2019）。另一支是从组织间信任展开。这一支文献脉络与经济社会学有较大的理论交集，代表了银企关系研究视野的拓展（Granovetter，2017）。

第一支文献脉络认为关系持续性是测度银企关系强度的主流指标，但是对于银企关系持续期与贷款缔约关系的研究，实证研究结论存在较大差异。认为二者是线性关系或非线性关系的观点都存在，即便仅仅考察线性关系，相关研究结论也不一致。①一种观点认为，随着期限延续，信息不对称性会减小，贷款契约条款的弹性会加大；②另一种观点则相反，认为，因为银企关系亲密度高，也意味着社会关系资本的专用性强化，在交易成本理论下，银行的信息垄断可能诱致对债务人的“套牢”。前一种观点也意味着，关系持续期越久，贷款交易在银行的审批时间会减少，贷款可得性更高，贷款交易成本会下降，并且三方契约治理条件会变得更宽松（Behr等，2011）。Kirschenmann（2016）选用微观贷款契约信息，实证考察银行与小企业间的关系型贷款中的信贷配给，发现，在关系缔约初期，信贷配给在信息不透明的企业中更加明显，但是信贷配给程度会随着银企关系的持续时间弱化。Kirschenmann认为可能的原因是，在关系型贷款中，信息不对称性会降低。但是Degryse和Cayseele（2000）对此却持有不同观点，认为，贷款交易成本会随着银企关系的持续期加长而上升。可能的原因是，银行在关系型契约缔结之初对债务人有价格折让，在后续交易中需更高的贷款利率弥补之前的让利，相当于在贷款交易中实施了跨期信用补贴。

Lopez-Espi-nosa等（2017）研究发现，银企关系持续期限与贷款契约条款设置的关系并非线性关系。在关系开始的两年后，贷款交易成本才会有所降低，而在此之前的贷款交易成本一直呈上升趋势。他们给出的解释是：①银行从关系贷款交易中获得信息优势；②银企之间除贷款交易之外的合作为银行带来了其他业务报酬，因此，银行在考虑综合报酬率的前提下会降低贷款交易成本。Botsch 和Vanasco（2019）认为，贷款契约条款随时间变化，主要取决于债务人的信誉品质，随着银企合作时间延续，银行会了解更多债务人的私人信息，高品质债务人的贷款交易成本下降，而低品质债务人的贷款交易成本会上升，贷款规模亦会减少。此外，Gambini和Zazzaro（2013）的研究与主流观点有所不同。他们的研究发现，银企关系越具有持续性，越可能对企业发展产生显著的负面影响，即存在长期银企关系的小企业其增长速度显著低于其他同等规模企业。这意味着，银企关系型社会资本与贷款期限和贷款规模可能负相关。

关系多重性是指企业与多少家银行建立金融交易关系。从关系强度视角看，企业拥有关系融资的银行数量越多，则企业与单家银行的关系就越弱。Braggion等（2011）发现，英国一大批企业在20世纪中期由单一银行关系转向多重，但其原因并非缓释流动性风险，而是因为融资需求变大。除银企关系持续期限和关系多重性外，理论界认为非借贷交易也可以用来测度银企关系强度。Puri等（2017）认为，企业是否在银行设立交易账户也可以用来衡量关系强度。基于德国的贷款数据表明，银行贷款决策前会先考察债务人在本行所开立交易账户的稳定性。Puri等（2017）认为交易账户可以传递企业经营动态的私人信息。这也意味着，在贷款银行设立交易账户有助于减小信息不对称性。Santikian（2014）通过银企之间的非借贷交易、客户社会关系网络和是否给银行带来客户资源等不同维度衡量银企关系强度。国内学者廖理等（2020）选用借款人的电话通话次数代理其关系型社会资本。笔者认为，选用非借贷交易指标测度关系强度具有科学性，其原因是，银企关系是综合化的术语，银行的战略资源，譬如储蓄资源就主要来源于非信贷业务，因此银企关系的测度可以选用更多元化的指标。

第二支文献脉络认为组织间信任是银企关系型社会资本的核心构成（Granovetter，2017），金融市场的组织间信任对创新的有益影响在文献中被广泛接受，但对于银企组织间信任的前因却没有达成一致的认识，所以理解组织间信任前因的复杂性就变得尤为重要（Gulati和Sytch，2008；Schilke和Cook，2015）。组织间信任形成的前因研究主要围绕“组织间信任形成的原因是什么”或“哪些因素对组织间信任的建立与发展有重要影响”这样的问题展开。根据相关理论基本假设与核心逻辑的不同，现有文献主要从交易成本视角和关系契约视角对组织间信任的形成机制做出了各自的解释。组织间信任是经济社会交易行为中由理性计算、情感因素、社会互动共同决定的社会心理现象（Lewis和Weigert，1985；Lewicki和Bunker，1996）。梳理前人文献发现，理论界对组织间信任的探讨主要从计算性和关系性两种信任维度（Rousseau等，1998；Mcevily等，2003）展开。这两种信任维度的理论假设和决策规则均有所不同。

一是计算性信任维度。该维度与真实世界的正规金融微观交易较为契合，计算性信任的现实例证包含金融交易中的信用评级、压力测试以及违约概率测算（default probability calculation）。该维度假定交易主体心智模式是有限理性和机会主义的（Williamson，1993）。一方面从投资人的视角看，其核心逻辑建立在金融组织事前对事后契约治理是否良好的奖励与惩罚的理性测算上，计算性信任会遵循前瞻性的决策规则，即投资人在深思熟虑地权衡利弊或精确计算的基础上，对于是否参与每一次交易合作进行持续判断（Poppo等，2016），也是投资人（授信人）对交易伙伴（受信人）履约或违约的一种预期，取决于违约机会主义与履约相对收益的权衡（Gulati和Sytch，2008）。另一方面从融资人的视角看，计算性信任亦反映了融资人相信违约诱致的高成本惩罚将会超过违约带来的收益，因此基于理性计算结果，相比于选用机会主义违约，信守承诺产生的激励对其更有吸引力（Lewicki和Bunker，1996）。机会主义违约诱致的高成本惩罚还体现在交易关系被终止可能导致长期利益的损失、商业信誉和关系性社会资本等“无形资产”的价值减损（罗家德，2010）。因此在经济组织间长期的互动交易中，计算性信任可以减小有限理性和机会主义行为的负面影响，使交易程序更为规范，保证了经济交易的可持续性。可以看出，计算性信任更为关注的是组织间信任对“理性人”最大化经济利益的诉求，但它却忽视了交易主体的特征和交易双方以往积累的关系型社会资本以及经济交易活动所嵌入的多样性关系情境（Faems等，2008）。

二是关系性信任维度。与计算性视角选用“理性人”最大化自身经济利益分析框架和工具理性假设不同，关系性信任则被锚定于社会学范畴，更多地关注组织间信任的社会属性（Granovetter，2017）对最小化交易成本的影响。关系性信任假定一切经济活动均嵌入于社会关系网络之中，交易伙伴之间相互认同更大，能发展出相互间的同理心、共鸣感，以及“对于共同成功的专注，同时拥抱有着长远预期的关系”（Groenewegen，2001）。另外，交易伙伴间期望展现出更好的经营绩效、问题解决方案和技术创新，因为高度的依赖会鼓励信任和任责，此乃一种“信任文化”（Granovetter，1985）。由此，关系性信任常常被解释为投资人在以往重复交易和持续社会互动的基础上对交易伙伴产生的心理信赖，投资人在这种心理状态下偏好相信交易伙伴会采取合乎伦理道德、讲求公平法治以及诚信良善的行为并且具有完成任务的知识和能力（Yamagishi，2009；Poppo等，2016）。可以看出，关系性信任主要遵循了启发式决策规则。这种决策规则建立在先前形成的关系的整体质量上而非基于单次交易的理性计算。所以，关系性信任是一种在经济交易会优先选用符合“满意法则”，而摒弃“完美法则”的契约治理结构，相比于“满意法则”下的契约治理而言，这在一定程度上简化了对各种契约信息的收集与处理，对契约约束性条款复杂程度的要求，这些方面都有助于节约金融交易成本。

从关系性信任的社会学视角看，组织间关系性信任包含对交易伙伴行为特征及其动机的认知，与交易伙伴达成的共识以及各方内化的共同利益与情感互惠内容（Lewicki和Bunker，1996；Granovetter，1973）。在长期稳定的互动中，经济组织在交易中积累了合作经验，形成了对彼此的理性预期和心理默契，发展了共享价值观和社会认同（Lindenberg，2001），建立并界定了各方在交易安排中如何共同行动的惕厉规范，并达成了一致的合作目标。所以正是这种日益增加的相互认同造就了高水平的关系性信任，最终使交易各方倾向于坚持集体利益至上的价值观并视集体利益高于私人利益（Gulati和Sytch，2008），譬如“像合作伙伴一样考虑”“像合作伙伴一样感知”“像合作伙伴一样行动”（Lewicki和Bunker，1996）。可以发现，关系性信任不但能增进交易各方的相互理解和适应性、减少机会主义行为，而且可以帮助交易各方达成共同目标。但关系性信任虽强调了经济活动中基于社会学情境的组织间信任的作用，因它过度强调人性良善、关系嵌入性以及启发式决策规则，却忽视了经济交易中常常存在的工具理性行为，如机会主义和欺诈等问题（Jeffries和Reed，2000），以及因过度依赖关系性信任而产生的组织间关系的“套牢”问题（Zahra等，2006）。

综上所述，尽管前人文献强调组织间信任是指在不确定性状态中经济组织对交易伙伴同舟共济的乐观预期，并承认其是一个多维度与多层面的概念，但在具体实证工作中考虑到组织间信任测量的困难却往往采取操作性定义，即倾向于把组织间信任视为二元关系对称的整体结构并用投资人单方面的感知来表征，忽视了组织间信任存在的非对称性和“投资人（授信）”与“融资人（受信）”双向互动的行为特征。并且这些研究过多强调组织间信任的社会关系网络嵌入或关系规范的重要性，却常常忽略了理性计算信任和关系信任两者并存乃是表征大多数经济交易的事实。实际上，基于信任的经济交易不只建立在单纯的善意上，常常还包含计算性的预期（Gulati和Sytch，2008；Krishnan等，2016），所以在组织间信任的构成中，不同程度地存在着“理性计算”和“社会关系”共生的状态。虽然计算性信任和关系性信任有着不同的逻辑起点和假设条件，对两个理论视角加以统筹却是很有必要的（Rousseau等，1998）。只有将忽视了社会关系嵌入与制度情境的计算性信任和忽略了“理性人”动机的关系性信任相结合，才更有可能增进经济组织间信任理论的解释力。前述两支文献脉络，对组织间信任和银企社会关系强度对关系型缔约的影响未得到收敛性结论，这一方面可能与样本选择存在差异有关，另一方面也可能受到所选用研究方法的影响。参考前人文献，本研究拟选用银企信用评级代理银企组织间的信任程度，选用银企组织间贷款交易次数和银企贷款交易合作时间的比值，即贷款“交易频率”来测度银企关系型社会资本强度。这一指标构建实现了交易成本理论“交易频率”指标和关系契约理论“社会资本”指标的创造性融合。这对于组织资源理论、交易成本理论和关系契约理论的实证研究均有较明显的增量学术贡献。

2.3　科技创新投资和债权融资

科技创新属于企业的战略性投资，是一项持续性、积累性的专用性资本投入活动，尤其需要在各个阶段投入大量的资金要素（Arvanitis和Stucki，2013；张璇等，2017）。相比于一般投资，科技创新投资的特点一般有以下三种。①成功概率较低。难以在短期内实现与高风险相匹配的回报，科技创新成果难以预测（Hall和Lerner，2010；Cole和Sokoly，2018；黄宇虹和黄霖，2019）。②投资不可逆性（investment irreversible）。企业科技创新需要持续投入大量专用性资本（申宇等，2017），创新成果多为无形资产，难以用于物权担保，这加剧了企业科技创新的贷款融资约束（Stiglitz 和Weiss，1981）。③正外部性。科技创新成果具有知识外溢效应，若欠缺保密性，创新租金很可能被他人攫取（Waegenaere等，2012）；若保密，又会加剧外源融资的信息不对称性。虽然新古典融资理论假设企业可以零摩擦地出入金融市场，科技企业可以依据自身所需灵活选择融资契约。但是在我国当前的金融市场还是非自由市场（程六兵等，2017），企业科技创新资金要素投入主要来源有债权资本、股权资本和政府资助（辜胜阻和庄芹芹，2016；张一林等，2016）。诸多学者认为，银行贷款债权融资仍是我国企业科技创新主要的融资来源（马光荣等，2014；翟胜宝等，2018；王满四和王旭东，2020）。

文献从不同维度考察企业科技创新和银行贷款债权融资的内在联系。主流观点认为，银行贷款债权可以有效缓释企业科技创新的融资约束，文献从正向、逆向不同视角提供了证据。①正向视角。贷款债权融资支持能够提高企业R&D投入，也能提高企业R&D产出（Acharya等，2014）。随着企业贷款债权可得性、银行贷款规模、资金供给持续提高，可以显著提升企业科技创新投入（谢家智等，2014；李后建和刘思亚，2015）。张璇等（2019）学者匹配1996—2007年中国工业企业数据库数据和金融许可证数据等，考察了银行竞争对企业科技创新的影响，发现，银行业竞争加剧能够有效缓释企业科技创新的融资约束，这既可以增进企业的创新力，也可以提高中小银行竞争，从而更有助于推动企业科技创新。②逆向视角。Kipar（2011）选用德国企业样本，发现，贷款债权融资约束很可能诱致企业科技创新被终止的概率达21.60%。Silva 和Carreira（2012）使用葡萄牙国家统计局的数据，发现，银行贷款约束严重降低了企业的R&D投入。张璇等（2017）选用调查数据发现，如果企业贷款遭遇寻租腐败，贷款融资约束对企业科技创新的抑制效应会加剧。她认为，金融服务企业科技创新的过程中，贷款腐败问题有必要加以防范。

文献发现，企业异质性会影响企业科技创新与债权融资的关系。如，政府贷款规制放松（Amore等，2013）和银行分布密度（Benfratello等，2008）都与企业科技创新正相关。研究发现，小企业债权融资大约50%源自银行贷款（Durguner，2017），而科技企业又以小企业为主。因为债权人债务人存在信息不对称，银行债权人为减少不确定性，在贷款事前会要求债务人提供经审计的会计报表，或者提供物权担保引入三方契约治理，银行为规避小企业信息不对称，会实施信贷配给（Berger 和Frame，2007）。债权人可以通过提高交易频率收集更多债务人的私人信息，减小贷款交易的不确定性（Chen等，2015；Kirschenmann，2016；殷孟波等，2020a），银企关系型社会资本会影响企业贷款可得性和贷款契约条款的确立（Durguner，2017；何韧等，2012；尹志超等，2015）。

除了传统的银行债权融资渠道之外，文献发现，非正规贷款也会显著影响企业科技创新。Allen等（2005）认为，非正规金融提供的债权融资对我国企业发展至关重要，并以此作为突破口，解读我国经济在法律制度并不健全的背景下的高增长之谜。Allen等（2019a；2019b）认为，非正规金融体系对我国经济发展仍具有积极影响，有序发展非正规金融体系可以助力于企业科技创新。Bonte 和Nielen（2010）研究了15个欧盟成员国的中小企业，发现，非正规金融与中小企业债权融资特征更匹配，非正规金融对小企业的贷款支持更能促进企业科技创新。归纳前述文献，主流观点是，银行贷款可以通过缓释企业融资约束促进企业科技创新。饶有趣味的是，周开国等（2017）学者发现，未遭受贷款融资约束的企业R&D投入反而较少，认为可能的原因是，银行贷款融资约束弱的企业其经营现金流量更充沛，因而面临的外部监督变少，这些企业的破产清算概率也较低，相比于实物项目投资，创新投资的不确定性更高，这些企业因此更偏好投资安全性高的实物项目。他们的研究为探讨融资约束与企业科技创新的关系提供了新的理论切入视角。

有文献从制度环境视角切入研究了企业科技创新与银行债权融资的关系，发现，不同制度环境会对企业贷款融资行为和银行贷款技术的选用产生影响。（1）在正式制度环境方面。Andrea等（2017）发现，知识产权保护、破产法、税法及监管规则等正式制度对欧洲小企业贷款存在显著影响；贷款债权期限和融资可得性与地区制度环境正相关。“法与金融学”文献认为，法律制度环境会影响企业融资契约选择和契约条款的确立（La Porta等，1997；Fan等，2012）。何韧等（2012）考察了我国23个城市的企业贷款债权融资的可得性，发现，经济发展水平、正式制度因素会影响银企关系及贷款技术的使用，最后作用于企业贷款融资选择。（2）在非正式制度环境方面。Andrea等（2017）发现除了正式制度外，社会资本等非正式制度对欧洲小企业贷款和融资结构存在显著影响。但是，现有文献囿于数据可得性，专门考察银企关系如何影响企业科技创新的研究尚不多见[①]。多数文献发现，银行关系网络和企业贷款可得性、贷款规模、贷款期限等契约条款显著相关（Berger等，2014；Kirschenmann，2016；何韧等，2012；殷孟波等，2020a）。

---

① 依据3.2节对“专用性资本投入”不同维度的学理性阐释，银企关系从广义上代理本研究的银企关系型社会资本。下同。

银企关系的长期性有助于银行掌握企业的私人信息，基于关系型社会资本对企业产生信任，有利于实现关系契约治理。因此，银行也愿意向保持长期合作关系的企业提供更大规模、更长期限的贷款（Neuberger等，2015）。谢露（2017）选用民营企业为样本发现，存在银行关系网络的企业其创新水平更高。她判断银行关联的代理指标是企业高管是否曾经在银行任职。翟胜宝等（2018）学者选用我国上市制造业企业为样本，考察银行关联对企业科技创新的影响，结果支持了谢露（2017）的观点，认为，银行关联与企业科技创新能力正相关。这一结果对于民营企业和地区金融发展滞后的企业影响更加凸显。他们认为可能的机制是，银行关联可以由扩大贷款规模、延长贷款期限等路径，为企业科技创新提供资金要素。除社会关系网络外，翟胜宝等（2018）还关注了银企股权关联对企业科技创新的影响，并选用PSM方法和固定效应模型等技术手段进行稳健性测试，提高了研究结论的可信性。他们的研究为本研究的实证方法选用提供了启发。

2.4　科技创新投资和股权融资

企业科技创新与风险股权资本（venture capital，VC）投资之间的关系，已有文献主要从微观层面切入。VC对企业科技创新的经济影响，相关观点是：国内外主流文献认为VC对企业科技创新有促进作用；也有少量文献认为存在非线性关系和存在抑制效应。

（1）国内外主流文献认为，VC对企业科技创新具有促进作用。①国外文献。Rosenbusch等（2013）认为，VC具有价值增值功能，可以为企业带来股权资本、管理经验和关系网络等资源，这些都有助于企业科技创新。

Hellmann和Puri（2002）选用美国硅谷高科技企业样本，实证检验VC与科技企业专业化间的关系。他们发现，VC参股下的企业在人力资本、期权计划、高管聘用等方面专业性得以提升，创始人和外部CEO间的轮换速度更快。Bottazzi等（2008）以欧洲VC组织为样本，从专用性人力资本视角考察对被投企业的影响，发现，VC合伙人若积累了专业化知识，那么参与被投企业高管招聘的主动性会更高，参与企业融资也更积极。Chemmanur等（2011）发现VC投入会增加企业销售额，提升企业的TFP，对企业成功退出也有促进效应。VC对被投企业内部治理和投融资决策也会产生积极影响（吴超鹏等，2012）。有文献对VC组织加以细分后考察其对企业科技创新的影响。Chemmanur等（2014）发现，受企业风险股权资本（CVC）资助的企业比受个体风险股权资本（independent venture capital，IVC）资助的企业科技创新力更强。两者间可能存在的不同机制是：CVC组织的专用性知识可能更丰富，对企业科技创新的失败容忍度可能也更高。②国内文献。付雷鸣等（2012）学者以我国上市企业为样本，考察异质科技创新投入来源对创新产出的影响，发现，相比于未受VC资助的企业，受VC资助的企业其创新投入水平更高。苟燕楠和董静（2013）选用中小板上市企业为样本，发现，VC投入越早，越能对企业科技创新施加积极影响。尤其是在初创期、成长期进入的VC能显著促进企业科技创新投入。基于A股2003—2012年的企业数据，张学勇和张叶青（2016）发现，VC提升了企业在IPO之前的创新能力。陆瑶等（2017）以我国上市企业为样本，研究辛迪加风险股权资本（syndicate venture capital，SVC）投资对企业科技创新的影响，发现，受SVC投资的企业要比受IVC投资的企业科技创新力更强，进一步的，SVC联合的机构数量越多，企业科技创新力越强。陈思等（2017）发现VC能促进企业专利申请数量增长，有外资背景的VC和SVC对企业科技创新的促进更显著。可能原因是，VC具有专业知识和行业资源，可以为企业科技创新提供支持；企业受VC资助会产生声誉效应而节约交易成本，譬如这些企业更容易延揽高技术人才。

（2）一些文献认为，风险股权资本对企业科技创新的影响不显著或是非线性的。①VC对企业科技创新的影响不显著。余琰等（2014）探讨VC背景与被投企业科技创新的相关性，选用IPO前三年R&D支出测度企业科技创新，发现，国有VC对企业科技创新的影响并不显著。Engel和Keilbach（2007）发现，VC在企业成立后当年介入，不会对企业专利申请偏好和专利申请强度产生影响。Peneder（2014）使用匹配方法，考察VC对奥地利企业科技创新的影响，同样发现VC对企业科技创新产出的影响不显著。②VC对企业科技创新的影响是非线性的。刘刚等（2018）选用我国新三板企业为样本，考察VC和企业科技创新之间的关系。他们发现，SVC比IVC更能促进创新绩效，SVC与企业科技创新绩效的关系呈倒U型。基于2004—2013年我国中小板、创业板的企业数据，温军和冯根福（2018）实证研究发现，VC对企业科技创新同时存在"增值"效应和"攫取"效应。实证结果发现，VC投入与企业科技创新的关系呈倒U型，曲线先递减后递增，企业IPO当年或前一年出现拐点，原因是，VC的"攫取"效应所诱致的负面影响在IPO前后相对凸显，而此时VC的"增值"效应却无显著变化。

综上所论，主流文献认为，VC组织可以促进企业科技创新，主要路径是：缓释股权融资约束→提供技术支持→提供管理经验→分享关系网络……进一步的文献认为，VC组织的前述优势在IVC组织中相对更弱，甚至部分VC组织还存在"攫取"效应阻碍企业科技创新。我国的VC组织尚处于快速发展之中，但是并不发达，2010—2018年我国风险投资额最高仅为同期银行贷款额度的0.18%，说明VC组织对企业科技创新的融资支持还有较大潜力（王满四和王旭东，2020）。理论界对VC组织是否可以增进企业科技创新产出仍存在分歧，但是VC组织可以缓释企业科技创新融资约束则相对统一。不同VC组织除资金效应以外，还存在治理效应。相比于IVC组织，嵌入关系网络的CVC组织对企业科技创新产出更具有正面效应（Chemmanur等，2014）。因此，值得深入探讨的是，社会网络化的CVC组织是否可以扩大关系契约的"治理效应"？如果是，则适度银投合作组织创新就可以增进VC组织在我国科技金融发展中的积极作用。

2.5 科技创新投资和政府资助

除银行贷款债权融资和VC股权融资之外，政府资助也是我国企业科技创新重要的外源性融资来源（钟凯等，2017）。政府可以从加大对企业科技创新事前事后资金要素投入，减少税费收取等路径为企业科技创新提供融资支持。文献认为，我国政府资助企业科技创新的主要方式是：①对企业科技创新实施税收优惠；②财政补贴或转移支付激励创新；③通过政府基金投入资助企业科技创新（苗文龙等，2019）。除此之外，笔者认为，政府还有更重要的途径资助企业科技创新，即从正式制度供给层面为企业科技创新提供更高层次的融资支持，譬如优化科技金融制度供给和为知识产权提供专利保护，等等。由此可见，政府"有形之手"对我国企业科技创新而言是不可或缺的。Stiglitz（2015）指出，即便是发达国家的科技创新也离不开政府的支持。对于我国创新体系的构建和创新发展战略的实施，洪银兴教授（2013）

认为政府支持更是至关重要的。孙早和许薛璐（2017）认为，我国创新投入已跻身全球前列，我国高技术产业发展处于新的历史拐点，基础研究投入还有待提升。政府资助基础研究是发挥“有形之手”作用的集中体现，这些职能甚至是市场“无形之手”难以替代的，甚至是无法替代的。创新成果具有公共品属性，从其正外部性看，可能诱致企业科技创新内生动力不足，而政府可以通过基金资助弥补市场失灵，这是激发企业科技创新内生活力的重要政策选项（杨洋等，2015）。

政府资助对企业科技创新影响的文献，可依影响的经济后果分为两支。一支认为政府资助对企业科技创新具有促进作用；而另一支认为具有异质影响。

（1）主流文献认为，政府资助可以促进企业科技创新。Waegenaere等（2012）认为税收优惠和税收激励可以显著地促进企业科技创新。这是因为，政府税收优惠可以减少科技企业的现金流流出，伴随未分配利润积累，企业所有者权益股权资本可得到增加。李汇东等（2013）学者基于2006—2010年上市企业的数据发现，相比于股权融资和债权融资，政府补贴能显著“刺激”企业科技创新投入。张杰等（2015）学者创新性地合并科技中小企业技术创新基金数据和中国工业企业数据库数据，研究政府补贴对企业R&D的影响，发现，政府补贴对企业R&D的影响受地方知识产权保护的调节，如果地区知识产权保护越弱，那么企业R&D投入受政府补贴的正面影响越凸显。选用A股上市企业为样本，黎文靖和郑曼妮（2016）实证考察产业政策对企业科技创新的影响，发现，如果企业预期可以取得政府税收优惠和补贴，那么企业申请专利的数量会显著增加，非发明专利的增幅更大。基于广东省科技企业数据，周海涛和张振刚（2016）考察了政府资助对企业科技创新的影响，发现，政府资助可以增进企业自主研发和产学研合作的意愿。李万福等（2011）学者选用A股上市企业数据，发现企业的高科技属性、内控水平和制度环境等可以显著影响政府补助与企业科技创新之间的关系，相比于内控水平较差或处于制度环境较差地区的企业，内控水平和所处制度环境均较好的企业，政府补助对激励企业自主创新的效果更好。顾夏铭等（2018）学者发现，政府制度供给是影响企业科技创新的重要因素，政策不确定性会对企业科技创新产生选择效应和激励效应，并受企业产权属性和政府补贴等因素调节。选用北京市2001—2012年约3万家科技企业为样本，章元等（2018）学者发现，政府补贴可以显著提升企业科技创新投入、创新产出（以专利申请数代理）和新产品销售收入。

（2）国内外少量文献认为，政府资助对企业科技创新有异质性影响。①国内文献。解维敏等（2009）发现，政府资助对企业科技创新存在刺激和挤出双重效应。因为政府资助可能推高企业科技创新的要素价格而加大交易成本，最后反而诱致企业减少创新投入。叶祥松和刘敬（2018）研究发现，政府资助对科技创新投入具有异质性影响，当政府支持基础研究的力度超过阈值时，在长期可以显著促进TFP提升，而当政府支持技术开发时却没有表现出TFP可以得到显著促进。②国外文献。Boeing（2016）以我国企业为样本，发现，政府资助可能对于企业科技创新具有挤出效应。Montmartin和Herrera（2015）选用动态面板方法，研究政府补贴对企业科技创新的影响，发现政府补贴与企业科技创新投入之间存在非线性关系。Hud 和Hussinger（2015）发现，政府补助总体上可以显著促进企业科技创新投入，但是在经济危机时期却表现出挤出效应。Acemoglu等（2018）的研究结果为政府资助对企业科技创新具有挤出效应提供了补充证据。

综上所述，政府资助对企业科技创新产出的影响虽然存在异质观点，但是同银行贷款债权融资和VC组织股权融资相似。主流文献认为，政府资助可以缓解企业科技创新融资约束，进而促进企业科技创新。结合本书的研究主题，笔者认为，我国政府在服务企业科技创新方面除了直接的资金要素支持之外，更重要的是提供间接性的科技金融制度支持。如，精心部署全面创新改革试验区发起科技金融制度创新。因为我国科技金融制度变迁属于政府主导型（参见3.1节的制度背景分析），基于熊彼特的创新理论和我国科技金融制度变迁，可以探索政府风险股权投资（government venture capital，GVC）和社会性风险股权投资形成VC组织联盟，协同为企业科技创新提供股权资本支持。

2.6　文献述评

本研究紧扣研究主题，首先从企业科技创新需要大量专用性要素投入的视角梳理了物质专用性资本投入、关系专用性资本投入和企业科技创新之间关系的文献。接着结合我国实际，聚焦于资金要素投入视角，较系统地梳理了企业科技创新与债权融资、股权融资、政府资助之间关系的文献。概言之，上述文献在以下四个方面为本研究奠定了良好的文献基础。（1）现有研究在熊彼特的创新理论和组织资源理论下，认为，企业科技创新需要大量长期的专用性资本投入，尤其是物质资本、社会资本和人力资本。这些创新要素投入是企业科技创新的“原材料”，是企业获得创新力和竞争力的根基。企业科技创新的长期性、不确定性、机密性常常更容易诱致财务困境，因此离不开外源性融资支持。（2）文献概括了企业科技创新的内外部融资来源及其影响，形成了较为完备的逻辑框架和分析模式，并且银行贷款支持作为一个增进到我国企业科技创新的重要环节，国内外学者对于银行贷款能有效缓释企业科技创新的融资约束这一观点较为一致。但是对银行贷款债权是否增进了创新产出的观点尚未得到收敛。（3）文献对VC组织能有效缓释科技企业的融资约束这一观点也较一致，对不同形态的VC组织作用于企业科技创新的机制进行了剖析，主流文献认为，VC组织对创新产出的影响同样存在“增值”和“攫取”两种迥异的效应，需要辩证地对待VC组织对企业科技创新的影响。（4）国内理论界在银行和VC组织协同服务企业科技创新领域的理论研究相对匮乏，探讨科技金融的银投合作交易模式的实践研究相比更丰富，这为银行贷款债权投资与VC组织股权投资协同服务企业科技创新的理论研究提供了可贵的现实指引。

文献发现，相比于IVC，CVC对企业科技创新产出的影响更积极，那么基于银投合作而形成的新型SVC是否比CVC更有利于企业科技创新？这为我国当前的科技金融合伙制组织创新提供了启发。围绕本研究的研究主题，前人文献的研究视角、理论分析框架、经验证据的获取、政策建议的针对性可行性还有值得拓展的方面。

（1）在研究视角方面。文献研究的样本主要来自上市企业和中国工业企业数据库，相比于非上市企业，上市企业面临融资约束较小（钟宁桦等，2016），实证结果可能存在一定的样本选择偏误。有关非上市小企业融资（科技企业主要以小企业为主，而中国工业企业数据库较少统计小企业）的实证文献较少，而这类企业恰好是我国科技创新的主力，也是亟待理论界给予学术支持的市场主体。我国科技体制和金融体制的形成有其特殊的制度背景，企业科技创新的融资约束缓释需要具体问题具体分析。通过文献检索发现，与企业融资相关的文献已形成较完备的体系，但是基于银行贷款交易数据，从微观借贷交易视角考察企业科技创新融资约束的文献寥寥无几。已有研究在理论体系的构建和变量的科学选用等方面还可以深化。本研究在阅读国内外主要相关文献的基础上，立足于我国科技金融试验，基于银行贷款交易记录和组织资源理论、交易成本理论、关系契约理论，较系统地考察金融体系如何在银投合作制度变迁下服务企业科技创新。

（2）在研究内容方面。前人有关企业融资契约选择和银行贷款可得性的研究，主要在新古典融资理论的“理性人”假说下开展理论演绎。诚如第1章所述，“理性人”假说和“契约人”假说的前提条件存在较大差异。本研究主要基于“契约人”视角，探讨专用性资本投入对贷款缔约行为的影响。而“理性人”更关注企业融资的事前激励和融资决策最优化，对“契约人”事后契约治理等内容关注度较低，存在“社会化不足”的问题（张敦力和李四海，2012）。事实上，我国《合同法》《贷款通则》及银行监管均重视银行“安全性第一”的经营原则，但是在贷后契约治理中引入三方契约治理的交易成本较高，基于关系契约的自我履约恰好是我国贷款契约事后治理的主流。因此有必要将研究视野从债务人的单边“理性人”范式转向债务人债权人的双边“契约人”范式，结合事后契约治理考察科技金融制度优化。如，基于“契约人”资金要素交易视角，考察企业科技创新究竟偏好选用什么契约融资？在我国“贷款新规”制度下，银行是否愿意为企业科技创新提供债权融资支持，潜在的影响因素又是什么？银企之间已有债权交易究竟传递了怎样的契约治理信号？更重要的是，企业科技创新所选择的融资契约与契约治理机制是否能相互匹配？在交易成本理论下，最后一个问题决定了节约金融交易成本是否可以实现，这是剖析本研究主题的肯綮所在。

（3）在计量分析方面。前人文献多选用上市企业数据和中国工业企业数据库数据，就研究主题和理论体系而言，微观贷款交易数据是本书核心的“原材料”要素投入。尹志超和甘犁（2011）选用某一国有银行省级分行贷款数据考察了担保和贷款违约之间的关系，廖理等（2020）学者选用某一“现金贷”企业数据考察社会资本和贷款违约之间的关系。与“现金贷”侧重于自然人线上交易不同，银行和企业法人间的贷款交易更侧重于线下交易，交易程序更加复杂、规范和严谨。囿于银行贷款数据的机密性，目前鲜见基于此类数据研究科技金融银投合作的文献。而源于社会田野调查的贷款数据，又难以获取准确的、大样本的贷款契约条款信息。本研究所选用指标均源于真实银行贷款交易，对专用性资本和贷款契约条款的测度更加凸显“真材实料”和“原汁原味”特色。但是，银行贷款交易微观数据的局限性也不容忽视，如，大量样本属于一次性交易，会计信息披露的连续性和完整性也不够。本研究参考前人文献，创造性地选用专用性资本投入这一变量，通过“错期处理”较合理地减小了一次性贷款交易对变量滞后期的影响（廖理等，2020）。为了增进研究的稳健性，对基准回归进行了一系列稳健性测试，实证研究方法包括：TE模型、IV估计、PSM方法、分样本回归，较全面地考察了产权、规模和高科技产业的异质性。本研究是对企业科技创新、制度金融学微观实证文献的有益补充。

（4）在政策建议的提出方面。前人文献基于理论分析和以上市企业为样本的政策建议较为丰富，但是鲜见基于银行贷款交易实证分析的政策建议，相比而言，本研究的政策建议在数据选用和理论分析两方面具有优势。①数据选用优势。分析科技金融银投合作问题，单边的银行数据或企业数据都难以准确传递资金要素交易的双边“契约人”信息，而主流BvD-Bankscope数据库和CSMAR等数据库这一短板，对于银行贷款交易数据而言则凸显出独特的优势。②理论分析优势。本研究以新制度学理论的交易成本理论为主体构建理论框架，以专用性资本投入为主线，统摄科技创新的组织资源理论和关系契约理论，以“契约人”视角考察专用性资本投入对贷款缔约行为的影响，这相比新古典融资理论的“理性人”视角更加切合实际。我国科技金融的正式制度环境和非正式制度环境均与欧美诸国存在明显差异。要破解我国企业科技创新的融资约束，增进金融体系服务企业科技创新的有效性，有必要扎根于我国现实制度土壤，从银行和企业法人之间的真实贷款交易中获取第一手信息，对这些信息进行严谨的调查研究，并加以理论分析和实证检验，以提出有针对性（银投合作）和可行性（SVC组织创新）的政策建议，为科技企业迈过生命周期的“死亡之谷”提供真正有效的智识指引和操作指南。

第 3 章

制度背景和理论基础

科技金融是金融服务企业科技创新的资金要素交易，是一国在特定经济发展历史阶段下，科技体系和金融体系相互作用下所催生的金融交易模式（赵昌文等，2009；薛澜和俞乔，2010）。因此探讨一国科技金融发展和改革有必要扎根于特定的制度土壤（张杰，2020）。20世纪80年代以来，我国科技金融制度供给立足国情以及科技金融发展和改革的实际，坚持政府主导型渐进性制度变迁，以优化银行贷款债权资金供给为主线，辅之以风险股权资本发展和多层次资本市场构建，持续提升金融体系服务企业科技创新的质效，持续激发我国科技企业的创新活力。银投合作服务企业科技创新是我国科技金融制度变迁的新方向。

在新制度学理论体系的制度变迁理论下，本章梳理了我国科技金融制度变迁的脉络，对银投合作的“投贷联动”制度和“投贷联盟”制度进行了深入考察。紧扣研究主题和专用性资本投入的内涵，给出科技创新的组织资源理论、交易成本理论和关系契约理论。进一步将这三大理论创新性地融入新制度学理论体系。廓清了专用性资本投入影响科技金融贷款缔约的微观机理，并融入图1.1所示的“专用性资本投入→融资契约选择（要约）→契约人（承诺）→契约治理（立约）”研究思路，对两个子问题进行初步分析，为第4章、第5章、第6章的实证分析提供必要的制度背景和理论铺垫。

3.1　制度背景

3.1.1　科技金融制度变迁

党的十一届三中全会以来，尤其是党的十八大以来，我国科技金融发展和改革取得的成就举世瞩目（张明喜等，2019；王满四和王旭东，2020）。

在2008年的金融危机后，世界各国均将创新发展作为提振经济复苏的政策选项。2013年，以习近平同志为核心的党中央深刻揭示出我国“产业链、创新链、资金链”三链融合的辩证关系，也体现出党中央对科技金融顶层制度设计的全局透视。党中央于2015年在全国精心部署8个全面创新改革试验区，将科技金融作为重点试验课题。党的十九大在新经济发展理念中提出“建立实体经济、科技创新、现代金融、人力资本协同发展的产业体系”，首次从要素投入视角为我国科技金融发展和改革提供了科学指引，这是对“产业链、创新链、资金链”三链融合的进一步明确。2017年颁布的《国家创新驱动发展战略纲要》提出，要建立符合我国国情的科技金融服务模式。在科技金融制度执行方面，我国全面创新改革试验区和国家自主创新示范区在创新债权资本、股权资本，协同服务企业科技创新领域进行了一系列卓有成效的探索。

党的十一届三中全会以来，我国科技金融发展和改革呈现渐进权变式特征（张明喜等，2019）。为进一步厘清我国科技金融制度变迁脉络，结合前人文献和政府制度供给，本研究将1978年全国科技大会召开至2006年科技规划纲要颁发，划分为我国科技金融制度变迁的第一个历史时期，即科技贷款主导时期；将2006年科技规划纲要实施以来，划分为我国科技金融制度变迁的第二个历史时期，即科技金融体系化时期。基于这两个历史时期，再结合研究主题及其两个子问题，笔者做出我国科技金融制度变迁的时序简图（如图3.1所示），为后续理论分析和实证分析提供制度背景。

3.1.1.1 科技贷款主导时期

这一时期科技金融制度变迁的初级行动方是中央政府。制度变迁的动因是改革开放下以经济建设为中心，服务于国家现代化战略。制度变迁的方式

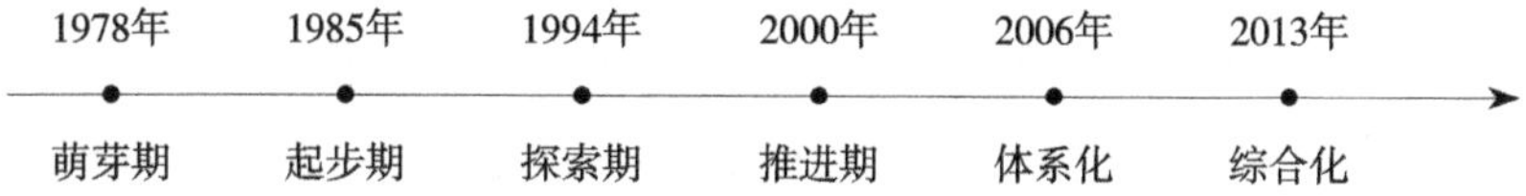

图3.1　我国科技金融制度变迁时序图

是以专业银行为抓手，辅之以财政贴息。国家专业银行在此期间，发放科技贷款超过700亿元，培育近7万个科技项目开发，其中包含华为、海尔、联想等民族企业。概言之，国有银行体系服务企业科技创新成效卓越，风险股权资本在后期得以发展。这一时期可以细分为：银行贷款债权融资主导时期和风险股权资本发展时期。

（1）银行贷款债权融资主导时期（1978—1993年）。党的十一届三中全会确立了以经济建设为核心的大政方针，也为我国科技金融发展和改革指明了方向。在全国科技大会上，邓小平同志首次提出科技现代化是我国现代化的关键。科技金融在这一时期开始萌芽。邓小平同志在1979年10月召开的中共省区市党委书记座谈会上指出，银行可以为经济发展发挥更重要的作用，当前仅仅发挥了一般性簿记功能。此后，邓小平同志针对银行在科技进步中的作用再次明示，银行要成为撬动科技进步的杠杆，基于我国改革开放的国情基调赋予了银行体系全新的含义和使命，也明确了银行是发展我国科技金融的先导。在制度执行方面，国家科技主管部门在1984年提出促进高技术发展健全投资机制的建议；在健全融资机制方面，中国工商银行于同年设立并率先开办科技贷款。

国务院和人民银行在1985年联合颁布《关于积极开展科技信贷的联合通知》。文件提出金融组织应与科技主管部门保持组织合作，为企业科技创新提供贷款融资支持，这标志我国科技金融起步。①鼓励政府和社会资本投资企业科技创新，探索创业投资新机制。国务院在1985年批准成立中国新技术创业投资公司（财政部和国家科委各持股23%、40%）。该公司是国内首家创业投资公司。②鼓励银行开办科技贷款，为企业科技创新提供债权融资支持，并加大科技经费使用的监督。人民银行于1990年在国家货币信贷政策中首次设置科技贷款统计科目，除中国工商银行于1984年成立时即开展科技贷款之外，中国银行、中国建设银行、中国农业银行先后设置科技贷款专用性组织机构。中国工商银行和中国农业银行还在52个高科技产业开发区设置专用性组织机构。③鼓励发展风险股权资本支持企业科技创新。国务院颁布《国家高新技术产业开发区若干政策暂行规定》，指出，可在高科技产业开发区设立VC组织为企业科技创新提供股权资本支持。为了缓释金融组织的科技创新投资风险，国家经贸委和财政部赓即创办国内首家科技担保公司。

（2）风险股权资本发展时期（1994—2005年）。我国在1994年明确了社会主义市场经济的发展方向，科技金融进入探索期。企业科技创新的活跃度持续提升，促进科技成果转化的制度需求持续加大。《中华人民共和国促进科技成果转化法》赓即颁发。此法提出，设立科技成果转化基金和风险投资基金，支持高投入、高风险、高产出的科技成果转化。我国《商业银行法》于1995年颁发，但是该法第43条规定银行不得向非银行组织提供股权资本，因此诸多银行资金从风险股权投资领域退出，加剧了科技企业的融资约束。在1998年全国政协会议上，民建中央提出1号提案，建议我国需借鉴国外经验尽快发展创业投资。我国首批高新技术产业开发区企业债券于1998年发行，科技型中小企业技术创新基金于1999年设置，国务院转发了科技部制定的发展风险股权投资的意见，激发了我国VC组织的活力。

我国在成为WTO成员方后，因应WTO规则，国内银行体系对外资银行开放度加大，科技金融也迈入快速推进时期。概言之，这一时期科技金融制度变迁的主要特点是：一是由以传统专业银行、国有银行为主的科技贷款向政策性金融转化，20世纪末期，我国设立三家政策性银行。其中，国家开发银行承办政策性科技贷款，国家开发银行和科技部建立了科技贷款合作[①]。二是全国人民代表大会于2003年对《商业银行法》第43条也做出修订，特别注明，若国家另有规定，银行可以向非银行组织提供股权资本，这为当下银投合作服务企业科技创新留下了可拓展的正式制度空间。三是A股推出中小企业板，首批“新八股”上市交易。四是国家高科技产业开发区以设立科技企业孵化器为重点，通过孵化器与社会股权资本对接，健全社会股权资本服务企业科技创新的融资体系。

3.1.1.2　科技金融体系化时期

这一时期科技金融制度变迁的初级行动方是各级政府。制度变迁的动因是我国积极适应全球化和市场化发展需要，以创新驱动战略应对全球金融危机的冲击。制度变迁的方式是构建科技金融投融资体系，实现科技金融服务体系的综合化发展。在这一时期，我国金融体系为企业科技创新提供了更全面系统的融资支持，助力“中国智造”走向世界创新舞台中央。这一时期可

① 我国社会主义市场经济体系建设目标自1994年明确以来，4家国有商业银行逐渐剥离其政策性金融业务。这些被剥离的政策性金融业务主要由1994年设立的3家政策性银行承接。其中，政策性金融支持高科技产业固定资产投资主要归口于国家开发银行。1994年至2007年，为国家开发银行政策性金融主导阶段。其中，1994年至1997年该银行贷款投资决策受政府部门引导，日常经营主要委托4家国有商业银行开展资金拨付、核算、监督和回收。其间为4000多个重大固定资产投资项目发放中长期贷款约1.6万亿，占同期全社会固定资产贷款总量比例超过30%。1998年亚洲金融危机以后，贷款发放规模从0.2万亿元增至0.8万亿元。2008—2014年国家开发银行开启股份制和商业化改革，2008年次贷危机爆发后，该行配合国家基建固定资产投资计划，新增贷款增速保持在30%以上。2015年明确开发性金融定位。

以细分为：科技金融投融资体系构建期和科技金融服务体系综合化时期。

（1）科技金融投融资体系构建期（2006—2012年）。我国中长期科技规划纲要于2006年颁布，规划纲要对2006—2020年科技金融发展做出周密部署，这宣告我国科技金融渐进性制度变迁进入新的历史时期。在这一时期，有效市场和有为政府的分工更加明晰，在科技资源和金融资源配置方面两者依存度更高。市场机制和政府组织对资源要素分配的作用发生了历史性改变。为了加大我国中长期科技发展规划纲要的制度执行，国务院还在2006年配套了一系列科技金融制度。这些制度仍主要以政策性银行和商业银行为抓手：一是国家科技部和国家开发银行共同制定了《国家开发银行高新技术领域软贷款实施细则》，鼓励选用“二元评审方式”为BBB信用等级以上的借款人提供软贷款；二是金融监管部门指导商业银行优化对科技企业的金融服务，文件要求银行支持“863计划”等科技项目，同时指出，银行需遵循“自主经营、自负盈亏、自担风险”的市场化原则。因应2008年金融危机后的经济下行压力，决策层高度关注并推进科技创新和科技金融的以下议题：①在科技投资制度方面，国家科技领导小组协同国家科技部、国家发展改革委、工业和信息化部等设计顶层制度；②在科技金融制度方面，在国家金融稳定发展委员会的主导下，“一行两会”金融监管部门加大组织间的科技金融合作；③在科技金融制度执行层面，银行贷款债权，政府股权基金、社会风险股权投资、多层次金融资本市场、科技保险资金等构建出较完备的科技金融服务体系。

（2）科技金融服务体系综合化时期（2013年至今）。党中央在2013年开创性地指出“产业链、创新链、资金链”三链融合的科技金融发展观。此后，我国科技金融综合化服务企业科技创新的质量和效率得到明显提升，因为保险业是我国银行业服务企业科技创新的重要补充，而科技金融中介是链接政府和市场的重要媒介。因此在这两大领域中的创新较为密集。①科技保险综合化。我国于2013年在苏州市率先展开保险和科技结合试点。2014年，我国强化科技保险顶层制度设计，国务院颁布了加快发展现代保险服务业的意见，对保险服务企业科技创新予以科学指引。2015年，我国开展科技保险工具创新，启动专用仪器设备保险试点。2016年，我国开展科技保险组织创新，专门服务企业科技创新的太平科技保险公司成立。此后，全国各地探索建立新型孵化器和企业科技创新联盟平台，探索“银保贷款”合作促进科技保险发展。②科技金融中介服务综合化。在我国政府主导型科技金融制度变迁下，科技金融服务平台是重要的次级行动方。这类中介组织在提供交易信息，撮合交易达成等方面具有信任传递、合作规范建立和社会关系网络节点等功能。依发起主体不同区分，这些中介服务平台主要包括：政府主导下的公共性服务平台、企业和社会中介组织设立的市场化平台。这些平台组织分布在科技金融发展程度较高的城市，迄今为止，其总量仍然相对较少。因为这些平台组织在科技金融综合服务方面，集信息中介、准信用中介、风险股权投资主体多元属性于一体，可能有一定法律风险隐患，政府有必要增进对这些组织的监管专业性。

2017年，党的十九大提出要建立实体经济、科技创新、现代金融、人力资本协同发展的现代产业体系。这为科技资本、金融资本、人力资本嵌入产业体系协同服务实体企业科技创新提供了科学指引，是对“产业链、创新链、资金链”三链融合的高级化。为支持各地科技金融创新，党中央和国务院加强顶层制度设计，精心在我国部署全面创新改革试验区和国家自主创新示范区。国家科技部和金融监管部门加大制度执行力度，在“试验区”开展了一系列促进科技和金融相结合的试点，在金融体系服务企业科技创新领域进行了金融工具创新、金融组织创新和金融制度创新。在这些创新中，银投合作为企业科技创新提供债权股权融资支持，集前述创新于一体，是我国科技金融新发展的标志之一。

3.1.2 科技金融银投合作制度：债权股权复合交易

国家科技部和金融监管部门于2016 年联合颁布文件，指引银行业金融组织开展服务企业科技创新的投贷联动试点。文件将投贷联动术语定义为：银行以贷款债权资本供给与本集团所属投资子公司的股权资本供给相结合的方式，通过制度安排，由股权投资收益抵补贷款债权风险，实现科技金融风险和收益匹配，为企业科技创新提供金融服务的交易模式。可以看出，投贷联动资金要素交易的标的涉及债权资本和股权资本，相比于我国“贷款新规”制度下银企之间单一的债权资本交易，投贷联动的债权股权复合性资本交易，其契约选择、契约条款谈判和契约治理都更为复杂。单一的债权资本可以引入信誉机制实现关系契约治理，还可以引入物权担保实现三方契约治理。因此，单一债权融资契约的治理相比股权融资契约简单，科技金融银投合作制度优化需要考虑到融资契约的复合性以及契约治理的复杂性。

3.1.2.1 科技金融银投合作的债权股权交易

我国《商业银行法》于2003年修订后的第43条虽然为银行股权投资非金融组织留下了一定政策空间，但是鉴于银行业在我国金融体系中的核心地位，政府仍然严格限制银行分业经营，规定，银行在国内不得从事信托和证券交易活动，向非银行组织投资需履行严格而复杂的监管程序。这意味着，银行直接向企业科技创新提供股权资本可能会面临高昂的交易成本，需要选用特殊的交易模式实现间接性股权资本投资。结合科技部和金融监管部门近年发布的科技金融政策，这些交易模式主要包括三类：银行组织内部合作、银行和风险股权投资组织合作、银行和其他金融组织合作。

（1）银行和组织内部子公司合作，即投贷联动交易模式，其交易逻辑如图3.2所示。

结合2016年科技金融主管部门联合发布的投贷联动试点意见，笔者认为，具有股权投资功能的银行子公司可以视为一类银行风险股权投资组织（bank venture capital，BVC）。除全国10家试点银行之外，我国诸多大中型银行事实上已通过子公司建立BVC。但是由于我国商业银行法限制银行境内股权投资交易，因此银行BVC的注册地一般选在境外。银行在境外设立BVC以后，向股权投资组织推荐符合准入“门槛”的科技企业，根据目标企业不同生命周期提供债权股权资本以及其他多角化金融服务，提升银行综合化金融服务的范围经济和规模效应。在投贷联动交易模式下，因为BVC属于银行集团一体化组织，适宜关系契约治理，这样更易于组织内部的信任传递和信息

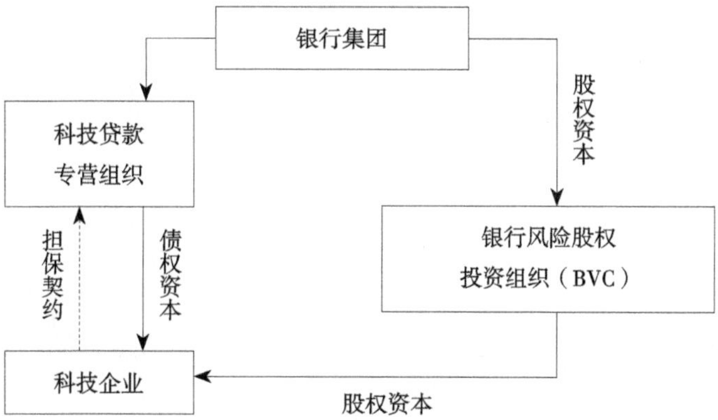

图3.2　我国科技金融的投贷联动交易逻辑

共享。另外，基于内部资金要素市场使债权股权资本的要素配置更高效，投贷联动的关系契约治理可以实现协同效应增加收益，准一体化组织通过匹配关系契约治理可以节约交易成本。

（2）银行和外部风险股权投资（VC）组织合作，即投贷联盟交易模式，其交易逻辑如图3.3所示。

银行与VC组织合作初期，依其自身风险偏好，与VC组织形成信息共享和风险共担的合作机制，对于VC组织已入股的科技企业，配套一定份额的贷款债权，同时为科技企业提供财务顾问和支付结算等多角化金融服务，实现债权股权资本交易融合。银行为了分享更多剩余索取权和剩余控制权，可以与VC组织安排选择权贷款，即在贷款缔约时，约定银行可以把贷款债权自主转换为一定比例股权期权，当企业通过IPO和M&A等方式实现股权溢价后，再由VC组织出售所持股权，将收益分配给银行，从而实现专用性资本"租金效应"的共享（rent sharing）。这一产权交易模式所具有的优势是：

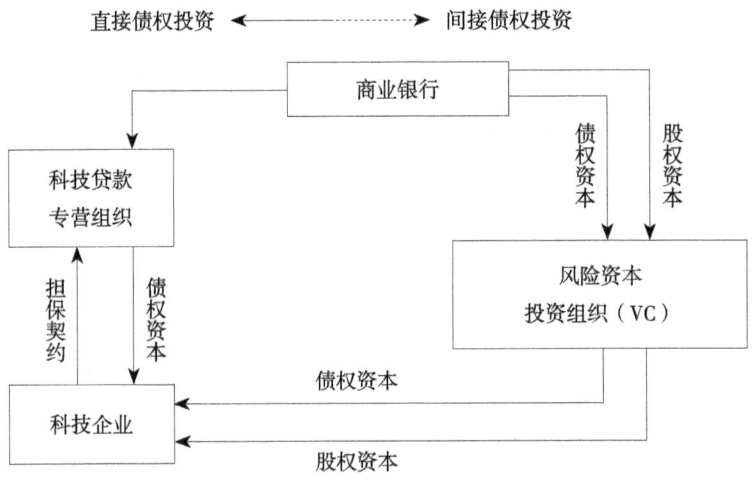

图3.3　我国科技金融的投贷联盟交易逻辑

①银行可以合法分享企业科技创新成果的股权收益；②银行与VC组织合作，尤其是CVC和SVC在高度专业化的高科技产业具有专用性人力资本优势，可以弥补传统银行在高科技领域缺乏专用性人力资本的短板。

（3）银行和其他金融组织合作。银行与其他金融组织（譬如信托组织、政府产业引导基金）共同发起设立有限合伙组织等新型金融组织，再借由这些专用性组织向科技企业提供股权资本，进而实现投贷联动。考虑到银行面临的专用性人力资本约束和存款资金来源的公众性，银行贷款债权和BVC股权投资可认购有限合伙组织的优先级份额，并担当有限合伙人（limited partnership，LP）；而CVC和GVC组织可以基于风险承受能力持有部分劣后级份额，并担当普通合伙人（general partnership，GP）发挥专用性人力资本优势，获取更大的剩余索取权和剩余控制权。

3.1.2.2　科技金融银投内部债权股权合作：投贷联动交易

我国投贷联动制度供给与市场主体制度需求存在时滞。投贷联动试点意见在2016年发布之前，我国银行业组织事实上已经自发地探索投贷联动制度创新，因为缺乏正式制度指引，投贷联动交易蕴含一定风险隐患。因此，该文件对投贷联动交易主体和契约治理做出了详尽安排。指明由银行BVC与母银行合作，以债权股权资本相互结合的交易模式为企业科技创新提供金融服务。文件指出，需建立“防火墙”机制隔离银行BVC与母银行之间的风险传染，并由母银行与银行BVC、政府补偿基金、信用增进组织共同分担因企业科技创新不确定性引致的投资损失，使银企之间资金要素交易风险相对可控。围绕金融风险控制，在组织结构设立、银行风险治理、内部控制机制方面进行制度安排，主要内容如下。（1）银行设立M型组织结构。①基于事业部制设立具有投资功能的BVC。试点银行在境内已设立BVC的，允许其开展投贷联动的股权投资。②设立科技贷款专用性组织。试点银行可依照我国商业银行专营机构监管指引的规定，设置科技贷款专用性组织，专门从事投贷联动交易的贷款债权投资。（2）银行风险治理。由于初创期的科技企业面临的不确定性较大，金融监管部门在投贷联动交易风险缓释方面也做出相应制度安排，集中体现在以下三个方面。①风险隔离。指导意见明确投贷联动交易结构，即银行BVC供给股权资本和科技贷款专用组织供给债权资本。这从组织结构上形成了债权股权资本供给的风险隔离。②资金隔离。指导意见明确股权资本源自银行自有资金，不得使用负债资金、代理资金、受托资金以及非自有资金。BVC投资单一企业的比例受自有资本金约束[①]。③风险缓释机制。银行可以寻求与政府和保险等组织合作，降低投贷联动交易的不确定性。（3）内部控制机制。指导意见要求试点银行的BVC组织与银行科技贷款专用性组织的贷款统计纳入集团合并会计报表。此制度安排可以增进投贷联动债权股权交易的信息共享，实现银行集团对项目实施中风险收益的动态平衡。但是，迄今为止，公开信息尚未明确BVC所投股权资本的风险权重[②]。这也是当下“试验区”科技金融银投合作制度优化亟待攻关的重要课题。

我国政策性科技金融的“投贷联动”模式。其前身可以追溯到软贷款、专项建设基金等能够补充固定资产投资项目资本金的金融模式[③]。2015年至

① 试点意见提出，不得超过BVC自有资金的10%。

② 依据我国《商业银行资本管理办法（试行）》第68条银行股权投资风险权重之规定，银行被动持有的股权投资在法律规定处分期限内的风险权重为400%、政策性股权投资的风险权重为400%、其他股权投资类别的风险权重为1250%。若纳入集团合并会计报表的BVC股权投资的风险权重最低依400%测算，也将占用银行较多核心资本，这可能会抑制银行参与投贷联动复合产权交易的积极性。

③ Dinlersoz和Fu（2022）研究发现，2003年至2016年间，基建固定资产投资占中国年均增长率的14%。自1994年3家政策性银行设立以来，我国科技创新领域大规模的基建固定资产投资，为深化科技金融制度研究提供了良好的本土案例。

2017年推出的专项建设基金是软贷款金融交易模式的高级化优化。2015年国家开发银行和农业发展银行在银行间市场发行专项债券募资以设立专项建设基金，国家开发银行设立了投资子公司国开发展基金，农业发展银行设立了投资子公司中国农业发展建设基金。对应前文所述，可以发现这两家政策性银行的子公司均含有BVC属性，政策性金融组织通过BVC将在银行间市场所募集的专项资金作为股权资本投入固定资产投资项目，符合前文所分析的银行集团内部“投贷联动”交易模式。我国在当时推出专项建设基金有其特点的制度情境，因为2015年我国制造业投资增速放缓，商业性金融支持基建专用固定资产投资乏力，所以政策性金融所募集的专项建设基金主要投资于科技创新和“三农”建设等固定资产投资较集中的领域。其中，2015年专项建设债投向5大领域的34个专项，2016年投向调整为5大领域的28个专项，2017年财政贴息类专项投资减少至8个，专项投资侧重于高新科技产业、新兴制造业和产业结构升级。此后，随着国内经济发展势态的调整，专项建设基金于2017年开始逐渐退出。但是近年在公共卫生和国内经济不确定性加大的情境之下，我国的对外贸易和国内消费规模增长均面临压力，制度安排又一次重视固定资产投资对实现“稳增长”目标的重要作用，并鼓励政策性金融通过发行金融债券，为科技创新在内的重大固定资产投资配套债权股权融资支持。

3.1.2.3　科技金融银投间的债权股权合作：投贷联盟交易

2020年国务院颁布的新一批科技金融成果中包含投贷联盟制度。该制度是投贷联动的高级化。为加大创新驱动发展战略的制度执行，党中央于2015年在全国部署全面创新改革试验，主要目的是实现科技创新和制度创新的协同性，并赋予8个“试验区”科技金融制度创新的任务。截至2020年，我国全面创新改革试验已分三批推广56项制度成果，其中科技金融成果达15项，与银行贷款直接相关的成果有11项。结合我国从1978年以来的科技金融制度变迁，可以看出，银行体系如何为企业科技创新提供金融服务，依然是当前我国科技金融发展和改革的主要政策抓手。

结合新制度学理论，对这11项有关银行贷款的制度成果进行考察可以发现，银行服务企业科技创新需要投入大量专用性资本，这可能会增加银行的交易成本，进一步影响贷款缔约行为。譬如第2批推出的科技金融制度成果中包含了“银行基于‘六专机制’服务企业科技创新”。该成果指出，银行服务企业科技创新需投入专用性风险管理技术、专用激励约束机制、专用性组织、专用人力资本、专用信息系统、专用金融产品。相比于传统贷款单一的债权债务交易，“六专机制”也意味着银行服务企业科技创新的贷款交易结构和契约治理也更复杂。此外，银行还可能会面临更大的有限理性约束。鉴于此，第3批“试验区”制度成果则更加凸显了政府在科技贷款风险缓释方面的重要性，允许银行在法律允许的范围内和风险可控的前提下与VC等外部专业组织建立投贷联盟合作，运用银行贷款债权投资和外部VC组织股权投资为企业科技创新提供融资支持。

3.1.2.4　科技金融银投合作制度小结

在新制度学理论框架下，科技金融的“投贷联动”和“投贷联盟”制度虽一字之差，但是所涉及的债权股权契约选择和契约治理机制呈现明显的学术分野。①融资契约选择（决定了债权股权资金交易性质）。银行集团可以通过“投贷联动”为企业科技创新提供债权资本和股权资本支持，而“投贷联盟”则强化了VC组织的股权资本供给，易言之，银行回归了债权资本供给主体地位，弱化了《关于支持银行业金融机构加大创新力度开展科创企业投贷联动试点的指导意见》所赋予的银行集团为股权资本供给主体的定位。

②契约治理机制。银行集团的“投贷联动”交易是准一体化契约治理，而“投贷联盟”则是趋于多元化的契约治理，Williamson（1996）在交易成本理论中指出，股权契约适宜关系治理，而债权契约则适宜古典治理。回应本书研究主题“我国金融体系如何在银投合作制度变迁下服务企业科技创新”，我国科技金融制度供给从“投贷联动”向“投贷联盟”的渐进性变迁，究竟能否节约制度性交易成本？更适宜企业科技创新的融资契约究竟是什么？更适宜企业科技创新的契约治理机制又是什么？有必要在新制度学理论框架下结合真实贷款交易加以理性分析。

3.2　理论基础

3.2.1　组织资源理论：以专用性投入为主线

熊彼特（Schumpeter）将创新定义为“生产函数的变动”，这些变动也体现为生产要素的新组合。因此在熊彼特创新理论下，投入要素“原材料”的创新是促进生产函数变动的基本构成。资源基础观（resource based views，RBV）和资源依赖观（resource dependence views，RDV）可以从专用性投入的“租金效应”和“套牢效应”不同理论视角对组织资源作用于科技金融交易的机理提供理论解释。

3.2.1.1　资源基础观RBV视域的科技金融交易

资源基础观RBV的提倡者Penrose对科技创新所持的观点与熊彼特的观点趋同，她认为，科技创新是企业内部资源的新组合。科技创新投入要素包括物质资本（包含资金要素）和社会资本等（Barney等，2001）。这些投入要素的基本性质是，专用性高（譬如技术投入）、可逆性低（譬如仪器设备固定资产）、积累期限长（钟田丽等，2014b）。RBV认为，企业是一系列资源的集合，企业竞争力源自所拥有的资本性资源，尤其是所拥有的专用性资本，这些资本能产生“租金效应”。RBV为企业科技创新指明了方向，即投入专用性生产要素培育能产生“租金效应”的专有性成果。由于经济组织存在异质性，企业拥有的生产要素不尽相同，要素专用性决定了企业竞争力和创造“租金效应”的能力差异。RBV认为，企业拥有的资源具有异质性，其经营决策就是科学合理地分配这些资源，如果科技创新决策一旦实施就不可逆。因此在任意时点上，企业已有资本存量是科技创新的约束条件，虽然新资源开发倾向于降低企业灵活性，但是科技创新活动增加了新资源开发的可能性，进一步提高TFP并增进“租金效应”。在专用性投入的“租金效应”驱动下，未获得租金的企业会选用跟随策略模仿优势企业，其结果是科技创新的“租金效应”耗散。

企业科技创新的投资融资决策总是处在不确定性和复杂性环境之中。企业专用性资本存量是制订科技创新决策的依据之一。RBV尚未向企业家提供具体的科技创新指引，在方向性建议中尤为强调“人”学习的重要性。①组织学习。研究RBV的学者几乎都把获取专用资源指向了企业知识和能力，而获取知识和能力的基本途径就是学习。因为企业知识和能力是员工知识和能力的融合，通过有组织的学习可以提高个人的知识和能力，还可以增进个人知识和能力向组织知识和能力转化。②知识管理。知识只有被“人”掌握才能发挥作用，企业知识最终只有通过“人”的创造、转化才能创造价值。企业在经营活动中需要源源不断地从外界汲取新知识，需要持续对“人”创造的知识加工，再将知识实现内部扩散，企业处置知识的效率和速度将影响企业竞争力。因此，企业对学习微观活动的管理，有助于企业获知识资本，实现知识资本的“租金效应”。③构建学习型社会关系网络。对后发企业而言，依靠一己之力发展其所需的知识和能力是难以想象的，而通过构建组织联盟和知识联盟来学习优势企业则更为高效。

企业科技创新是投入专用性要素开发专有性成果的过程。专用性投入是组织资源理论和交易成本理论的核心术语。学者们基于各自的理解对专用性资本投入给出了不同的定义。Dierickx和Cool（1989）认为，专用性资本是具有“有目的性、计划性的长期投资积累的资产”，依据这一定义，可以看出专用要素投入的资本化属性，即长期累积而形成的资源。Amit和Schoemaker（1993）认为，这类投入要素是一系列专用的、稀缺的、难以交易和模仿的资源和能力。上述学者的定义从不同角度诠释了专用性资本的内涵，这些定义也存在一些区别。譬如，Dierickx和Cool更加凸显了“长期性”这一属性，而Amit和Schoemaker更加凸显了“专用性”的资源和能力，后者外延相对更广。“专用性”是两种定义都涉及的内涵。国内学者舒惜虞和陈英（2003）认为，专用性资本是指经济组织有隔离性的无形资源，可以在细分市场上形成竞争优势，能为经济组织创造“租金效应”。与国外学者相比，我国学者更加强调专用性资本能给企业带来长期竞争力和“租金效应”的内涵。

资源基础观RBV文献还对专用性资本的内涵加以精炼，并符号化为“VRIN/O”模型。文献以专用性资本归属特定组织为目标，这些属性包括价值性（value）、稀缺性（rarity）、难以模仿性（inimitability）、难以替代性（non-substitutable）和组织性（organization）。这些属性的具体内容包括以下几点。①专用性。要素投入被外部人占有时其价值会遭到严重损失（Vicente-Lorente，2001）。②价值性。当经济组织制订和执行决策时，这些要素投入能够提高决策的执行效率和效果。③稀缺性。占有它的经济组织极少，若拥有者过多，该要素的“租金效应”会耗散（殷孟波等，2008）；④难以模仿性。要素的竞争优势模仿难，如果可模仿但需要耗费极高的成本，模仿的“租金效应”加速降低。因为要素形成的历史条件独特，该要素与竞争力之间的因果关系模糊。⑤难替代性。意味着该要素投入没有决策等价物。专用性资本投入的这些属性间还存在内在逻辑关联。⑥组织性。企业是否被组织起来，开发利用它的资源和能力。其中的稀缺性、难以模仿性、难以替代性，共同作用于要素投入的专用性。而价值性则是判断是否为专用性资本的必要条件。稀缺性是维持企业竞争力和实现“租金效应”的必要条件。难以模仿性和难以替代性是稀缺性得以存续的保障。专用性资本的内涵与交易成本理论、关系契约理论中的“专用性资产”的内涵相通，这也是本书第2章定义专用性资本的理论依据。

陈涛等（2007）认为，专用性资本的属性除专用性之外，还包括：积累性、复杂性、难以评估性等。①积累性。这种期限上的积累使得竞争对手难以在短期复制。专用性资本的形成也取决于经济组织的资本存量，如果存量资本多，创造新专用性资本更容易。②复杂性。一是形成机制复杂，常常需要许多要素投入，其培养过程涉及经济组织多维度联合；二是存在的形式复杂，所需的特殊信息和能力内生于经济组织的发展历史或意识形态，这些默会知识也限制了专用性资本的流动性；三是存在的环境复杂，形成于特定的自然环境和人文环境，一旦离开特定环境其“租金效应”可能迅速耗散。③难以评估性。资本的历史成本和公允价值难以准确确认、计量和报告。

3.2.1.2 资源依赖观RDV视域的科技金融交易

资源依赖观RDV是组织行为学的主导理论之一。与资源基础观RBV有所不同的是，资源依赖观在很大程度上是一种权力视角。Williamson认为资产的专用性或专有性会诱致资源依赖性。Groenewegen认为TCE理论场域的资产专用性可以看作经济组织个人有意造成的资源依赖，但权力方法则假定这种依赖可能是依赖方始料未及的。综合这些观点可以看出，资源依赖观和交易成本理论从不同视角为专用性投入的“租金效应”和“套牢效应”异质经济后果提供了更深刻的理论阐释。在“租金效应”下，RDV的代表性学者Emerson和Pfeffer一致认为——那些能为组织提供关键资源以及难以被替代的人更易获得权力的青睐。该理论把组织视为一个政治行动者强调组织权力，组织的策略无不与组织试图获取资源、试图控制其他组织的权力行为有关。对于企业的创新活动来讲，任何企业都不可能完全拥有科技创新所需要的一切资源，在资源与目标间总存在着战略差距。因此，为了获得这些资源，企业创新就会同它所处的社会环境内控制着这些资源的其他经济组织互动，从而导致组织对外部资源控制者的依赖。基于资源社会交换的嵌入，该理论认为经济组织更应该被视为一种以资源为中介的“社会联结”，进而主张应将组织的发展目标集中在资源的特性和战略要素市场上，并以此来解释异质企业的核心竞争力来源。

企业关于资源选择和积累的决策被认为是一种理性计算的结果，其准确性必然受制于决策者心智结构、信息的完备性和不确定性的影响。正是那些有VRIN/O属性资源的理性识别和运营能力导致了企业的超额利润及其核心竞争力的差别。资源的选择和配置能否导致企业间的差异又依赖于要素市场的不完善性，这种不完善性指关键资源的获取、模仿以及替代的障碍。组织才能资源配置是较为经典的例证。组织才能常常以惯例为衡量尺度，比机器设备等专用性资产可以带来更长期的竞争优势。但是，组织才能却很难从公开要素市场上购买，市场交易的价格机制对此类资源的配置无能为力。现实组织行为中，大量的组织一体化战略、组织网络行为是组织控制环境资源的实例。譬如，组织会通过纵向一体化消除与其他组织的共生式依赖；通过横向一体化吸收竞争者以消除市场结构的不确定性；或者通过多角化经营策略，将经营势力版图扩展到多个场域，以避免在单个场域内生存并可能遭遇该场域主导性组织的生存挑战等。也有研究者批评了RDV过于强调权力的控制作用，忽略了效率和制度文化因素。

综上所述，笔者认为，专用性资本投入的内涵与交易成本理论、关系契约理论的专用性资产术语的内涵相通。就其经济后果而言，资源基础观RBV更凸显“租金效应”，而资源依赖观RDV和交易成本理论更凸显“套牢效应”，前者主要基于科技创新发展生产力，而后者则基于节约交易成本而着眼于改善生产关系。组织资源理论和交易成本理论从不同角度诠释企业科技创新与专用性资本投入之间的关系，前述理论体系实现了有效融合。在关系契约理论中，专用性资本投入是决定契约治理机制的关捩。Teece等（1997）认为，专用性资本包括物资资本和关系型社会资本等。此外，王庆喜（2012）认为还应包括信誉资本和社会关系网络资本等。结合前人文献和本研究的研究主题，本书侧重于探讨专用性物资资本和银企关系型社会资本对贷款缔约行为的影响。

3.2.2 交易成本理论：以专用性投入为主线

Williamson归纳了交易成本理论的主要特点包括以下几点。①同科技创新的组织资源理论相似，将专用性投入作为核心术语，以专用性投入为核心分析“真实世界”的产权交易及其“套牢效应”；②注重微观分析方法（micro-analytic strategy），基本分析单位是逐笔的产权交易。他认为，只有这样才能切合实际地凸显产权交易的属性，才能匹配相应的契约治理机制；③与传统融资理论的“理性人”假说不同，交易成本理论对“契约人”假说更敏感；④更加倚重比较制度分析（comparative institution analysis），并以此定性评判不同制度的优劣；⑤把企业当作契约治理结构，而不是新古典经济学下的生产函数；⑥重点研究契约事后治理而非事前激励，强调基于关系契约的自我履约，与之相对应的是法庭主导下的三方契约治理。

综合以上特点，可以梳理出交易成本理论的基本分析逻辑：专用性投入及其“套牢”风险→不确性条件下的契约选择→“契约人”的缔约合意→契约治理关系的选择（交易频率）①。简单的产品交易是共时性交易（simultaneous exchange），而贷款交易则是非共时性交易（non-simultaneous exchange），因此贷款契约需明晰契约条款以避免债权人被“套牢”②。Williamson特别指出，在贷款交易中，银行债权人是风险厌恶型的交易主体。

3.2.2.1　专用性投入是交易属性的决定因素

以上所述，交易成本理论的资产专用性投入（asset specificity inputs，ASI）术语与组织资源理论的专用性资源投入内涵相通。测定专用性投入的一个重要指标就是长期性和持续性投入。对专用性投入的讨论，大部分都会涉及长期资产，分析机会主义行为的文献中，处处可见长期专用性投入相关术语（Demsetz，1999）。专用性投入这一术语最早被用于人力资本研

① 专用性资本投入、不确定性（uncertain）、交易频率（frequency）本研究的这3个核心解释变量的实证结果可以在横向上相互印证，进一步阐释了如图1.1所示的研究思路的合理性。

② 《中华人民共和国合同法》和《贷款通则》规定，贷款期限、贷款利率、贷款规模是贷款契约的核心定量条款。此外，《中华人民共和国民法典》第470条规定，当事人姓名、标的、质量、违约责任和处理纠纷的方法是契约定性条款的重要构成。由此可见，银行贷款市场的债权契约是高专用性的，而公开金融市场的债权契约则是高通用性的，这两类债权契约理应匹配不同的契约治理机制。

究。此后，Williamson等学者把专用性投入引入组织行为理论。Williamson在1971年较早地研究了产品市场的纵向一体化（vertical integration）。进一步地，Klein等学者于1978年研究了专用性投入与纵向一体化、可占用准租金（appropriable rents）和缔约行为间的关系，实现了组织资源理论和交易成本理论的学术融合。在新制度学理论体系下，Williamson把专用性资产作为核心维度，引入对交易行为的分析，并以专用性投入为起点，形成了“专用性投入→产权交易的契约选择→契约人→契约关系的治理选择”为主线的交易成本分析逻辑。

交易成本理论认为，专用性投入的本质是，为实现某项特殊交易的“租金效应”所进行的长期投入，同时，专用性投入也会因事后机会主义行为产生“套牢”风险。Williamson对专用性投入的分类是：物质专用性（physical asset specificity）、人力专用性（human asset specificity）、地理区位专用性、专项专用性和信誉专用性。与资产专用性相对应的概念是资产通用性。本书所探讨的专用性资本主要是有形的固定资产（专用性物质资本）和无形的关系资产（银企关系社会资本）。如上文所述，组织资源理论认为，专用性资源是由特定经济组织拥有或控制的战略资源，具有“VRIN/O”属性，这些资源能增进市场竞争力，能为经济组织创造“租金”。可以看出，组织资源理论下的企业专用性投入的经济后果是创造“租金效应”，内生性隐含了持续经营假说条件。而交易成本理论下的企业专用性投入的经济后果是规避“套牢”风险，所隐含的会计假说条件是破产清算假说。这一区别呈现了这两种理论的学术分野。

3.2.2.2 从交易和“契约人”维度对交易分类

交易成本理论认为，交易维度和“契约人”维度是对产权交易分类的两个标准。

（1）3个交易维度。以产权交易中的专用性资产（asset specificity）、不确定性（uncertain）和交易频率（frequency）3个维度对产权交易进行比较，进一步区分不同交易之间的差异。①专用性资产。专用性投入越多，所有者对特质交易的依赖性越强，越有可能被交易当事人的事后机会主义损害，专用性投入越高，事后被“套牢”的概率越大，因而交易成本也就越高。②不确定性。无论不确定性是来自组织外部，还是交易当事人，都会使交易当事人为避免由此造成“套牢”风险而增加契约可证实性，即契约条款明晰化，这也意味着契约复杂性和贷款交易成本都会增加。③交易频率。交易频率对交易成本的影响主要表现在，高频率交易相比于一次性交易，更容易补偿交易的契约治理机制设置和履约成本，而相对降低交易成本。此外，高频率交易会抑制交易主体的机会主义行为。因为在一次交易中投机取巧，可能不利于关系网络的“信任”传递，甚至被关系契约圈内同人排斥，是得不偿失的。

（2）3个“契约人”维度。①不完全信息条件。在不完全信息假设下，专用性投入越多，产权交易双方信息不对称性加大。在信息不完全性和不对称性的条件下，当事人不可能签订完全契约，为了节约交易成本，需要安排适当的契约治理机制。②有限理性。在有限理性条件下，人们只有有限处理和分析信息的能力。在技术密集型的产业更是如此，专用性投入从预期的“租金效应”很可能演变为“套牢效应”。③机会主义。不完全信息和有限理性之所以会给交易主体带来摩擦，主要是存在机会主义行为。机会主义使得交易双方有可能攫取更多“租金”，同时为避免被“套牢”而支付交易成本。

诚如上文所述，企业科技创新是高风险事业，而银行等债权人却是厌恶风险的。越是细分程度高的高科技产业，银行受有限理性的约束程度越高，债务人的机会主义行为更难以识别，法庭参与三方契约治理可认证难度也加大。因此，高专用性交易难以匹配古典契约和三方契约治理。创新型企业多集中在高科技产业，在资金供给有限的条件下，新材料、信息技术和生物工程等知识密集型企业，更容易吸引投资人（钟田丽等，2014b）。这些科技型企业的专用性固定资产投入和人力资本投入，在增进“租金效应”的同时，也抑制了专用性投入的可逆性。债务人的机会主义行为之一，是通过重新调配资源或转做他用来提升其边际报酬，而债权契约则被看作规避租金被攫取和规避机会主义行为的治理机制。相比于可逆性高的流动性资产，专用仪器设备和厂房管网等固定资产的使用权属更明晰，或不能改为他用，债权人对企业专有的这些专用性资源的未来价值很难做出判断，提高了债权风险，增加了企业债权融资的交易成本。因此，低专用性的交易才越有可能匹配债权契约融资。

3.2.2.3　专用性投入对融资契约选择及其治理的影响

交易成本理论认为，专用性投入决定了不同产权交易，而异质产权则构成不同融资契约的内涵，不同融资契约又匹配不同的契约治理机制（Williamson，1996），只有融资契约选择与契约治理相互匹配才能节约交易成本，因此交易主体会选择交易成本最小的融资契约和治理结构。在不确定性条件下，对交易频率高低进行分类，依专用性强度对资产分类，可以探讨专用性投入、交易频率和契约治理三者间的关系[①]。

（1）涉及非专用性交易，无论交易频率的高低，都对应古典缔约（classical

① 从新角度说明3个核心解释变量间的逻辑联系，进一步阐释了如图1.1所示的研究思路的合理性。

contracting)，其契约治理为市场治理（market governance）。在这种情景下，资产可逆性高，交易双方互不依赖，双方不关心交易的长期性。如果企业公开发行债权契约融资，这类契约具有标准化、匿名性、二级市场发达的特性。而银行贷款契约则是非标准化、非匿名性、二级市场不发达，这两类债权契约的专用性存在明显差异。因此可以初步推测，银行贷款契约一般匹配关系缔约和新古典缔约，但很难匹配古典缔约。

（2）如果资产是混合性的，交易频率较低，这时发生的是新古典缔约，相应的契约治理是三方契约治理（trilateral governance）。由于交易涉及非可逆性资产，缔约主体都关注未来合作价值，并希望安排契约治理机制降低交易中的不确定性。但是，交易频率较低会制约私人信息的有效获取，缔约主体设置契约治理结构的交易成本难以实现补偿。在此情景下，交易双方倾向选用三方契约治理。结合本研究所考察的科技金融而言，法庭作为第三方同样可能因缺乏高科技知识和专门的金融知识而面临有限理性约束，可以推测，科技金融交易当事人可能更倾向于关系缔约，而非传统意义上的新古典缔约。

（3）如果资产是专用性的，交易频率较高，这时发生的是关系缔约（relational contracting）。如果资产是专用性的，则匹配一体化治理（unified governance）；如果资产是混合性的，则匹配双边治理（bilateral governance）。因为企业科技创新需要在各阶段投入大量专用性要素，包括专用性物质、专用性人力以及专用性关系等（钟田丽等，2014a；马娜和候丽，2018）。这些专用性投入的破产清算价值较低，可供债权人分配的金融剩余小，因此债权人一般容易和债务人启动再谈判机制。交易成本理论认为，假设其他条件相同，企业持有的资产专用性越高，提供给债权人的物权担保价值越小，这些企业一般需要支付较高的贷款交易成本以弥补债权人的不确定性。如果企业家的关系型社会资本较高，可以借助信任、合作规范和社会关系网络的“治理效应”抑制机会主义，节约贷款交易成本。因此，专用性关系投入可以通过关系契约的“治理效应”缓释物质专用性投入的“套牢”风险。

可见，对于交易低专用性物质的企业，较适宜的融资契约是债权契约。因为债权人对通用性物质的信息能做出相对充分的了解，贷款交易的信息不对称性得以缓解，而节约贷款交易成本；反之，对于专用性高的交易，如技术密集型的仪器设备和基础设施，公开市场拥有其投资价值的信息有限，高科技产业链上游的“小数据”使融资交易面临的信息约束更高，因而难以节约交易成本。因为物质专用性越高，导致企业资产的贴现价值越难以测算，加大了贷款债权交易的不确定性，也增加了企业选择债权融资的交易成本。综上所述，高专用性投入因信息不对称和破产清算价值低，容易诱致“套牢”风险，因而难以匹配债权契约融资。

3.2.2.4 交易成本视域的组织间信任

组织间信任是金融要素交易中信誉机制发挥作用的核心，不同的信任组合对节约交易成本有不同的影响。一方面，信任作为一种组织间的关系契约治理机制，常常被视为促进交易合作的前提有利于节约交易成本；另一方面，组织间信任加深所诱致的关系资源依赖同样可能会产生“套牢效应”，进而增加交易成本。

（1）交易成本节约与组织间信任的正向关系。关系性信任较低时，交易主体间社会互动相对较少，基于计算性信任的前瞻性决策会主导交易，这种导向要求企业作出“可信的承诺”（Gulati和Sytch，2008），其目的在于避免交易中的机会主义并激励自我履约。这一阶段，组织间的信任主要建立在对每次交易理性评估之上。所以，基于对机会主义与诚信履约收益的比较，交易主体在互动中会最大限度地提高即时收益，而且尽量利用从交易伙伴那里获得的资源来最大化自身利益。随着时间推移，交易双方的“可信承诺”为关系性信任的发展创造了条件，交易主体间持续的互动提高了彼此的熟悉度、促进了绩效目标的趋同、促成了互惠的交易惯例，进而导致关系性信任水平提升。关系性信任的增加增强了交易双方从合作中获得关系租金的意识，促进了各方对特定关系专用性投资和更加密集的互动。这些认知一致性和内化的共同信念，降低了机会主义偏好，推进了互惠公平环境的建立，推动了信息共享和组织学习，加强了业务流程优化和共同利益的增进，进而实现交易成本节约。其实现机制包含，关系性信任作为一种关系契约治理为交易双方创建了一个可靠、可预测的环境，相比于正式契约其在帮助经济组织获取隐性知识方面比获取显性知识方面更为有效。此外，随着关系性信任上升，交易伙伴间的关系惯例逐渐形成，双方越来越依赖于代表性的启发式决策规则（Poppo等，2016），减少了对缔结高成本复杂契约的需求，由此降低了交易的谈判成本、信息搜寻成本和监督成本。所以，随着组织间关系性信任的增加，会导致更低的监控、更多的承诺和更大范围的信息与技术交流，从而可提高合作中来自信任的收益并节约交易成本。

（2）交易成本节约与组织间信任的负向关系。组织间关系性信任增加时，交易双方在合作过程中就会有更多的专用性投入，彼此资源依赖性加深，尤其在面临较高不确定性的科技创新时双方会达成更多的合作共识。特别是，相互依赖关系可能在某一水平，出现长期的且具有关系导向的资源依赖关系。但与之相关的交易风险也可能随之而来，即交易伙伴间创造的这种关系将会演化为关系路径依赖的“套牢效应”（Gargiulo和Ertug，2006）。这种“套牢”不仅会抑制组织实施变革的动机，而且限制了组织及时响应诸如技术创新、市场环境变化以及资源适应性变化的能力。所以更多关系性信任反而会危及交易双方共同利益，增加了交易风险与成本。具体来讲，一方面，在高水平的关系性信任中，组织间频繁互动需要耗费更多的时间和精力，交易边际成本随之上升;另一方面，由相互投资产生的资源依赖和关系惯例会抑制组织获取关系之外关键资源的能力，即使在快速变化的市场环境中，仍然会对交易伙伴抱有乐观预期，并倾向于继续与交易伙伴进行互动来获取资源，这在很大程度上削弱了其应对环境变革的能力，并对其更大的、更长远的经济利益形成危害。这种危害可能会达到某一个水平，在该水平上，交易双方合作的代价越来越高，从信任中获取正向收益的可能性持续下降（洪茹燕等，2019）。譬如企业对关系性信任的高度依赖以及对代表性启发式决策规则过度使用可能会误判重要信息，使得战略呈现盲目性，最终引致创新活动受挫。此外，随着关系性信任增强，交易双方对彼此的监督和契约安全性保障需求下降，违约机会主义变高，为此因缺乏监督而造成交易效率下降的可能性上升。尤其是经济组织对交易伙伴的盲目信任，不但增加了组织遭受机会主义危害的风险，而且提高了组织承担不必要的责任的可能性，从而不利于交易成本的节约。所以，组织间信任与节约交易成本可能负相关。

3.2.3 关系契约理论：以专用性投入为主线

基于上述理论分析可知，关系契约理论（relationship contract theory）与交易成本理论密不可分，均以专用性投入、产权交易、契约治理为理论内核。专用性投入是影响融资契约选择及契约治理机制的关捩，专用性投入越高越需要匹配关系契约。关系契约可以增进事前专用性投入的“租金效应”，也是选用自我履约治理事后“套牢”的依据。长期性和自我履约性是关系契约的主要内涵。新古典契约也强调契约关系的长期性和适应性调整，但是新古典契约始终以初始条件为参照，而关系契约则无此限制，关系契约尤其强调自我履约（self-enforce）的“治理效应”。Macneil I. R.[①]和Williamson都是关系契约理论的倡导者，依据Macneil对契约治理的分类，长期契约和纵向一体化属于关系治理的范畴。后来，Macneil在与新制度学派的学术交流中，将交易成本理论内核引入关系契约理论分析。Macneil在2000年因此将自己的关系契约理论改称为“基本契约理论”（essential contract theory），“基本契约理论”引入了更多交易行为要素，Macneil认为这些要素是科学理解契约性质的微观基础。笔者认为，决定交易的上述维度是这些要素的核心构成，结合研究主题，本书主要考察关系契约的期限和自我履约两个最具有代表性的属性。

3.2.3.1　关系契约的长期性

Macneil在1985年提出关系契约（relational contract）和古典契约的契约两分法。古典契约所支持的交易完全由法庭保障，这类契约更多倾向于象牙塔式的抽象，距离现实金融世界较远。关系契约对经济现实的解释力更强，其原因是：①契约关系主体相比法庭更易于监督对方的行为；②与法庭黑白分明的裁判不同，契约当事人的自由裁量权更大，自我裁判更有灵活性；③因此缔约主体可以对法庭难以认证的事实做出更精确的认证，这

---

① Macneil I. R.和Macneil R. W.系父子关系，在本研究中，Macneil特指长者。

增进了关系契约的适应性效率。国内学者孙元欣和于茂荐（2010）所归纳的关系契约的主要特性是：期限持续性（extended duration）、自我履约性（self-enforcing）、关系嵌入性（relational embeddedness）、条款开放性（open terms）。因为期限持续性相比其他特点的可确认性和可计量性更高，所以是理论界判断关系契约的主要标准。

大量文献支持"关系契约的长期观"。Smythe（2004）认为，关系契约主要是指长期契约。有学者进一步指出，虽然"长期性"不能完全概括关系契约的内涵，但是"长期性"的确是认定关系契约的主要依据（Eisenberg，2000）。Gifford（1999）的研究基于交易视角，为"关系契约的长期观"提供了补充证据。他认为，关系契约以长期交易为基本特性，交易当事人需要付出长期契约关注。与Macneil的契约两分法不同，Gifford（1999）将契约分为关系契约和市场交易契约，并强调关系契约的主要特点是交易的长期性和多次性，而市场交易契约的特点多为短期性和一次性。日本学者内田贵（2004）提出长期契约是关系契约的典型，因为"长期性"是增进契约弹性的保障，只有长期交易才能创造更多租金效应。据此，内田贵考察了关系契约在日本民法中委任契约和承包契约等长期契约中的适用性问题。

中国法学者Macneil RW于1986年在论文*Contract in China：Law，Practice，and Dispute Resolution*中指出，关系契约是中国契约的主要构成，而契约期限则是研究中国关系契约的主线。Macneil RW认为，中国实践中契约内容的弹性、关系对履约的影响和随时间变化的特点，说明中国契约法实践与关系契约理论是相吻合的。《中华人民共和国合同法》《贷款通则》指出，贷款契约期限是与贷款价格、贷款规模并列的核心定量条款。随着契约期限延续，长期契约可以包含未来不确定时期内的一系列"市场交易"（Coase，

1937）。关系契约可能涉及银行关系网络（资金要素供应方）、政府关系网络（制度要素供应方）。因此，关系契约可以容纳多个民事主体，这超越了古典契约的界限。关系长期持续可以促进和鼓励有效的交易，在长期的契约关注中所获取的私人信息有助于信任传递，减小信息不对称性制约。关系契约可以使利益相关方关注长期合作价值，避免短期投机交易诱致的“囚徒困境”。

3.2.3.2 关系契约的自我履约性

Williamson认为，专用性投入是决定契约治理机制的核心，高专用性投入一般匹配关系契约治理。因为关系契约有助于通过引入关系型社会资本的“信任、合作规范、社会关系网络”治理机会主义。交易成本理论认为，若交易一方做出了专用性投入，却不存在一个兜底性契约保障，也缺乏三方治理的“可认证”信息，专用性投入就会给投入方诱致“套牢”风险。而关系契约的长期性和自我履约性可以发挥关系契约的“治理效应”，不但可以避免事后专用性投入被“套牢”，而且还可以激励投资人事前加大专用性投入。关系契约履约主要是基于长期合作价值的关系规则（relational norms）和信誉机制。

长期合作价值（value of future relationship）的自我履约激励。因为关系契约的长期性，未来合作价值是自我履约的核心保障，综上所述，大量学者把关系契约等同于长期契约。关系契约缔约之肯綮所在，就是要让履约的收益总是大于不履约的收益。关系规则所包含的非正式关系规则和正式关系规则，共同促进了关系契约履约。关系规则的有效性受当事人社会资本存量的影响，高水平的社会资本存量可以降低交易中的机会主义行为。新制度学理论认为，关系契约治理能减少机会主义，“人际诚信”增加了双方共享信息的意愿，可以降低信息不对称。总之，这些关系规则可以影响参与者的互信，增进经济组织的利益，促进缔约主体自我履约，会主动避免三方契约治理。弹性（flexibility）、合作（solidarity）、信息交换（information exchange）是基本的关系规则，这些关系规则与社会资本的“信任、合作规范、社会关系网络”具有内在一致性。信誉机制在关系契约治理中发挥着核心作用，这在新制度学理论界已达成较广泛的共识。

信誉机制（reputation mechanism）的关系契约治理效应。信誉机制是双边关系契约治理机制的核心。关系契约理论认为，信誉具有治理效应，即便在信息不对称条件下，关系契约仍然可以得到执行。社会资本理论从另一角度对此提出诠释，认为“人际诚信”和“社会信任”是社会资本的核心构成。而社会资本又可以增进集体主义的利他行为。贷款契约是典型的信任密集型契约（肖作平和张樱，2014），信誉认证是交易当事人对彼此将会进行特定行动的主观概率判断，是当事人对交易的一致性认知（Gambetta，2000），银行贷款交易程序中的信誉认证（详细内容参见第5章），事实上也是银行对债务人“人际诚信”的认证，是银行对债务人自我履约能力、事后机会主义行为等一系列有关信誉机制的预判。国内学者将诚信和信任等心理学术语引入本土关系契约分析，胡军等（2002）认为中国“缘约”[①]文化带来的信任感和认同感能够增进关系治理，进而节约交易成本。互信是经济组织间的润滑剂，使机会主义行为最小化的信念更强（Pretty和Ward，2001）。“人际诚信”和“社会信任”不仅是社会资本的核心构成，而且是社会资本的微观

① 他们认为“缘约”是中华民族的社会心理积淀，除血缘关系外，华人还看重亲缘、地缘、友缘、业缘、神缘等，而西方企业的关系契约相比而言可能要少一些（胡军等，2002）。“学缘”亦可藉由资金效应和信息效应促进我国企业科技创新（申宇等，2017）。

基础，社会资本能够通过合作规范、社会关系网络增进关系契约的“治理效应”。紧密互动的社会关系网络能够增进经济组织间的互信，促进合作规范形成，合作规范可以有效地约束机会主义行为，孕育合作意识，增进经济组织间更深层次的互信。

3.2.3.3　关系契约视域的组织间信任

关系契约理论聚焦于基于频繁社会互动且不断演化的组织间关系，其假定交易各方具有集体主义和利他主义，倾向于以善意的方式行事。所以在关系契约理论下，人们所从事的一切经济社会交换都嵌入在更广泛的互惠性社会关系之中，组织间信任正是通过交易伙伴之间持久的社会互动和成功的交易基础逐渐构建的（Groenewegen，2001；Granovetter，2017）。关系契约理论更多地关注于驱动组织间信任的社会性动机以及社会性取向。把基于社会互动的关系质量及其心智结构视为组织间信任的来源；把交易伙伴组织文化及其合作能力对制度化规则和行为方式的规范性承诺视为增进信任的关键。

首先，关系质量及其心智结构对组织间信任的影响。①关系质量与组织间信任。关系质量对组织间信任形成的影响建立在交易双方紧密且稳定的社会互动之上。当交易双方的关系持续时间和互动强度增加时，相互信任感也会随着时间的推移逐渐建立（Gulati和Sytch，2008）。从关系持续期看，长期交往使投资人习得了更多的社会知识和经验，这些知识和经验如同投资人建立的“社会记忆”，不仅可以帮助其理解和预测交易伙伴的行为模式，还能帮助其洞察交易伙伴的道德品质和价值观取向，从而能更准确地筛选诚实可信的交易伙伴，建立彼此间的信任关系；此外，在持续的社会互动中，投资人与其交易伙伴投入了大量的时间和情感，拥有了共同发展的历史，形成了相互间的资源依赖，因此交易各方更愿意保持善意的互动，并且长期地展现出诚实可信，从而发展了相互信任。从基于亲密与情感的关系强度来看，高频率的互动、面对面的交流、亲密的谈话与行为以及情感性互惠等均有助于组织间信任的发展（Granovetter，1973）。如面对面的交流可以帮助投资人了解更多交易伙伴的行为和意图，可以通过即时反馈、提供优质信息协助交易伙伴解决问题，这种快速响应会让交易伙伴产生亲密的感觉和情感的信赖，促进了彼此的信任。②心智结构与组织间信任。组织间信任也受交易伙伴间心智结构的影响（Granovetter，2017）。心智是指行动者通过心理活动——如感觉、想象和推理等——对社会活动产生的认知。新古典经济学派把“理性人”视为基本假设，但Simon等制度学者却认为人的理性在事实上是有限的，价值追求更符合满意原则。因为交易各方生活在不同制度环境中且有着不同的人生经历，对彼此关系的理解、判断或评价可能存在很大差异，这将会导致双方心智模式上的差距，而这种差距也恰好反映了交易伙伴之间在认知体系、共享表达体系。具体来讲，一方面，因为交易各方来自不同的制度环境且有着不同的人生经历，所以他们对交易理性与效率评价的参照体系和对商业价值的期望可能存在不一致，这种差距会进一步阻碍交易一方对交易伙伴行为与意图的理解和解释，并助长对有限理性和机会主义的猜测和怀疑；另一方面，较大的心智结构差异会扰乱信息流动，增加决策复杂性，降低交易各方交流的效率和准确性，甚至扭曲对交易安排的公正与效率的评价，这将最终可能损害组织间的信任。

其次，组织文化及其合作能力对组织间信任的影响。①组织文化与组织间信任。组织间信任形成会受到组织文化尤其是具有开放、和谐、互惠和诚信等特性的宗族式组织文化(clan culture) 的积极影响。在组织间关系中，交易伙伴的组织文化被理解为用来解释组织行为方式的一套复杂的价值观、原则和符号，它包括价值观念、制度、组织精神、行为方式的规范性承诺和道德规范等（Laporta等，1997）。在诚信的组织文化中，交易双方往往选择相互信任，因为机会主义会违背交易双方的价值观和行为标准（Barney和Hansen，1994）。与此同时，组织文化也是组织成员对如何完成和优先处理任务的惯例，是在从事各项任务时所秉持的价值观念。如宗族式组织文化强调集体主义、利他主义，这些规范和价值观不仅体现在组织内部成员身上，也反映在组织成员与其交易伙伴合作的方式和行为上，这促进了组织内和组织间共享目标的达成和交易各方利益的协调，减少了交易伙伴的机会主义倾向，增进了组织间的信任水平。Guiso等人将这类组织文化视为培育高信任度社会急需的“公民资本”（civic capital），他们认为，高信任度社会有利于VC金融组织的发展，为科技创新提供股权融资支持。②组织合作能力与组织间信任。组织合作能力或先前的合作经验同样是组织间信任形成与发展的重要驱动力。合作能力是指投融资双方为了能在后续交易中有更好表现，根据先前的合作经验开发专门知识的能力和使组织惯例制度化的能力。这种专用性技能增加了投资人准确预测交易伙伴动机与行为的可能性，减少了交易各方发生冲突和实施机会主义行为的潜在风险，有效降低了交易成本并克服了相互猜疑。此外，投资人先前已经建立的关于谈判、解决冲突、控制风险和协调交易关系的制度化惯例同样有助于克服交易安排中的潜在风险、促进优质信息的共享和共同解决问题，并让交易伙伴产生交易程序公平公正的良好感觉，从而导致投融资双方更紧密的合作和更高程度的相互信任。

3.3 本章小结

党的十一届三中全会以来，我国科技金融发展和改革一直以优化银行资金要素供给为主线，经历了渐进性的制度变迁历程。党的十八大以来，银投合作是我国科技金融新的发展方向，银投合作的最新制度成果是“投贷联动”和“投贷联盟”。这两类制度虽一字之差，但是在交易成本理论下，所对应的融资契约选择（债权契约、股权契约）和契约治理存在较大差异，我国科技金融制度的变化能否节约交易成本，本书尝试在新制度学理论框架下，统摄组织资源理论、交易成本理论和关系契约理论，结合微观贷款交易数据和银行监管数据予以规范地理论探讨和实证检验。组织资源理论在持续经营假说条件下，为企业科技创新的专用性投入提供了科学指引，即培育能为所属组织创造“租金效应”的“VRIN/O”属性资源。组织资源理论为企业获取“VRIN/O”属性资源给出了方向性建议，认为“人”和组织学习至关重要。对一般企业而言，仅依靠一己之力发展其所需的全部知识和能力是难以想象的，而通过构建知识联盟则要有效率得多。

专用性资本是组织资源理论、交易成本理论和关系契约理论共同的思想内核。相比而言，组织资源依赖观RDV和交易成本理论更注重企业专用性投资的交易属性及其相关的“套牢”风险。而组织资源基础观RBV则强化了企业专用性投资的生产属性，认为企业科技创新的专用性投资的首要目的是创造“租金效应”。进一步，关系契约理论认为，选择适宜的契约治理机制既可以缓释“套牢”风险，又可以创造“租金效应”。Williamson（1996）认为，组织行为理论和交易成本理论在诸多方面可以相互学习，并且在“良性张力”（healthy tension）的状态下互利共生。笔者认为，从企业专用性资本投入的生产属性、交易属性和治理属性任何单一层面切入都可能有失偏颇，因为任何经济组织都是生产、交易、治理活动的统一体，企业专用性资本投入同时存在“租金”“套牢”“治理”效应。只有把这些理论体系融合起来，既考虑交易成本节约，也要考虑租金收入创造，才可能为金融服务企业科技创新提供更一般化的学理参考。相比于前人文献，这也是本研究理论分析视角可能的创新。

我国在长期历史沿革中形成的“社会人情”和“政治集权”，面临传统规范与市场规则交织并存的局面（徐德信和汪国银，2010）。我国特有的差序格局中的情感关系构成了最稳固的社会关系网络（费孝通，1998），组织间信任在中国正规贷款市场和非正规贷款市场发挥了重要的关系治理效应（Allen等，2019a，2019b）。我国的经济转型过程，也是由基于信任的关系契约不断向法治化正式契约变迁的过程（周其仁，2000）。但笔者认为，关系契约与正式契约存在天然的互补，而非非此即彼的简单替代。因此在我国科技金融制度变迁下要实现关系契约与正式契约的兼容，需通过“德性认同意义上的契约”和“理性规制意义上的契约”双重作用才可以达成（亓同惠，2015）。诚信和友善已经成为中国社会主义核心价值观的题中应有之义，如何通过关系型社会资本传递出的“信任、合作规范、社会关系网络”振奋我国正规贷款市场和非正规贷款市场的契约精神，进一步服务于我国当下“试验区”科技金融的银投合作试验，具有较重要的经济意义和社会价值。

第 4 章

科技金融银投合作的融资契约选择：基于专用性投入视角

第4章至第6章在“组织资源理论”“交易成本理论 ”和“关系契约理论”下，结合《中华人民共和国合同法》《贷款通则》和现实贷款制度，从企业融资契约选择（要约）→银行信誉认证（承诺）→关系契约治理（立约）三个缔约层面，选用近10万笔大样本银行贷款交易数据和银行监管数据，逐层次考察专用性资本投入对贷款缔约行为的影响，为第7章的比较制度分析提供经验证据。依据本研究如图1.1所示的研究思路和第2章对贷款缔约以及科技金融的定义，科技金融资金要素交易的首个法理性程序是企业发起融资要约。易言之，企业融资要约是整个贷款缔约程序的先导。

虽然“理性人”视角下的新古典融资理论假设企业可以无摩擦地出入金融市场，企业可以依据自身所需灵活选用股权契约融资或债权契约融资。譬如，Myers和Majluf的优序融资理论（pecking order theory）认为，企业科技创新可以优先选用留存收益实现内源股权融资。但是由于企业科技创新资金要素投入量大且持续期长，内源融资难以满足科技创新所需的全部资金（Arvanitis 和Stucki，2013），加之企业科技创新的成功概率低、投资不可逆、正外部性和信息保密等特性，使企业科技创新相比其他投资更依赖于外源性融资支持（李万福等，2017）。在我国现实科技金融制度背景下，企业科技创新的外源融资主要包含债权融资、股权融资和政府资助（辜胜阻和庄芹芹，2016；张一林等，2016）。在面临外源融资刚性需求的情景下，企业究竟是如何选择融资契约的呢？适宜于企业科技创新的融资契约究竟是股权契约（投）还是债权契约（贷）？本章首先基于新制度学理论对“专用性资本投入→异质经济效应（企业传递租金信号）→融资契约选择（要约）”进行理论演绎，进一步以大样本真实金融交易记录加以实证分析，实证考察银投合作制度变迁下，科技金融交易在企业融资要约环节的共性规律和个性特征，以回答子问题1。

4.1 理论分析和研究假设

文献基于不同会计假说条件研究了物质专用性资本投入的“套牢效应”和“租金效应”对融资契约选择行为的影响。交易成本理论在破产清算假说条件下，更加关注专用性投入的“套牢效应”，研究成果相对更为丰硕。Williamson在1988年从破产清算成本出发，指出随着物质专用性投入强度提升，预期收益的不确定性会加大，此时选用股权融资与选用债权融资的交易成本都会变大，因为在不完全契约和不对称信息的条件下导致依债权契约融资的古典治理（或三方契约治理）很难保护债权人的产权，债务人所提供给债权人的物权担保所赋予的优先受偿权也会因物质专用性而被削弱。因此，随着物质专用性的增加，企业越偏好选用股权融资。可以看出，Williamson的这一思路较深刻地体现了专用性资本投入可能诱致的“套牢”风险对企业家融资契约选择的影响，这也正是交易成本理论“契约人”视角的企业融资理论的独特之处。此后有更多文献沿此思路进行了拓展。

专用性资本投入的“套牢效应”与企业破产清算假说紧密相关。而“租金效应”则与持续经营假说相关。借鉴Williamson（1988）的研究，Shleifer和 Vishny（1992）考虑在破产清算条件下，资产出售的一般均衡模型，将专用资产最佳使用价值与破产清算残值之差用以测度专用性投入，发现物质专用性投入越强，企业负债率越低，这进一步拓宽了对专用性投入与企业融资契约选择间关系的理解。Williamson（1988）和Shleifer & Vishny（1992）等对物质专用性投入与融资契约选择的关系提出了较为明确的结论，为后续研究者提供了文献参考。Balakrishnan 和 Fox（1993）将广告费用与R&D费用之和与企业收入的比值作为专用性投入的代理，发现，物质专用性投入是影响企业融资契约选择的重要因素，其值越大，企业负债率越小；Cushing 和 McCarty（1996）使用和Shleifer 和 Vishny资产出售的一般均衡模型相似的测度方法，即破产清算价值差值构建了一个物质专用性指数，发现，专用性投入与企业债权融资之间存在着显著负相关关系。随后，Sibilkov（2009）的研究为上述研究提供了进一步的证据。国内学者程宏伟（2004）、李青原和王永海（2006）基于A股上市企业数据发现，物质专用性投入总体上与企业选择债权融资负相关，这一相关性存在行业异质性。马娜和钟田丽（2017）以创业板的企业为样本，考察企业科技创新投入对融资结构影响，发现人力、R&D等企业科技创新的专用要素投入与选择债权融资负相关。殷孟波等（2020b）以贷款交易为样本，发现，物质专用性投入强度高的企业更偏好选用股权融资，而非债权融资。

物质专用性投入与企业选择债权融资之间的负相关性，这一结论无论是从理论上还是从实证上都得出较为充分的证据。然而也有研究对这一负相关性提出质疑，Myers 和 Rajan（1998）、Morellec（2001）提出，物质专用性投入与债权融资之间的相关性取决于管理人是否可以自由处置企业资产。如果是，那么物质可逆性越强，企业资产短期内的破产清算价值就高，管理人为获利，可以廉价出售这些资产，管理人的行为无疑降低了债务人的偿付能力，进而危及债权人的债权安全性。由此可见，物质专用性与债权融资的相关性为正或为非线性，只有债权融资契约的约束性条款限制了管理人的资产处置权时，物质专用性与负债率才可能表现为负相关。Sibilkov（2009）的研究发现，低效率、破产清算成本和财务危机会影响企业融资契约选择，随着物质专用性增强，管理人处置资产的成本也增加，结果发现，物质专用性越强，企业的担保债务越低，而与企业非担保债务呈非线性相关，这一结论支持了Myers 和 Rajan（1998）与Morellec（2001）的理论预测。此外，借鉴Williamson（1988）、Choate（1997）的研究，李青原和王永海（2006）从契约治理角度，构造了一个考虑产品市场竞争和专用性投入因素的供给两阶段模型，发现，产品市场竞争对物质专用性投入与企业融资契约选择之间的关系具有调节作用。

综上所述，学者们主要基于破产清算假说下的“套牢效应”对物质专用性投入与企业融资契约选择间的关系从理论上和实证上做了系统考察，发现，两者负相关性是主流观点。但是物质专用性如何作用于企业融资契约选择？尤其是两者间关系存在的条件及微观机理还缺乏文献说明。本研究认为，有必要结合企业科技创新外源融资的实际情景加以分析，因为物质专用性投入强度高，也可能意味着企业科技创新前景较好，能够向意向投资人传递未来分享“租金”的信号。相比选用债权融资，股权融资还有诸多优点。比如，契约期限比债权契约长，无定期还本付息压力，股权投资人可以参加董事会治理，这类关系契约治理（许楠等，2018）可以减小投资人的有限理性。事实上，企业的创新决策更看重持续经营假说下的“租金”创造，相比而言，股权契约更能保障租金创造。因此物质专用性投入与企业选用股权融资可能正相关，而与选用债权融资负相关。故，提出假设H4.1。

H4.1：在其他条件不变的情况下，物质专用性投入越高，企业可能越不会偏好选用债权融资。

组织资源理论认为，社会关系网络是企业科技创新重要的社会资本投入。社会资本被视为继物质资本、人力资本、技术之后的第四类资本要素

（Engbers等，2013）。依据廖理等学者（2020）的研究，关系专用性投入是指企业为了维持与特定商务伙伴的长期交易而进行的专用投资，一旦转作他用，这种投资会出现价值减损，即“租金效应”可能转化为“套牢”风险，企业关系型投资可以积累形成关系型社会资本。与物质资本不同，社会关系资本以“人”为链接，关系产权难以确认和让渡，在不同经济组织间扩散需要耗费大量交易成本，无法通过学习和市场搜索轻易获得，但是关系型社会资本有助于经济组织实现持续经营假说下的“租金”创造。因此关系型社会资本是企业科技创新有价值的要素投入。关系专用性投入在企业中较为普遍。Allen 和 Phillips（2000）的研究发现，科技企业更偏好于关系资本投资；Wang等（2014）认为，顾客忠诚度可以通过关系投资提升；Kwon（2011）将关系投资视作企业成功的关键，有利于提升组织间的互信和绩效。

既然社会资本可以视为企业科技创新的要素投入，那么关系型社会资本是如何影响企业融资契约选择的呢？Titman和Wessels（1988）对这一问题的回答比较有代表性，他们认为，举债诱致的破产清算风险会给商务伙伴带来不确定性，因此企业应该少举债，以规避破产风险。Maksimovic 和 Titman（1991）发现，高负债企业很难与商务伙伴缔结关系契约。这也从另一个角度说明，企业选用股权融资相对更容易与商务伙伴缔结关系契约，因为股权合作相比于债权合作更倚重可持续经营假说。Banerjee等（2008）的研究结果也支持了主流的负相关性观点，他们发现，更依赖于大客户的企业会主动选用较少的债权融资，这主要是因为大客户对合作伙伴的稳健性有一定要求，低负债率可以传递企业融资决策是否稳健的信号；Kale 和 Meneghetti（2014）的研究同样沿用了破产清算假说思路，认为，企业选用债权融资越多，会给商务伙伴带来不确定性，他们的关系性投入会减少；Hennessy 和

Livdan（2009）认为，最优债权融资比例取决于上游企业的关系性投资，债权融资会减少上游企业的剩余索取权，这会抑制上游企业的关系性投入。

上述文献大多从债权融资与破产清算假说相关的“套牢”风险切入，得出的观点相对较统一。学者们也从不同的视角，提出了新的观点。基于信号传递视角，Strieborny 和 Kukenova（2010）考察了关系性投入与融资契约选择的关系，发现，企业获得贷款债权融资对上游企业传递了积极的财务信号，上游企业可能会因此加大向本企业投入关系性资源，从而节约本企业的关系性投入，结果是上游企业关系投资与本企业债权融资比例负相关；但是 Glaudio（2002）的理论演绎认为，更多选用债权融资的企业不会对上游企业产生机会主义行为，债权融资越少反而可能会限制与上游企业的关系。那么是否选用股权融资就会传递基于持续经营假说的“租金效应”信号呢？Johnson等（2011）的研究发现，选用股权融资向外界传递了企业的负面信号，弱化了下游企业的关系性投入意愿，而且这种效应在高破产清算成本时更加凸显。Han（2011）基于中国的数据，检验了关系专用性投入对融资契约选择的影响，发现，在与科技企业的交易中，企业会降低债权融资比例，为专用性投入与选择债权融资负相关观点提供了证据补充。

综上所述，已有研究关系专用性投入对融资契约选择的文献较为丰富，但结论尚未收敛。这除了样本选择可能存在一定偏差外，还与投资主体及制度环境有关。本书的文献搜索发现，国内探讨这一话题的文献较少，来自微观贷款交易的实证寥寥无几。那么，我国贷款市场的关系专用性投入对融资契约选择的影响究竟如何呢？本章主要在持续经营假说下，对关系专用性投入的“租金效应”和“治理效应”进行探讨。

（1）“租金效应”视角。关系型社会资本的价值评估难度大，无法进行市场交易。①从交易成本理论视角分析，Williamson（2016）认为，专用性投入是选择融资契约的关捩，随着专用性程度提高，债权融资成本的上升速度高于股权融资成本的上升速度，因为债权人的优先剩余索取权只得到有限保护，同时企业还要面临债务契约条款的约束。因此，债权契约一般匹配通用性投资，而股权契约一般匹配高度专用性投资。②从破产清算假说视角分析，高专用性投入的破产清算价值较低，债权人在未来面临的不确定性高，因此债权人会在事前要求企业支付更高的风险溢价。③从组织资源理论视角分析，关系专用性投入是企业长期培养和累积形成的，为企业专有专用，是企业维持市场竞争力，创造“租金”的源泉（Williams和Masten，1995）。因此，企业若要将创新力和竞争力转化为“租金效应”，专用性投入应与融资契约选择相互匹配（Williamson，1996），选用股权融资更有利于专用性投入创造“租金”，因此在“租金效应”下，关系投入高的企业较少选用债权融资。

（2）“治理效应”视角。在关系契约理论下，社会关系网络使得债权人债务人有更多交流机会，信息不对称性减小，这不仅能提高信息获取的时效性、降低信息的搜集成本，还能提高贷款违约的机会成本（Coleman，1990；廖理等，2020）。在关系契约理论下，企业行为会受群体意识影响（Turner和Oakes，1986），企业文化和高管特征都会与周边环境发生信息交流和融合，并逐渐趋于一体化。关系专用性投入越高，越能提升组织间“人际诚信”、合作规范、关系网络密度，增进了关系契约的“治理效应”，进而会抑制机会主义行为，当有关债务人信誉质量信息或其他私人信息难以获取时，银行等债权人将债务人关系型社会资本的拥有量视为其信誉和违约风险的代理变量（Cheng 等，2016），关系型社会资本将影响债务人如何实现自我履约，包含信任、合作规范和关系网络三个核心内涵的社会资本将在贷款契约事后治理中发挥关系契约“治理效应”。高水平关系型社会资本意味着较强的合作规范和较宽的社会网络（Guiso 等，2010），可能产生更大的“租金效应”。Guiso 等（2004）发现，高水平的社会资本有利于促进金融发展，因为通过债权人债务人反复持续的金融交易所建立和发展起来的信任水平以及信息优势能增进金融交易效率。企业内部人往往会利用信息优势攫取投资人的“租金”，这些机会主义行为会诱致债务违约。而通过发挥关系契约的“治理效应”，则可以缓解债权人的有限理性和债务人的机会主义行为。

综上所述，因为企业选用债权融资会对其稳健性产生负面影响，关系型社会资本有助于抑制过度举债，增进债权人债务人之间的互信。专用性投入会通过“租金效应”和“治理效应”影响企业融资契约选择。在“租金效应”下，关系专用性能向意向债权人传递分享“租金”的信号，而高负债则将弱化这一信号。“治理效应”会通过关系契约治理节约交易成本，通过增进信任、合作规范和社会关系网络密度，约束企业高负债诱致的机会主义。因此在“租金效应”和“治理效应”的双重效应下，关系专用性投入与负债率负相关。所以，提出假设H4.2。

H4.2：在其他条件不变的情况下，关系专用性投入越高，企业可能越不会偏好选用债权融资。

在组织资源理论下，企业科技创新需要大量和持续的专用性要素投入（钟田丽等，2014a、b；申宇等，2017；王满四和王旭东，2020），这些投入要素包括专用物资资本和专用关系资本（譬如政企关系、银企关系）。若科技创新的资金要素投入出现枯竭，则很可能会迅速诱致创新活动失败（陈钦源等，2017）。相比一般企业，科技企业的融资约束更加明显。文献认为可能的原因有以下几点。①企业科技创新的投资频率更高，要经过长期反复地试错，成功概率较低，科技创新难以在短期内实现与高风险相匹配的收益，科技创新能否成功难以预测（Rajapathirana 和 Hui，2018；叶江峰和顾远东，2019）。这些因素都导致了科技企业更容易陷入融资困局。②单就债权融资而言，科技企业的创新投入具有不可逆性（investment irreversible）。科技创新成果多为专利类无形资产，这些资产常常难以市场定价，资产价值评估难度极大，限制了这些资产用于为融资设立物权担保，这加剧了企业科技创新的贷款债权融资约束（Stiglitz 和 Weiss，1981）。③科技企业的创新还面临信息披露悖论。一方面，企业科技创新成果具有知识外溢效应，如果公开创新信息，潜在的创新租金很可能被竞争对手攫取（Waegenaere 等，2012）；另一方面，如果科技创新信息机密性过高，则又会加剧外部投资人的信息不对称，对于高科技企业而言，即便对投资人定向披露了企业科技创新信息，因为投资人常常缺乏高科技专业知识，仍然会面临较大的有限理性约束。因此相比于一般企业，科技企业所面临的融资约束更为明显（李文贵和余明桂，2015；黎文靖和郑曼妮，2016）。所以，提出假设H4.3。

H4.3：在其他条件不变的情况下，专用性投入对企业融资契约选择的影响在科技企业中更加凸显。

4.2 研究设计

4.2.1 数据与样本筛选

本章所使用数据主要源于我国全面创新改革试验区某国有控股银行真实贷款交易。样本银行长期服务我国工业以及高科技产业发展，在贷款服务企业科技创新的专用性资本投入和金融产品开发等方面处于行业领先。所选用样本契约缔结时间跨度为2006—2015年。之所以将2006年选为研究起点的原因主要有两点：一是我国在2006年正式实施新的中长期科技发展规划纲要，科技金融制度变迁进入体系化阶段；二是因为样本银行贷款的内控制度，依《中华人民共和国合同法》《贷款通则》和WTO新规范做出较大程度调整。中小企业的有效契约样本占比为66.16%，贷款缔约双方总体符合“中小银行优势论假说”（林毅夫，2019）。因此样本银行和样本企业具有很好的代表性。样本贷款契约的主要类别是长期贷款契约、短期贷款契约。①长期贷款以专用性基础设施贷款、专用性仪器设备改造贷款、房地产投资贷款、银行联合贷款为主。②短期贷款以流动性贷款为主。债务人所处的国民经济行业分属《国民经济行业分类》（GB/T4754–2017）20个门类中的17个，样本包含95786条贷款契约信息。本章选用下列标准对样本做出筛选和进一步处理：一是剔除2006年以前缔结的贷款契约信息；二是剔除贷款契约会计信息异常的观测值；三是剔除相关交易记录信息缺失的样本；四是为降低极端值对估计结果的影响，本章对所涉及的所有连续变量进行1%和99%水平的Winsorize缩尾处理。最终得到71723条有效贷款契约交易记录。本研究的后续实证分析，因为所探讨的子问题不同，所使用契约数量也会略有差异。

表4.1为债务人所属行业分布统计。债务人行业分布于17个国民经济门类，主要集中于实体经济，工业企业占比最高（其中，制造业企业占比为52.05%）。我国高科技企业主要集中在工业，工业是金融体系服务企业科技创新最密集的产业，工业企业生产经营一般需要大量专用性物质投入，如专用性仪器设备和专用性基础设施投入。因此，基于贷款交易样本所属的行业分布，进一步证明所选样本具有很好的代表性，这也是本书选用该银行样本

的原因所在。其余样本观测值所处的代表性行业是，批发和零售业（占比为27.27%）、住宿和餐饮业（占比为8.20%）。相比于工业企业，批发和零售业、住宿和餐饮业是可逆性资本投入较密集的产业。

表4.1　样本企业的行业分布统计

代码	行业	样本观测值（个）	占比（%）
A	农、林、牧、渔业	225	0.31
B	采矿业	1142	1.59
C	制造业	37331	52.05
D	电力、热力、燃气及水生产和供应业	240	0.33
E	建筑业	4781	6.67
F	批发和零售业	19562	27.27
G	交通运输、仓储和邮政业	221	0.31
H	住宿和餐饮业	5880	8.20
I	信息传输、软件和信息技术服务业	332	0.46
K	房地产业	280	0.39
L	租赁和商务服务业	330	0.46
M	科学研究和技术服务业	1188	1.66
N	水利、环境和公共设施管理业	117	0.16
O	居民服务、修理和其他服务业	16	0.02
P	教育	23	0.03
Q	卫生和社会工作	18	0.03
R	文化、体育和娱乐业	37	0.05
合计		71723	100.00

4.2.2 模型设定与变量定义

本书构建模型（4.1）验证专用性资本投入如何影响企业融资契约选择。

$$
\begin{aligned}
Debt\_Ratio = {} & \beta_0 + \beta_1 ASI + \beta_2 Uncertain + \beta_3 Frequency + \beta_4 Ln\_asset + \beta_5 D\_ownship \\
& + \beta_6 Mortgage + \beta_7 D\_norm + \beta_8 D\_gov\_plat + \beta_9 D\_group \\
& + \beta_{10} D\_nonlocal + \beta_{11} Growth + \beta_{12} Risk + \beta_{13} Sdprof + \beta_{14} A\_sen \\
& + \beta_{15} Med\_debt + \beta_{16} Marketization + \Sigma\beta_j Year + \Sigma\beta_q Industry + \varepsilon
\end{aligned}
\tag{4.1}
$$

模型（4.1）的被解释变量、解释变量和控制变量。

1．被解释变量

Debt_Ratio：负债率。连续变量，是模型（4.1）的被解释变量，选用企业总负债与总资产之比计算。在交易成本理论下，企业负债率可以代理企业融资契约选择（Williamson，1979，1988，1996；Shleifer和Vishny，1992）。在贷款交易中，负债率也是影响企业贷款融资可得性的关键会计信息，在贷款契约治理中负债率可以用来测度贷款履约能力的不确定性，负债率是银行安排贷款契约治理机制的决策依据，负债率低的企业更容易与银行实现关系缔约。饶艳超和胡奕明（2005）对银行贷款部门的206份问卷调查发现，在影响银行贷款决策的10个会计指标中，负债率受到的关注度最高。

2．解释变量

ASI：物质专用性投入。参考国内外学者（Williamson，1988；Demsets，1999；方明月，2011；钟田丽等，2014b；刘贯春等，2019；殷孟波等，2020b）的研究以及贷款契约会计信息的可得性，本研究选用固定资产与总资产的比值测度ASI[①]。依据物质专用性变量的中位数，生成虚拟变量D_ASI，中位数以上取1，否则取0。①在组织资源理论的持续经营假说条件下，物质专用性投入可以增进企业的物权担保能力，物质专用性投入越多，企业越有能力发行物权担保债权契约，这可以克服债权人事前的有限理性和债务人事后的机会主义行为，因而可以节约贷款交易成本。固定资产通常被视为可抵押资产，所以与企业负债比率正相关。②在交易成本理论的破产清算假说条件下，高负债企业造成的破产清算风险可以降低债务人的机会主义行为，若企业可抵押资产较少，则其利益相关者（尤其是外部股东）会要求企业提高债权融资比例，以增进外部债权人的监督效应。

Uncertain：不确定性。连续变量，以经营效率变量（企业经营效率以销售收入除以总资产测度）的最大值与企业经营效率之差作为代理不确定性的正项指标。因为企业经营效率是否稳定可以代理企业自我履约能力，也是银行贷款决策参考的关键会计信息。饶艳超和胡奕明（2005）调查发现，销售收入是利润表和财务报表附注中最受银行关注的会计信息。代理理论认为，经营效率传递了企业的内部治理质量，可以通过代理成本机制影响企业的债权融资选择。因为经营效率越高，企业创造利润的能力越高，自我履约越有保障，贷款违约的不确定性越低。

Frequency：交易频率，代理本书的关系专用性投入，为连续变量。银企关系是企业社会资本的重要构成（胡志浩等，2019）。交易频率是企业

① 该指标在新制度学理论文献中被广泛用于代理物质专用性投入，其合理性详见第2章“专用性资本”的定义和“专用性物质资本投入相关研究”部分的阐述。该指标在资本结构理论文献中也常常被用于代理资产有形性（assets tangible），文献发现，资产有形性对资本结构的影响结果尚未收敛（殷孟波等，2020b）。另外，和公开债权市场相比，在银行贷款市场中企业的会计信息披露程度较低，银行贷款管理系统中有限的会计信息录入制约了本书对专用性资本替代变量的灵活选用。

在样本银行的单位合作时间内获得授信的次数（单位：次/年）。Williamson（2016）认为交易频率是描述贷款交易的3个交易维度之一，交易频率越高表明银企关系越密切，有助于抑制债务人的机会主义行为，也更能发挥关系契约的“治理效应”。参照何韧等（2012）、尹志超等（2015）、殷孟波等（2020a，2020b）对银企关系的研究，本书以银企合作次数和银企合作时间的比值代理交易频率。

3．控制变量

参考前人文献，结合《中华人民共和国合同法》《贷款通则》对银行贷款契约条款的具体规范，考虑到样本贷款交易记录的信息可得性，本研究在分析中主要引入以下控制变量来控制企业特征和契约治理因素对负债率的影响。

企业特征变量。

企业规模变量共有2个。（1）Ln_asset：企业规模，连续变量，企业总资产取自然对数。因为企业科技创新的债权融资约束在小企业中更为明显，因此小企业是规模变量的考察重点。（2）Scale：规模等级变量，样本数据依据工信部联企业〔2011〕300号标准，按照企业雇员数量、总资产规模、销售收入划分企业规模。企业规模大型取4、中型取3、小型取2、微型取1。在传统融资理论下，规模对企业选用债权融资的影响是双重性的，而且还会影响贷款契约期限。①在组织资源理论下，企业规模越大，专用性投入能力越高，市场竞争力越强，企业专用性投入的“租金效应”可以创造更多留存收益，加之内源性融资交易成本低，因此，企业规模与选择债权融资负相关。②在交易成本理论下，相比小企业，大企业与银行贷款缔约的谈判力更强，且大企业的机会主义较低，故贷款可得性更高，企业规模应与债权融资正相关。③在组织行为理论下，大企业更偏好也更有条件选用多角化和纵向一体化经营，多角化经营可分散代理成本，平滑不同时期的利润水平，从而增进企业收益稳定性（殷孟波等，2020a）。纵向一体化和长期契约是治理物质专用性投入“套牢”风险的机制安排，一体化可以实现外部性的内部化，通过抑制机会主义行为，从而节约交易成本。此外，大企业还有调度内部资金要素的便利，可以增进内部金融市场资源分配的适应性效率。这些都决定了大企业相比小企业更稳健，具有更低的破产清算预期，相同负债水平带来的破产清算风险更小，大企业债权融资可得性更高。④不同的观点认为，小企业由于面临更大的破产清算风险，选用长期债权融资的交易成本相对更高，所以，小企业更偏好选用短期债权融资（Titman和 Wessels，1988）。由此可见，规模因素对企业选用是债权融资，还是选用股权融资的影响是不确定的。因此需要结合具体问题做出具体分析。

D_group：是否为集团企业，虚拟变量，是集团企业的取1，否则取0。集团企业是纵向一体化、横向一体化的组织再造结果。

企业产权变量共有2个。（1）D_ownship：是否为公有制企业，属于产权虚拟变量，若为国有控股企业和集体控股企业取1，否则取0。我国有大量的高科技国有企业分布于非竞争产业（譬如国防工业），这些企业的产业链较长，专用性资本投入密集，社会绩效较高，但是经济绩效较低，是我国“试验区”科技金融军民融合的重点。新中国成立以来，在科技金融渐进性制度变迁中，国有企业是科技创新核心次级行动方，因此，国有企业科技创新的“政策性负担”常常会诱致较大的融资约束（林毅夫，2019）。本研究从科技金融视角为我国国有企业的软预算约束问题（“套牢效应”的不同表现）提供了新的理论参考。（2）D_gov_plat：是否为政府平台，属于产权虚拟变量，进一步描述企业产权性质，笔者认为，政府平台是我国新型国有经济组织。是政府平台的取1，否则取0。

Growth：企业成长性。连续变量，定义为企业总资产增长率。传统融资理论认为，企业成长性对企业债权融资的影响是不确定的。（1）在优序融资理论下，高成长性科技企业一般可能更容易面临融资约束，而内源性留存收益的数量相对有限，不得不选用发行债权契约融资，因此企业成长性与债权融资为正相关关系。（2）在权衡融资理论下，高增长会加大破产清算风险，因此，成长性与债权融资负相关。高成长性科技企业拥有的投资机会可能更多，为了避免创新"租金"从股东转移向债权人，具有高成长性的科技企业会减少选用债权融资。

Risk：违约风险。连续变量，定义为企业收益波动率，即企业当期经营效率与其平均经营效率差的平方，衡量企业自身经营效率与其均值的偏离度，偏离度越大，贷款交易的不确定性越大，贷款违约的潜在风险可能越大。

契约治理相关变量。

D_norm：银企合作质量。虚拟变量，债项五级分类正常取1，否则取0。D_nonlocal：是否异地企业，虚拟变量，衡量银企关系紧密程度，如果债务人是省内异地或省外异地企业取1，否则为0。Mortgage：抵质押贷款，虚拟变量，贷款交易主要风险缓释方式为物权担保。抵押或质押取1，否则取0。抵质押可以代理三方契约治理。Marketization：本书选取市场化总指数，衡量样本银行所在地区金融资源市场化分配程度，也可以代理市场契约治理程度。Year：年度特征，虚拟变量，以控制时间趋势对负债率的影响。最后，不同行业的经营环境、行业生命周期、自身经营特征存在异质性，本研究将行业因素纳入分析。Med_debt为行业负债率中值，本书取每个行业每一年度的企业负债率中位数作为行业负债率中值。Sdprof为行业收益波动率，取每个行业内企业的总资产收益率的标准差。A_sen为行业物质专用性敏感度，参照Akey和Lewellen（2016）的方法，在每个行业层面，将物质专用性与总资产收益率进行回归，P值小于0.01的行业提取为物质专用性敏感行业，变量取1，否则取0（见表4.2）。

表4.2　变量定义

变量类型	变量名称	变量符号	变量描述
被解释变量	负债率	Debt_Ratio	企业负债/企业总资产。代理企业融资契约选择
解释变量	物质专用性资本	ASI	固定资产/企业总资产。代理企业专用物质资本投入
		D_ASI	虚拟变量。ASI中位数以上=1，否则=0
	不确定性	Uncertain	经营效率变量的最大值与企业经营效率之差作为衡量不确定性的正项指标
	关系专用性资本（交易频率）	Frequency	企业在样本银行的单位合作时间内获得授信的次数（单位：次/年）。代理银企关系型社会资本
企业特征变量	企业规模	Ln_asset	企业资产总额取自然对数
		Scale	企业规模等级变量，依据工信部联企业〔2011〕300号标准划分企业规模。规模大型=4、中型=3、小型=2、微型=1。依据企业规模大小生成变量D_scale。大中型企业=1；小微企业=0
	是否集团企业	D_group	虚拟变量。若为集团企业=1，否则=0
	是否公有制企业	D_ownship	虚拟变量。若为国有或集体控股企业则=1，否则=0
	是否政府平台	D_gov_plat	虚拟变量。若为政府平台企业=1，否则=0
	企业成长性	Growth	企业总资产增长率

续表

变量类型	变量名称	变量符号	变量描述
企业特征变量	违约风险	Risk	企业收益波动率。即企业当期经营效率与其平均经营效率差的平方
契约治理变量	银企合作质量	D_norm	虚拟变量。债项五级分类为正常类=1，否则=0
	是否异地企业	D_nonlocal	虚拟变量。若授信企业为省内异地或省外异地则=1，否则=0
	抵质押	Mortgage	虚拟变量。若主要担保方式为抵押或质押=1，否则=0
	市场化指数	Marketization	样本银行所在省份当年市场化水平总指数①
	年度	Year	年度虚拟变量
	行业	Industry	所属行业门类虚拟变量
	行业收益波动率	Sdprof	所在行业内企业总资产收益率的标准差
	行业负债率中值	Med_debt	企业所在行业年度负债率的中位数
	物质专用性敏感度	A_sen	虚拟变量。行业物质专用性敏感度。参照Akey and Lewellen（2016）的方法，在每个行业层面，将物质专用性与总资产收益率进行回归，P值小于0.01的行业提取为物质专用性敏感行业，变量=1，否则=0

① 资料来源：王小鲁，樊纲，余静文. 中国分省份市场化指数报告（2016）[M]. 北京：社会科学文献出版社，2017.

4.3　实证检验结果

4.3.1　描述性统计

表4.3报告了本章主要变量的描述性统计。主变量中，被解释变量负债率（Debt_Ratio）的均值为0.59，中位数为0.61，表明数据结构无明显偏态，样本企业负债率相对适中。核心解释变量物质专用性投入（ASI）的均值为0.10，标准差为0.10，说明样本企业的物质专用性存在较大差异。Uncertain标准差为0.88，说明不确定性变量在样本企业间存在较大差异。Frequency均值2.85，标准差1.27，表明样本企业一般与样本银行存在一定合作基础，但企业间存在差异。

企业特征变量：有37%的样本来自公有制（国有或集体）企业（D_ownship），78%的样本企业为大中型企业（D_scale），集团企业（D_group）占比为31%。成长性（Growth）均值为0.16，意味着样本企业的成长性普遍较好。

契约治理相关变量。

银企关系变量：D_nonlocal均值0.02，说明异地企业仅占2%，银企关系空间紧密度总体较高，D_norm均值为1，表明样本企业贷款债项形态普遍为正常，银企关系质量较高。Mortgage均值为0.84，意味着84%的样本在贷款交易中提供了抵质押，物权担保在样本银行贷款交易中重要性凸显。在交易成本理论下，物权担保可以赋予债权人优先受偿权，进而抑制债务人的机会主义行为。但是，物权担保可以加大贷款交易成本，科技企业专用性物质因担保价值难评估这会加剧其融资约束。

表4.3 描述性统计

变量	最大值	最小值	均值	中位数	标准差	观测值
Debt_Ratio	1.00	0.10	0.59	0.61	0.20	71723
ASI	0.49	0.00	0.10	0.07	0.10	71723
Uncertain	5.13	0.00	4.18	4.47	0.88	71723
Frequency	8.19	0.16	2.85	2.85	1.27	71723
企业特征变量						
Ln_asset	24.51	16.83	20.17	20.16	1.42	71723
D_scale	1.00	0.00	0.78	1.00	0.41	71723
D_group	1.00	0.00	0.31	0.00	0.46	71723
D_ownship	1.00	0.00	0.37	0.00	0.48	71723
D_gov_plat	1.00	0.00	0.00	0.00	0.04	71723
Growth	1.55	−0.47	0.16	0.10	0.33	52610
Risk	1.31	0.00	0.08	0.01	0.20	52610
契约治理变量						
D_norm	1.00	0.00	1.00	1.00	0.05	71723
D_nonlocal	1.00	0.00	0.02	0.00	0.13	71723
Mortgage	1.00	0.00	0.84	1.00	0.36	71482
Marketization	7.01	5.80	6.30	6.26	0.39	71701
Med_debt	1.00	0.46	0.61	0.61	0.08	71723
Sdprof	1.92	0.09	0.79	0.56	0.55	71718
A_sen	1.00	0.00	0.98	1.00	0.16	71723

4.3.2　基准回归的理论分析及稳健性测试

4.3.2.1　基准回归分析

表4.4是选用模型（4.1）对研究假设H4.1和H4.2的检验结果。本书首先分别考察物质专用性资本、关系专用性资本对债权融资的总体影响，并引入其他可能影响企业债权融资的变量，包括贷款交易不确定性、企业特征变量、契约治理因素变量，以降低因遗漏变量可能对估计系数带来的偏误。表4.4估计结果显示，在依次控制可能的影响因素后，拟合优度显著提高。具体从第（5）列的估计结果来看。第一，物质专用性资本的系数为–0.3291，且在1%的水平上显著，这表明，高物质专用性对债权融资存在显著的负向影响，在其他条件不变的情况下，样本企业物质专用性资本ASI每增加1个百分点，负债率会降低0.33个百分点。意味着，企业物质专用性资本投入程度越高，越不会偏好选择债权融资，研究假设H4.1得证。第二，关系专用性资本的系数为–0.0248，且在1%的水平上显著，这表明，高关系专用性资本投入对负债率存在显著的负向影响，在其他条件不变的情况下，样本企业关系专用性资本Frequency每增加一个单位，负债率会降低0.02个单位。意味着，样本企业关系专用性资本投入会通过社会资本的信任、合作规范和社会关系网络机制对其加杠杆行为产生关系契约“治理效应”，企业对外举债会变得更理性化，研究假设H4.2得证。

物质专用性资本投入与负债率负相关，可能的原因有以下几点。①在交易成本理论下，债务人的物质专用性资本投入会给债权人产生“套牢效应”。Williamson（1988）和Shleifer & Vishny（1992）的研究指出，随着物质专用性资本强度提高，预期收益的不确定性会加大，此时选用股权融资与选用债权融资的成本都会加大，但是在不完全契约、不对称信息条件下导致依债权融资的古典契约治理（或三方契约治理）很难保护债权人的产权，债务人所提供给债权人的物权担保所赋予的优先受偿权也会因物质专用性而被削弱。因此，随着物质专用性程度增加，企业越偏好选用股权融资。可以看出，物质专用性资本投入可能产生的“套牢效应”会显著影响企业的融资选择，如果专用性投入强度高，企业会自主降低债权融资比例，以低杠杆向合作伙伴传递“租金效应”信号。②在组织资源理论下，企业科技创新需要大量的专用性投入，物质专用性投资强度高，也可能意味着企业科技创新前景较好，能够向意向投资人传递未来分享“租金”的信号。相比债权融资而言，股权融资有诸多优点。比如，契约期限比债权契约长，还本付息的压力小，这些都有助于企业专注于科技创新投入，股权投资人可以参加董事会，这有助于减小有限理性约束（许楠等，2018）。企业科技创新决策更看重持续经营假说条件下的“租金效应”，需要投资人具备较大的风险承受力。③在关系契约理论下，股权融资更能体现关系契约的“治理效应”，董事会治理机制有助于企业科技创新的信息保密。因此，物质专用性资本投入与企业选用股权融资正相关，而与选用债权融资负相关。

关系专用性资本投入与负债率负相关，可能的原因是：①在交易成本理论下，Williamson（1979，2016）认为，关系专用性资本投入对融资选择的影响较大，在破产清算假说条件下，关系专用性投入会带来“套牢效应”，债权人在未来面临不确定性高，甚至会形成软预算约束问题，因此高专用性资本投入的企业不会偏好选用债权融资；②在组织资源理论下，关系专用性资本投入是企业长期培养和积累形成的，为企业所专有专用，是企业维持市场竞争力，创造“租金效应”的源泉。因此，企业若要将创新力、竞争力转化为“租金效应”，融资契约选择应与专用性投资相匹配，选用股权融资更有利于专用性资本投入形成“租金效应”，在“租金效应”下，关系资本投入高的企业较少选用债权融资；③在关系契约理论下，企业高水平的关系型社会资本，意味着企业较强的信誉意识、合作规范和社会关系网络（Guiso等，2010），债权人债务人反复持续的贷款交易所建立和发展起来的信任水平以及信息优势能增进关系契约治理效率（Guiso 等，2004）。银行贷款债权融资对企业而言，具有缓释融资约束和加大财务风险的双刃剑效应。关系型社会资本的重要作用是实现企业理性举债，减小破产清算风险。随着关系型社会资本增加，关系契约治理不但使“租金效应”增加，而且还会节约交易成本，这两方面都有助于企业积累未分配利润，进而使企业更多选用留存收益实现内源性融资，降低债权融资比例。

表4.4　专用性资本投入与融资契约选择：基准回归

变量	（1）	（2）	（3）	（4）	（5）
ASI	−0.5065***			−0.4865***	−0.3291***
	（−78.13）			（−69.28）	（−40.00）
Uncertain		−0.0389***		−0.0568***	−0.0335***
		（−39.85）		（−56.70）	（−27.25）
Frequency		−0.0173***		−0.0226***	−0.0248***
		（−27.08）		（−40.28）	（−39.59）
Ln_asset			0.0025***	0.0067***	0.0183***
			（4.04）	（10.87）	（25.42）
D_ownship			0.1466***	0.1651***	0.1738***
			（90.57）	（111.68）	（109.41）

续表

变量	（1）	（2）	（3）	（4）	（5）
Mortgage			−0.0017	0.0105***	0.0001
			（−1.01）	（6.29）	（0.07）
Growth					0.0645***
					（25.54）
Risk					0.0650***
					（15.78）
Sdprof					0.0740***
					（43.14）
Med_debt					0.5438***
					（48.19）
A_sen					0.0522***
					（8.74）
D_norm	0.0807***	0.0983***	0.0417***	0.0527***	0.0575***
	（6.98）	（8.55）	（3.57）	（4.33）	（4.27）
D_nonlocal	−0.0247***	−0.0228***	−0.0220***	−0.0211***	0.0032
	（−5.53）	（−4.87）	（−4.86）	（−4.67）	（0.58）
D_group	0.0481***	0.0625***	0.0162***	0.0251***	0.0277***
	（31.52）	（40.26）	（9.92）	（16.25）	（17.20）
D_gov_plat	−0.0322**	−0.0134	−0.1285***	−0.1353***	−0.1792***
	（−2.00）	（−0.90）	（−8.27）	（−8.75）	（−11.08）
Marketization	−0.1040***	−0.0240	0.0077	0.0031	−0.1160***
	（−3.85）	（−0.63）	（0.19）	（0.09）	（−15.43）
_cons	1.2303***	0.8304***	0.3623	0.6350***	0.6943***
	（6.50）	（3.09）	（1.25）	（2.63）	（14.57）

续表

变量	（1）	（2）	（3）	（4）	（5）
Year	Yes	Yes	Yes	Yes	Yes
Industry	Yes	Yes	Yes	Yes	Yes
N	71701	71701	71461	71461	52478
R-squared	0.0868	0.0622	0.1500	0.2752	0.3999

注：（1）被解释变量为负债率Debt_Ratio；

（2）*、**、***分别表示参数的估计值在10%、5%和1%的统计水平上显著（双尾检验）；

（3）括号内为t值，标准误经过了firm cluster调整。

表4.4第（5）列中，不确定性（Uncertain）和政府平台（D_gov_plat）系数显著为负，意味着企业经营效率不确定性越大，会抑制企业选用债权融资，与非政府平台企业相比，政府平台企业的负债率更低，这类新型国有经济组织有较充足的财政资金保证或GVC投入，选用债权融资的比例因而更低。企业资产规模（Ln_asset）、公有制（D_ownship）以及银企合作质量（D_norm）都会显著的影响企业债权融资选择，即这些企业在破产清算假说条件下贷款安全边际相对更高，债权融资的可得性更高。这与前文理论分析的预期相符。

规模变量Ln_asset的系数估计值在1%水平上显著为正，说明大企业选用债权融资的比例更高。可能的原因有以下2点。①在交易成本理论下，企业规模越大，信誉质量越高，经营的不确定性越低，与银行谈判能力更强，所以更容易取得贷款债权融资。②从破产清算风险角度分析。大企业更偏好于且有条件采取多角化经营或纵向一体化，多角化可以缓释贷款风险，平滑不同时期的利润水平，使企业的现金流量更稳定。纵向一体化则可以通过关系契约治理减少代理成本，从而有助于节约交易成本。这些都表明大企业较小企业更稳健，有更高的贷款安全边际，所以大企业面临融资约束时更容易选用债权契约融资。

产权变量D_ownship的系数估计值为正，且在1%水平上显著。这表明，公有制企业相比于非公有制企业选用债权融资的可能性更高。林毅夫等（2019）认为，主要原因是，我国公有制企业的政策性负担导致了预算软约束，政府的“父爱主义”使公有制企业更容易获得国有银行贷款债权支持。

成长性好的科技企业常常更容易面临融资约束，依靠单一的内源性留存收益融资较难弥补大量的创新专用性投入，因此不得不选择外部的债权融资。因此，企业成长性会对选择债权融资存在正向影响。

4.3.2.2　稳健性测试1：变量内生性偏误讨论

企业科技创新是否拥有较高的物质专用性资本投入，这可能受企业经营能力、是否公有制企业等因素影响，这些因素也可能会影响企业融资契约选择，导致物质专用性变量可能是内生的。本书借鉴Gong等（2018）的做法，构建处理效应模型，使用处理效应模型两步法缓解内生性问题。第一步用Probit估计影响物质专用性投入的因素，并生成逆米尔斯风险比Hazard，第二步在控制样本选择偏差后考察物质专用性是否依然与负债率负相关。

本章依据ASI的中位数将样本分为高物质专用性企业组和低物质专用性企业组。处理效应模型第一步中，定义虚拟变量D_ASI作为被解释变量，若企业为高物质专用性企业，该变量取1，否则取0。估计中主要加入是否公有制属性（D_ownship）、销售收入（Ln_income）、成长性（Growth）以及人力专用性（销售收入除以员工数Human_ASI）等一系列变量。在一般情况下，企业实现的销售收入越高、成长性越好、人力资本专用性越高，说明企业经营效率可能越高，意味着专用物质被高效利用，新增物质投入可能会减少。

处理效应模型的第二步回归。以负债率（Debt_Ratio）为因变量，D_ASI为本章关注的解释变量，估计中控制了企业特征因素和契约治理因素，同时，通过控制风险比Hazard降低样本选择偏误对估计结果的影响。本章用模型（4.2）检验研究假设H4.1，即高物质专用性投入对选择债权融资有显著的负向影响。

$$\begin{aligned}Debt\_Ratio = {} & \beta_0 + \beta_1 D\_ASI + \beta_2 Uncertain + \beta_3 Frequency + \beta_4 Ln\_asset + \beta_5 D\_ownship \\ & + \beta_6 Mortgage + \beta_7 D\_norm + \beta_8 D\_gov\_plat + \beta_9 D\_group \\ & + \beta_{10} D\_nonlocal + \beta_{11} Growth + \beta_{12} Risk + \beta_{13} Sdprof + \beta_{14} A\_sen \\ & + \beta_{15} Med\_debt + \beta_{16} Marketization + \beta_{17} Hazard + \Sigma\beta_j Year + \Sigma\beta_q Industry + \varepsilon\end{aligned} \tag{4.2}$$

表4.5报告了模型（4.2）的估计结果。第（1）列为第一步的回归结果，企业物质专用性与销售收入、是否公有制、人力专用性等均显著相关。第二步估计结果显示，在控制了样本选择偏误的影响后，物质专用性投入对企业债权融资仍然存在显著的制约作用。

表4.5　处理效应模型估计结果

变量	（1）	（2）
	第一阶段	第二阶段
	D_ASI	Debt_Ratio
D_ASI		-0.0975***
		（-8.31）
Uncertain		-0.0340***
		（-22.02）
Frequency		-0.0239***
		（-39.14）

续表

变量	（1） 第一阶段 D_ASI	（2） 第二阶段 Debt_Ratio
Ln_asset		0.0158*** （10.71）
D_ownship	0.4419*** （33.52）	0.1806*** （65.93）
Mortgage		-0.0070*** （-3.32）
D_norm		0.0531*** （4.53）
D_nonlocal		0.0069 （1.19）
D_group		0.0186*** （11.43）
Growth	-0.5502*** （-26.81）	0.0546*** （16.25）
Risk		0.0588*** （14.42）
Sdprof		0.0716*** （40.36）
D_gov_plat		-0.1675*** （-7.48）
Marketization		0.0420*** （7.00）
Med_debt		0.5203*** （44.05）
A_sen		0.0487*** （8.91）

续表

变量	（1）	（2）
	第一阶段	第二阶段
	D_ASI	Debt_Ratio
Human_ASI	-0.1067***	
	（-18.96）	
Ln_income	-0.3082***	
	（-62.32）	
Hazard		0.0360***
		（5.04）
_cons	7.3009***	-0.3115***
	（65.68）	（-6.09）
Year	Yes	Yes
Industry	Yes	Yes
N	51266	51266

注：（1）*、**、***分别表示参数的估计值在10%、5%和1%的统计水平上显著（双尾检验）；

（2）括号内为z统计值。

另外，本章也选用工具变量二阶段最小二乘法（2SLS）回归检验内生性偏误。参照于文超和梁平汉（2019）的方法引入行业平均物质专用性资本作为物质专用性资本的工具变量。因为从行业发展的生命周期视角分析，行业发展程度不同，平均专用性投入程度也不同，企业的物质专用性投入可能受同一行业的其他企业物质专用性的影响，但在理论上，其他企业的物质专用性投入不会对该企业的融资契约选择产生直接影响。经弱工具变量检验，Kleibergen-Paap rk Wald F 统计量与临界值比较，工具变量有效。二阶段最小二乘法回归结果如表4.6第（1）列所示，物质专用性与债权融资显著负相关。同上，以行业平均关系专用性资本为关系专用性资本的工具变量，对关系专用性的内生性展开2SLS估计，回归结果如表4.6第（2）列所示，关系专用性与债权融资显著负相关。同时处理物质专用性、关系专用性资本的内生性，结论见表4.6第（3）列，结果与前文一致。

表4.6　工具变量回归结果

变量	（1）	（2）	（3）
	2SLS_物质专用性 IV	2SLS_关系专用性 IV	2SLS_物质及关系专用性 IV
ASI	−0.326***	−0.329***	−0.326***
	（−40.01）	（−40.01）	（−40.01）
Uncertain	−0.034***	−0.033***	−0.034***
	（−27.32）	（−27.28）	（−27.35）
Frequency	−0.025***	−0.025***	−0.025***
	（−39.60）	（−39.81）	（−39.81）
Ln_asset	0.018***	0.018***	0.018***
	（25.60）	（25.45）	（25.62）
D_ownship	0.174***	0.174***	0.174***
	（109.44）	（109.43）	（109.44）
Mortgage	0.000	0.000	0.000
	（0.03）	（0.09）	（0.05）
D_norm	0.057***	0.058***	0.058***
	（4.28）	（4.28）	（4.28）
D_nonlocal	0.003	0.003	0.003
	（0.58）	（0.57）	（0.57）
D_group	0.028***	0.028***	0.028***
	（17.18）	（17.20）	（17.18）
Growth	0.065***	0.064***	0.065***
	（25.54）	（25.55）	（25.54）

续表

变量	（1）	（2）	（3）
	2SLS_物质专用性 IV	2SLS_关系专用性 IV	2SLS_物质及关系专用性 IV
Risk	0.065***	0.065***	0.065***
	（15.77）	（15.77）	（15.76）
Sdprof	0.074***	0.074***	0.074***
	（43.15）	（43.15）	（43.14）
D_gov_plat	−0.179***	−0.179***	−0.180***
	（−11.10）	（−11.08）	（−11.10）
Marketization	0.043***	0.043***	0.043***
	（6.77）	（6.78）	（6.78）
Med_debt	0.544***	0.544***	0.544***
	（48.21）	（48.18）	（48.20）
A_sen	0.052***	0.052***	0.052***
	（8.73）	（8.75）	（8.74）
_cons	−0.419***	−0.418***	−0.419***
	（−8.63）	（−8.61）	（−8.64）
Year	Yes	Yes	Yes
N	52478	52478	52478
R-squared	0.400	0.400	0.400

注：（1）被解释变量为负债率Debt_Ratio；

（2）*、**、***分别表示参数的估计值在10%、5%和1%的统计水平上显著（双尾检验）；

（3）括号内为z值。

4.3.2.3　稳健性测试2：契约治理分样本回归

前文实证分析表明，企业物质专用性资本投入与债权融资显著负相关。进一步，为了考察企业特质及不同契约治理环境下物质专用性对企业融资契约选择的影响，本章从企业规模、产权性质、信用贷款、工业属性4个角度出发，对上述实证结果的稳健性分情景进行讨论。

①小企业样本回归。本章将样本企业依据变量Scale分为大中型企业组和小企业组。因为面临融资约束大的科技企业多为小企业，所以本章专门考察小企业样本的稳健性。本章以小企业为样本，重复模型（4.1）实证过程，结果报告在表4.7前两列（其中第（2）列是规模高精度回归）。结果显示，物质专用性、关系专用性对小企业债权融资均有显著的负向影响。回归结果与基准回归基本一致。

②民营企业样本回归。本章将样本企业依据所有制变量D_ownship分为公有制企业、民营企业。因为民营企业是我国当前科技创新的主力，相比公有制企业，民营企业所面临的融资约束更大。企业产权性质对物质专用性、关系专用性与负债率的关系可能存在影响。本研究以民营企业为样本，重复模型（4.1）实证过程，结果报告在表4.7第（3）列。结果显示，物质专用性、关系专用性对企业债权融资均有显著的负向影响。回归结果与基准回归基本一致。

③信用贷款样本回归。本章选用信用贷款企业为样本检验模型稳健性。因为信用贷款履约是基于关系契约治理，相比担保贷款，信用贷款契约主要是基于自我履约，更能显示专用性投入的“租金效应”和“治理效应”。信用贷款对企业物质专用性、关系专用性与债权融资的关系可能存在影响。本研究以信用贷款企业为样本，重复模型（4.1）实证过程，结果报告在表4.7第（4）列。结果显示，物质专用性、关系专用性对企业债权融资均有负向影响。回归结果与基准回归基本一致。

④工业企业样本回归。本章选用工业企业为样本检验模型稳健性[①]。工

---

① 参考于文超和梁平汉（2019）等学者的研究，本研究选用采矿业B、制造业C、电力煤气水D、建筑业E企业为工业企业样本。

业企业是我国创新型企业最集中的行业，也是金融体系服务企业科技创新的重点行业。工业企业专用性投入更密集，工业企业属性可能对物质专用性、关系专用性与债权融资的关系存在影响。本研究以工业企业为样本，重复模型（4.1）实证过程，结果报告在表4.7第（5）列。结果显示，物质专用性、关系专用性对企业债权融资均有显著的负向影响。回归结果与基准回归基本一致。

表4.7　专用性资本投入与企业融资契约选择：分样本回归

变量	（1）	（2）	（3）	（4）	(5)
	小企业	小企业（高精度）	民营企业	信用贷款	工业企业
ASI	−0.3949***	−0.3359***	−0.1353***	−0.1389	−0.4219***
	（−21.79）	（−18.25）	（−10.71）	（−1.41）	（−35.39）
Uncertain	−0.0426***	−0.0507***	−0.0296***	−0.0824***	−0.0787***
	（−10.22）	（−12.51）	（−20.54）	（−8.05）	（−22.05）
Frequency	−0.0123***	−0.0149***	−0.0295***	−0.0319***	−0.0361***
	（−9.78）	（−12.27）	（−32.45）	（−8.41）	（−45.75）
Ln_asset		0.0473***	0.0202***	0.0423***	0.0214***
		（24.44）	（18.47）	（11.12）	（26.74）
D_ownship	0.1728***	0.1457***		0.2215***	0.1774***
	（44.97）	（40.03）		（14.05）	（94.75）
Mortgage	0.0217***	0.0177***	−0.0093***		−0.0105***
	（3.84）	（3.21）	（−2.60）		（−4.37）
D_norm	0.1397***	0.1399***	0.0737***	−0.0339	0.0415***
	（7.37）	（7.57）	（5.67）	（−0.89）	（2.62）
D_nonlocal	−0.0185	−0.0054	0.0172**	0.0784***	0.0017
	（−1.45）	（−0.44）	（2.02）	（3.27）	（0.30）

续表

变量	（1）	（2）	（3）	（4）	(5)
	小企业	小企业（高精度）	民营企业	信用贷款	工业企业
D_group	0.0282***	−0.0036	0.0371***	−0.0271**	0.0048**
	（7.66）	（−0.91）	（15.75）	（−2.22）	（2.38）
Growth	0.1182***	0.0975***	0.0789***	−0.0540**	0.1258***
	（25.72）	（21.40）	（22.09）	（−2.27）	（33.71）
Risk	0.0100	0.0260**	0.0783***	−0.1065***	−0.2262***
	（0.81）	（2.25）	（15.15）	（−2.77）	（−13.51）
Sdprof	0.1151***	0.1269***	0.0650***	0.0582***	0.0289***
	（32.49）	（36.55）	（26.21）	（4.24）	（10.45）
D_gov_plat	−0.0238***	−0.2485***	−0.3244***	−0.0718**	−0.1288***
	（−4.17）	（−20.35）	（−44.40）	（−2.36）	（−7.74）
Marketization			0.0284	0.0901***	−0.0529***
			（1.35）	（3.44）	（−5.21）
Med_debt	0.4051***	0.4347***	0.7286***	0.3966***	0.3460***
	（19.58）	（22.10）	（33.50）	（8.10）	（21.01）
A_sen	−0.0337	−0.0741***	−0.0225**	0.0535**	
	（−1.63）	（−3.88）	（−2.23）	（2.31）	
_cons	0.3171***	−0.4615***	−0.4162***	−0.9158***	0.6348***
	（11.73）	（−10.87）	（−2.73）	（−4.26）	（8.43）
Year	Yes	Yes	Yes	Yes	Yes
Industry	Yes	Yes	Yes	Yes	Yes
N	11334	11334	31326	1129	33118
R-squared	0.4707	0.5035	0.3008	0.6168	0.4472

注：（1）被解释变量为负债率Debt_Ratio；

（2）*、**、***分别表示参数的估计值在10%、5%和1%的统计水平上显著（双尾检验）；

（3）括号内为t值，标准误经过了firm cluster调整。

综上所述，本研究分别选用小企业样本、民营企业样本、信用贷款样本、工业企业样本回归，发现物质专用性、关系专用性对企业债权融资均有显著的负向影响。总体上，回归结果与基准回归基本一致，说明研究结论稳健。

4.4　科技金融情景进一步讨论

在新制度学理论框架下，本章前述实证分析从企业融资要约视角考察了科技金融资金要素交易的共性规律。因为科技企业是我国创新驱动发展战略的核心次级行动方，破解科技企业融资约束是我国全面创新改革试验的中心议题。相比于非科技企业，科技企业专用性投入强度更高，科技创新具有高不确定性，难以在短期内实现与高风险相匹配的回报（Rajapathirana 和 Hui，2018）。企业科技创新成果常常缺乏可靠的历史价值和公允价值计量标准，制约了企业科技创新成果的产权交易和物权担保，这使企业科技创新的融资约束更加凸显（Stiglitz 和 Weiss，1981）。此外，科技企业还面临较严峻的信号传递悖论，科技创新属于企业的商业机密，但是外部投资人又需要机密信息“透明化”，投资人还可能会因为有限理性难以正确解读已“透明化”的信息。这些因素都加剧了科技企业的融资约束（李文贵和余明桂，2015）。结合研究假设H4.3，前述基于全样本的共性实证结果能否在科技企业中得到印证呢？易言之，专用性投入对企业融资契约选择的影响在科技企业中会更加凸显吗？假设H4.3是否能得到验证？

4.4.1　科技金融情景：产业分组

表4.8是对研究假设H4.3初步的检验结果。考虑到企业所属产业的科技

密集程度不同可能会对表4.4报告的基准回归结果形成影响，为深入探讨这一问题，首先基于企业所属产业特征，将样本企业分为非工业企业组和工业企业组[①]。根据模型（4.1）进行估计，结果如表4.8第（1）列、第（2）列所示。结果显示，物质专用性、关系专用性对不同产业的企业债权融资均有显著的负向影响，结果与前文一致。但是，两类企业的专用性变量估计系数的绝对值存在差异，其中，工业企业相应系数绝对值较大，非工业企业系数绝对值较小，且经检验组间系数差异显著。这意味着，与非工业企业相比，工业企业物质专用性、关系专用性对企业债权融资的负向影响更为明显。可能的原因是，在交易成本理论的破产清算假说条件下，相比于非工业企业，工业企业专用性投入强度更高，给债权人产生的“套牢效应”更明显。因为随着专用性投入强度提高，预期收益不确定性会加大，此时选用债权融资与股权融资的交易成本都会变大，专用性物质所提供的物权担保价值会逐渐降低。这些结果都表明，随着企业专用性投入增加，银行等债权人面临被“套牢”的风险加大，债权人债务人基于自我履约的关系契约治理难度变大。为了规避高专用性投入所带来的“套牢”效应，相比于非工业企业，工业企业债务人会降低选用债权契约的融资比例。研究假设H4.3得到初步验证。

① 总体而言，高技术产业主要是属于制造业的一部分，制造业是工业的一部分，因此可以说高技术产业是包含在工业中的。

表4.8　专用性资本投入与企业融资契约选择：产业分组

变量	（1）	（2）
	非工业企业	工业企业
ASI	-0.3156***	-0.4219***
	（-24.99）	（-35.39）
Uncertain	-0.0023*	-0.0787***
	（-1.72）	（-22.05）
Frequency	-0.0034***	-0.0361***
	（-3.48）	（-45.75）
Ln_asset	0.0092***	0.0214***
	（6.44）	（26.74）
D_ownship	0.1585***	0.1774***
	（53.99）	（94.75）
Mortgage	0.0204***	-0.0105***
	（5.05）	（-4.37）
D_norm	0.0651***	0.0415***
	（2.98）	（2.62）
D_nonlocal	-0.0404**	0.0017
	（-2.23）	（0.30）
D_group	0.0270***	0.0048**
	（8.62）	（2.38）
Growth	0.0343***	0.1258***
	（9.81）	（33.71）
Risk	0.1139***	-0.2262***
	（27.25）	（-13.51）
Sdprof	0.1476***	0.0289***
	（29.48）	（10.45）
D_gov_plat	-0.0830***	-0.1288***

续表

变量	（1）	（2）
	非工业企业	工业企业
	（-4.71）	（-7.74）
Marketization	-0.1029***	-0.0529***
	（-13.65）	（-5.21）
Med_debt	0.2712***	0.3460***
	（6.78）	（21.01）
A_sen	0.0255***	
	（3.05）	
_cons	0.7211***	0.6348***
	（17.72）	（8.43）
Year	Yes	Yes
N	19360	33118
R-squared	0.3178	0.4472

注：（1）被解释变量为负债率Debt_Ratio；

（2）*、**、***分别表示参数的估计值在10%、5%和1%的统计水平上显著（双尾检验）；

（3）括号内为t值，标准误经过了firm cluster调整。

4.4.2 科技金融情景：PSM匹配样本

从前文实证分析中，已知物质专用性资本与企业选择负债融资显著负相关，即专用性物质资本投入会显著抑制企业选择债权契约融资的偏好。同时，因为科技企业物质专用性资本投入强度更高，科技企业与非科技企业对负债融资的影响可能存在差异，这一差异在表4.9中已得到初步验证。但是不同企业的发展现状存在一定差异，在考察科技属性对专用性资本投入与债权融资关系的影响之前，需要使科技企业和非科技企业各个方面特征尽可能相似，易言之，选择与科技企业特征相似的非科技企业。为了消除可能存在的样本选择性偏差，本章使用倾向得分匹配方法（propensity score matching，PSM）解决该问题。

表4.9　科技&非科技企业：变量分组统计

变量	均值	均值	差异	
	非科技企业	科技企业	均值	t-statistic
Debt_Ratio	0.600	0.530	−0.070***	−22.58
ASI	0.090	0.170	0.080***	52.58
Uncertain	4.150	4.690	0.550***	40.00
Frequency	2.830	3.000	0.170***	8.91
Ln_asset	20.15	20.45	0.300***	13.34
Growth	0.160	0.120	−0.040***	−7.58
Risk	0.080	0.000	−0.080***	−23.87
D_ownship	0.360	0.550	0.190***	25.49
D_group	0.300	0.400	0.100***	13.22

4.4.2.1　选择模型

首先定义Tech变量是否为科技企业属性，是科技企业取1，否则取0。鉴于是否科技企业为二元变量，因而选用Logit模型估计企业具有科技属性的概率：

$$PS(Z_i)=Pr(Tech_i=1 \mid Z_i)=\exp(\beta *Z_i) / [1+ \exp(\beta *Z_i)] \qquad (4.3)$$

其中PS为企业有科技属性的概率，即倾向得分。Z_i为影响企业成为科技企业的因素，本章选用企业会计信息和企业治理等相关变量为匹配变量，企业会计信息：企业规模Ln_asset、负债规模Ln_liability、销售收入Ln_income、成长性Growth；企业治理变量：是否集团D_group以及是否公有制

D_ownship等。其中负债规模Ln_liability用企业负债总额的对数值表示，选用该指标的原因在于，科技企业经营不确定性相比非科技企业更高，对外举债相比更审慎。其他变量的定义同前文。

表4.10　科技属性影响因素的Logit分析

变量	（1）	（2）
Ln_asset	–4.1133***	–4.1990***
	（–12.74）	（–13.19）
Ln_liability	1.0976**	1.1625**
	（2.19）	（2.31）
Ln_income	–0.4677***	–0.4758***
	（–12.15）	（–12.50）
Growth	–0.5452***	–0.5527***
	（–5.51）	（–5.60）
Risk	–59.4369***	–59.5027***
	（–22.82）	（–22.83）
D_group	0.8113***	0.8245***
	（16.73）	（17.32）
D_ownship	0.0700	
	（1.40）	
A_sen	4.9526***	4.9494***
	（6.93）	（6.93）
_cons	–6.4803***	–6.3129***
	（–4.34）	（–4.23）
N	50364	50364
Log likelihood	–8554.1177	–8555.1001
Pseudo R^2	0.3591	0.3590

注：（1）被解释变量为是否科技企业Tech；

（2）*、**、***分别表示参数的估计值在10%、5%和1%的统计水平上显著（双尾检验）。

Logit模型估计结果见表4.10，企业规模等财务变量均与企业科技属性显著相关。表4.10第（1）列显示是否公有制在模型估计中不显著，因而在最终估计时删除该变量，并将实际留存变量作为匹配变量。

4.4.2.2　匹配及检验

运用前文系数估计值进一步计算每个企业有科技倾向的PS值，依据企业倾向得分PS值，选用最近邻匹配（nearest neighbor matching）方法进行匹配，为每个科技企业匹配一个倾向得分值最为相近的非科技企业，其中科技企业为实验组，与科技企业相匹配的非科技企业为控制组。匹配结果是否可靠，需要从以下两方面进行检验。

（1）条件独立性假设（conditional independence assumption）检验。本章借鉴已有文献，从匹配变量均值的标准化偏差、均值差异t检验两个方面考察匹配结果的数据平衡性。第一，变量匹配后的标准化偏差越小则变量均值越接近，依据Rosenbaum 和 Rubin（1985）的观点，匹配变量的标准化偏差不能大于20%，如果超过，则认为匹配效果不佳，结果不可靠。第二，均值差异t检验，若不显著，则说明实验组和控制组匹配变量的均值不存在显著差异。检验结果详见表4.11。

表4.11　科技&非科技企业：匹配前后的特征比较

变量	U匹配前	均值		标准化偏差%	减幅%	t-test	
	M匹配后	实验组	控制组			t	p>|t|
Ln_asset	U	20.533	20.282	20.7		10.63	0.000
	M	20.533	20.533	0.0	99.8	0.03	0.980
Ln_liability	U	19.861	19.657	14.9		7.78	0.000
	M	19.861	19.907	-3.4	77.2	-1.83	0.068

续表

变量	U匹配前	均值		标准化偏差%	减幅%	t-test	
	M匹配后	实验组	控制组			t	p>|t|
Ln_income	U	19.489	19.873	-33.7		-16.86	0.000
	M	19.489	19.489	0.0	100.0	0.01	0.993
Growth	U	0.1179	0.1537	-13.5		-6.94	0.000
	M	0.1179	0.1202	-0.9	93.5	-0.48	0.632
Risk	U	0.0040	0.0836	-54.6		-23.65	0.000
	M	0.0040	0.0038	0.2	99.7	1.40	0.162
D_group	U	0.4485	0.3571	18.7		11.21	0.000
	M	0.4485	0.4509	-0.5	97.4	-0.21	0.835
A_sen	U	0.9995	0.9816	18.5		8.12	0.000
	M	0.9995	0.9997	-0.3	98.5	-0.58	0.564

表4.11显示，匹配前的科技企业与非科技企业变量均值存在明显差异。匹配后，两组匹配变量的标准化偏差均小于20%，且较匹配前大幅缩减；同时，大多数变量t检验结果显示，匹配后两组之间的变量均值不存在显著差异，这说明两组样本特征基本相似，匹配效果较为理想。

（2）共同支撑假设（common support assumption）检验。该检验要求控制组和实验组的倾向得分值在分布上很大程度是重合的。本部分以图形方式进行检验。图4.1为匹配后的倾向得分密度函数图。图4.1横轴为倾向得分，纵轴为概率密度，实线（Treat）代表实验组（科技企业组）的密度函数，虚线（Control）代表控制组（非科技企业组）的密度函数。如图4.1所示，控制组和实验组的倾向得分基本重叠，最高频率比较接近（值约3.10），倾向得分基本上集中在0.25左右，这表明共同支撑假设得以满足。

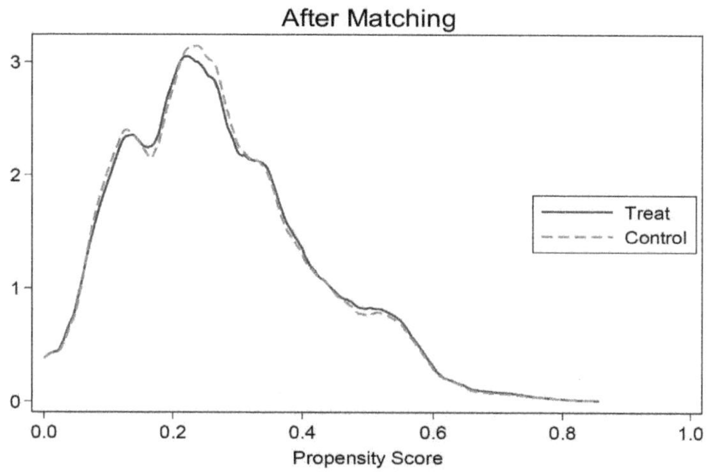

图4.1　匹配后的倾向得分密度函数图

4.4.2.3　科技属性的调节效应：基于匹配样本

通过上述最近邻匹配，本章获得匹配成功的样本观测值4709个，基于匹配样本，进一步分析科技属性是否影响专用性投入与企业债权融资选择间的关系。

因为高科技企业物质专用性程度高，在交易成本理论下，专用性投入与债权融资选择负相关。因此相比于非高科技企业，高科技企业的外源性融资，选择债权融资的概率可能更低。本章在模型（4.1）中加入交乘项（Tech*ASI），选用匹配样本考察物质专用性投入与企业负债率之间的关系在科技与非科技企业间是否存在差异。回归结果如表4.12所示。其中，第（1）列仅控制了年度效应和行业效应，第（2）列加入模型（4.1）的全部控制变量。估计结果显示，物质专用性资本的系数显著为负，物质专用性资本与科技的交乘项（Tech*ASI）的系数为负，且在1%水平上显著。具体而言，在其他条件不变的情况下，科技企业物质专用性投入增加1个百分点，则负债率下降0.5340个百分点，而非科技企业物质专用性投入增加1个百分点，则负债率显著下降0.0877个百分点。总体上看，与非科技企业相比，科技企业物质专用性投入对负债率的边际效应更强。

表4.12　物质专用性投入与融资契约选择：科技属性的调节效应（基于匹配样本）

变量	（1）	（2）
Tech	0.0308***	0.0568***
	（4.00）	（8.07）
ASI	−0.1511***	−0.0877***
	（−4.79）	（−2.60）
Tech*ASI	−0.2995***	−0.4463***
	（−7.81）	（−11.80）
Uncertain		−0.0011
		（−0.13）
Frequency		−0.0053***
		（−2.78）
Ln_asset		0.0531***
		（20.24）
D_ownship		0.0659***
		（15.31）
Mortgage		−0.0167***
		（−3.09）
D_norm		0.0704
		（1.57）
D_nonlocal		0.0222
		（1.23）
D_group		−0.0639***

续表

变量	（1）	（2）
		（-12.95）
Growth		0.0487***
		（4.77）
Risk		1.7151***
		（6.05）
Sdprof		0.3603***
		（12.04）
D_gov_plat		0.0000
		（.）
Marketization		-0.0242
		（-1.12）
Med_debt		0.0388
		（0.36）
A_sen		-0.1053
		（-1.04）
_cons	0.5708***	-0.4381*
	（104.31）	（-1.94）
Year	Yes	Yes
N	4709	4698
R-squared	0.0707	0.3396

注：（1）被解释变量为负债率Debt_Ratio；

（2）*、**、***分别表示参数的估计值在10%、5%和1%的统计水平上显著（双尾检验）；

（3）括号内为t值，标准误经过了firm cluster调整。

表4.12估计结果表明，物质专用性资本对债权融资的边际效应受科技属性影响，即科技水平的提高会加剧专用性物质资本与企业债权融资之间的负相关关系。易言之，与非科技企业相比，科技企业的物质专用性投入对债权

融资的抑制效应更凸显。可能的原因是：①组织资源理论认为，高科技企业专用性投入强度更高，在持续经营假说条件下，专用性投入会带来更大的“租金效应”，企业所累积的未分配利润可以减轻外源融资需求。②交易成本理论认为，随着专用性投入强度提高，债权融资和股权融资的交易成本都会提高，但是债权融资提升的幅度更大，可能会加剧对债权人的“套牢效应”，为了避免破产清算风险，节约交易成本，企业更偏好选用安全性更高的股权融资。因此，随着企业科技水平提高会加剧专用性资本投入的增加对企业债权融资的负向影响。假说4.3得到进一步验证。综上所述，科技金融分情景讨论为本章的基准回归结果提供了证据支撑。

4.5 本章小结

本章在理论演绎的基础上，选用全面创新改革试验区2006—2015年间的近10万笔银行贷款交易数据，围绕金融体系如何在银投合作制度变迁下服务企业科技创新的子问题1——适宜于企业科技创新的融资契约选择究竟是“股权融资”（投）还是“债权融资”（贷）？从企业融资“要约”维度展开实证分析。从整体上检验了物质专用性投入、关系专用性投入对企业融资契约选择的影响。实证结果发现：虽然不同专用性资本投入对企业融资契约的选择存在异质影响，但是整体上专用性资本投入和选择债权契约融资负相关。基于PSM方法的科技金融分情景讨论结果发现，这一负相关关系在科技企业融资行为中更加凸显。可能的原因是：①在组织资源理论的持续经营假说条件下，专用性资本投入高可能意味着企业科技创新的前景乐观，在科技创新的“租金效应”下可以吸引更多的股权资本投入，因此专用性资本投入与债权融资负相关；②在关系契约理论下，关系专用性投入会通过“治理效应”抑制企业高风险的举债行为，而选用更稳健的低负债决策，以向合作伙伴传递“组织间信任”和“租金效应”信号；③在交易成本理论的破产清算假说条件下，专用性投入的低可逆性加大了企业科技创新的“套牢”风险，企业为减小财务风险而自主选择少负债。因此，总体上分析，专用性资本投入始终和企业选用债权契约融资负相关，这与新制度学理论的预期一致。说明在企业融资要约视角下，银投合作服务企业科技创新“投”（股权融资）相比“贷”（债权融资）可能更符合企业的融资偏好。

本章对实证结果选用处理效应（TE）模型、工具变量（IV）估计等方法进行了一系列的稳健性测试。发现主要结果不变，子问题1得到回答。本章的研究部分减小了新古典融资理论“理性人”有余而“社会化”不足的瑕疵，同时为“企业融资不单是选择金融工具更是选择契约治理机制”这一经典的制度金融学命题提供了来自我国全面创新改革试验区贷款市场的新证据。从新制度学理论视域丰富了专用性资本投入与企业科技创新融资契约选择之间关系的文献，从“契约人”资金要素交易视角，为解释企业科技创新融资契约选择提供了新的经验证据。未来值得进一步拓展的地方是：①结合《中华人民共和国民法典》和社会主义核心价值观，将更多的物质专用性资本、关系专用性资本指标纳入模型作为解释变量；②选用更宽地域、更多银行的贷款交易记录，从更长的期限探讨专用性资本投入与企业融资契约选择之间的规律性。

第 5 章

科技金融银投合作的组织间信任：基于专用性投入视角

在组织资源理论下，信誉是企业科技创新的战略性资源投入（Amit和Schoemaker，1993；Barney等，2001）。信誉认证是债权人在信息不对称条件下对债权人债务人组织间信任的预判（Kreps 和Wilson，1982），债务人的诚信度是银行“6C”信誉认证的关注焦点[①]，贷款契约是典型的信任密集型契约（肖作平和张樱，2014），组织间信任是关系契约的自我履约基础，而关系契约又是中国契约的主要形式（Macneil，1986）。文献认为，信任缘自社会资本（Putnam，1993；Fukuyama，1995；Orlowski和Wicker，2015），信任是一种社会关系嵌入（Nahapiet和Ghoshal，1998），因此有学者认为信任就是对社会资本的测量（Glaeser等，2000）。银企关系型社会资本是企业社会资本的重要构成，银企关系会直接影响关系型融资的“治理效应”和“租金效应”。组织间的互信可以创造更大的货币价值（Orlowski 和 Wicker，2015）。不同学者对关系型社会资本的理解虽然存在差异，但是主流观点认为，关系型社会资本可以视为一种有利于增进集体利益的信任、合作规范和社会关系网络（Guiso 等，2004）。国内学者将“信任”引入关系契约分析，认为“相互信任”能节约金融交易成本（张杰，2011），中国“缘约”文化带来的信任感使机会主义行为最小化的信念更强（胡军等，2002；黄再胜等，2009）[②]。

第4章从企业融资要约视角考察了专用性资本投入对融资契约选择的影

① 譬如全球银行业贷款信誉认证的“6C”标准之首，即债务人人品（character）。“6C”的其他标准是：continuity（持续经营），capacity（能力），capital（资本），collateral（担保），condition（环境）。另外，“债务人信誉第一”是全球银行业最传统的行业规则之一，称为“摩根规则”（Morgan Rule）。

② 《中华人民共和国民法典》第1条开宗明义地指出要弘扬社会主义核心价值观，凸显了“诚信”价值观对增进“法治”和“德治”协同性的意蕴。据笔者统计，《中华人民共和国民法典》出现“诚信”一词的条款有5条，内容主要包含：要约意思表示应诚信、履约应遵循诚信原则、违背诚信原则应承担赔偿责任。

响，结果证实，银投合作服务企业科技创新，“投（股权融资）”相比“贷（债权融资）”可能更符合企业的融资偏好。依据本研究如图1.1所示的研究思路和我国现实贷款制度，需结合新制度学理论进一步考察的是，在我国现行贷款制度下，银行向企业科技创新提供贷款债权服务的意愿又如何呢？因为交易成本理论认为，专用性资本投入是影响资金要素交易的核心维度，债务人要约和债权人承诺是形成诺成契约（consensual contract）合意的前提，而债权人是否给予贷款承诺常常取决于计算性组织间信任的结果。因此，专用性资本投入对银企组织间信任的影响，既可以传递融资契约选择信号，也可以传递基于组织间“人际诚信”的关系契约治理信号。本章首先基于新制度学理论对“专用性资本投入→异质经济效应（银行规避套牢风险）→银企组织间信任认证（承诺）”进行理论演绎，进一步以大样本银行贷款交易记录加以实证分析，实证考察银投合作制度变迁下，科技金融交易在银行贷款承诺环节的共性规律和个性特征。以进一步回答子问题1，并初步回答子问题2。

5.1 理论分析和研究假设

物质专用性投入对银行信誉认证的影响，依据理论基础的不同，文献脉络可以大致分为两支。（1）与组织资源理论相关的研究。这一支文献主要以持续经营假说为前提条件，认为，物质专用性投入的目的在于提升创新力和竞争力而创造“租金效应”，银行为共享租金，可能会调高对企业的信誉认证等级（Wernerfelt，1989；Collis和Montgomery，1997）。Lippman和Rurnelt（1982）指出，专用性资本是企业所拥有的有价值资源，也是企业市场竞争力的来源。Collis和Montgomery（1997）认为，专用性资本具有“VRIN/O”

属性，可以为企业带来市场竞争优势，随着产品市场竞争加大，企业更容易加大专用性投入，以创造“租金效应”。Demsetz（1999）认为企业科技创新的关键是以有效率的方式来利用其资源优势，所创造的是效率租金，而非垄断租金。于茂荐和孙元欣（2012）研究了科技属性对物质专用性与企业绩效间关系的调节效应，发现，高科技企业的专用性投入可以提升经营绩效，而非高科技企业的专用性投入会对企业绩效产生负面影响。因此，在持续经营假说条件下，企业专用性投入可以实现“租金效应”，有助于企业获得创新力和竞争力，并取得产品市场主导（Mang，1998），这有助于增进银企间的信任。

（2）与交易成本理论相关的研究。这一支文献主要以破产清算假说为前提条件。主要观点认为，企业专用性投入会给银行产生“套牢效应”，银行为规避被“套牢”，其贷款债权投资可能更加保守，信誉认证更趋审慎（Williamson，1988；Klein，1996）。交易成本理论认为，随着物质专用性投入加大，收益不确定性也会加大，此时选用股权融资和选用债权融资的成本都会变大，但是在有限理性和机会主义行为下，依债权融资的古典契约治理很难保护债权人的产权，债务人提供给债权人的物权担保所赋予的优先受偿权也会因物质专用性而被削弱。因此，随着物质专用性增加，银行为回避被“套牢”会调低企业的信誉认证等级。Shleifer和Vishny（1992）进一步指出，因经济或行业发展的不确定性增大，加之政府的产业规制，企业物质专用性资产的低可逆性造成清算价值通常低于最佳使用价值，从而会对企业选用债权融资产生阻力。他们在破产清算假说条件下，构建资产出售的一般均衡模型，发现，专用性物质投入越强，企业负债率越低。这一方面说明，专用性物质投入可能抑制了企业债权融资的自主选择；另一方面，也可能是企业债权融资的可得性降低，因为银行调低了高专用性投入企业的信誉等级。归纳前述文献，物质专用性投入所伴生的“套牢效应”是银行调低企业信誉等级的主要原因。因为物质专用性投入会对交易双方产生“套牢”风险，任何一方退出都会对交易对手形成“威慑”，随着专用性投入强度加大，“套牢效应”也会更加强烈，“威慑”带来的潜在损失也就越大（刘凤芹和王姚瑶，2013）。国内学者程宏伟（2004）、李青原和王永海（2008）选用上市企业为样本，发现物质专用性投入与债权融资负相关。殷孟波等（2020b）基于贷款交易记录发现，物质专用性投入与债权融资负相关。

综上所述，企业物质专用性投入会通过影响“租金效应”和“套牢效应”的不确定性，对银行信誉认证（银行计算性组织间信任）产生影响。这些不确定性都会加大贷款契约治理的难度。银行是意向债权人，会基于贷款债权“安全性第一”的经营原则在破产清算假说条件下规避物质专用性诱致的“套牢”风险[①]，因此物质专用性投入越高，银行就越可能会降低信誉认证等级。所以，提出假设H5.1。

H5.1：在其他条件不变的情况下，物质专用性投入可以增进贷款交易的不确定性。因此物质专用性与银行信誉认证（银行计算性组织间信任）等级负相关。

文献发现，关系型社会资本可以从宏观、微观不同层面通过关系契约的“治理效应”影响银行信誉认证。①宏观层面。Guiso 等（2004）发现，一个地区若社会资本程度高，经济组织更容易实现债权债务交易，更有助

① 我国现行《商业银行法》第4条规定，商业银行以“安全性、流动性、效益性”为经营原则。我国银行业“安全性第一”的经营原则显然与新古典经济学的“效益性第一”原则不同。这意味着，新古典融资理论的“理性人”假说在不同国家和不同金融制度环境下可能面临“逾淮为枳”的问题。

于节约交易成本。Wu（2008）的研究认为，这可能是关系投入发挥了“治理效应”，若地区社会资本水平和信息透明度越高，则社会耻辱感的惩戒越有效（张敦力和李四海，2012；廖理等，2020），关系专用性投入对机会主义的约束和威慑也越强（王满四和王旭东，2020）。Karlan等（2009）的研究把企业社会关系网络视为贷款债权契约的担保，因为关系型社会资本拥有量越高，基于关系网络的信任水平越高，债权人债务人的有限理性和机会主义行为都会受到抑制，非正规贷款市场的发展水平也越高。Kim 等（2009）从代理成本机制揭示了社会资本与贷款缔约的关系，发现，社会资本发展水平越高，交易主体互信水平越高，这种互信可以节约交易成本。这意味着，关系型社会资本可以传递“人际诚信”和“社会信任”信号，增进基于自我履约的关系契约“治理效应”。Mistrulli和Vacca（2015）发现，社会资本可以缓解金融危机对实体经济的冲击，因为社会资本可以降低经济组织间的信息不对称。②微观层面。文献发现，企业的社会资本不但可以直接影响银行的信誉认证，还会影响贷款契约条款。Hasan 等（2015）发现，如果企业总部位于高社会资本水平区域，贷款交易成本较低，贷款契约的约束性条款也较少。因此社会资本可以增进债权人对债务人信任，有助于实现关系契约的“治理效应”。Hasan 等（2015）还发现，如果企业将总部从低社会资本地区向高水平的地区迁徙，银行贷款交易成本会变得更低，贷款契约约束性条款也会更少，这表明，关系型社会资本有助于增进贷款契约的自我履约。Cheng等（2016）的研究为Hasan 等（2015）的研究提供了证据支持，他们发现，如果企业总部所属地区的社会资本程度高，缔约双方的互信越高，银行贷款交易成本越低，尤其是对于那些新与债权人建立交易关系、与债权人地理距离较远的企业受社会资本水平的影响更明显。

银行信誉认证与物质专用性的关系，文献研究重点是基于破产清算假说下的“套牢效应”，而银行信誉认证与关系专用性的关系，研究重点则为基于持续经营假说下的“租金效应”。在关系契约理论下，关系资本投入的实际内容是关系型社会资本。理论界对关系型社会资本的理解虽然还存在分歧，但所形成的共识是，社会资本被认为是有利于增进集体利益的资本（Guiso 等，2004），关系型社会资本可以通过抑制债务人的机会主义行为而规避物质专用性的“套牢”风险，还可以增进债权人的信任实现关系契约的“租金效应”。文献认为互信是社会资本的核心。关系型社会资本能增强并促进互信，Nahapiet和Ghoshal（1998）认为信任是基于人际交往的关系性嵌入。理论界一般将信任分为人际信任、制度信任和社会信任。①人际信任来源于反复的人际互动（Orlowski和Wicker，2015），因此常常具有“圈子”效应，并假设人们都是富有道德感和秉持利他主义的个体，彼此是值得信任和托付的。②制度信任是人们对正式制度的信任，也可以指人们对宗教等非正式制度的信任（Orlowski和Wicker，2015）。③社会信任是人们普遍预期值得信任的自然人和法人不会故意侵害其他经济主体的合法权益（Kaasa，2009）。

上述3类信任的内涵和外延其实难以严格区分。这些信任都会影响银行对债务人的信誉认证。基于本书研究主题，主要考察微观层面的人际互信（包含自然人和法人）。Guiso 等（2004）认为，债权交易或股权交易是否发生既取决于正式制度，还取决于债权人债务人之间的信任，信任是非正式制度（信誉机制）的核心构成。银行贷款债权契约属于对人际信任要求较高的金融契约。银行债权人期望债务人能诚实履行贷款契约条款。因此人际互信是贷款交易达成合意，并缔结关系契约的微观基础。社会资本的“诚信”从微观角度同“合作规范”形成了更紧密链接。如，“诚信”就是我国社会主义核心价值观微观规范的4个构成之一[①]。互信、规范可以增进社会成员间的合作精神（Hasan等，2015）。发生在债权人债务人之间的贷款契约是一种典型的具有给付责任的正式契约，但是与其他金融契约不同的是，贷款债权契约的履约主要基于自我履约的关系契约治理，而非法庭主导下的三方契约治理。

综上所述，债务人关系专用性投入越高，可以增进债权人的信任，债务人信用违约的机会主义行为发生概率越低。这意味着，关系契约治理的微观基础越好，基于信誉机制的自我履约越能发挥关系契约“治理效应”，减小了贷款交易的不确定性，进而有助于达成贷款缔约合意，银行信誉认证的等级可能会变高。所以，提出假设H5.2。

H5.2：在其他条件不变的情况下，关系专用性投入可以缓释贷款交易的不确定性。因此关系专用性与银行信誉认证（银行计算性组织间信任）等级正相关。

5.2　研究设计

5.2.1　数据与样本筛选

本章在第4章样本数据的基础之上，剔除信誉认证存在数据缺失的样本，最终获得49328笔银行信誉认证记录。

① 我国社会主义核心价值观的微观道德伦理规范包含：爱国、敬业、诚信、友善。

5.2.2 模型设定与变量定义

为了验证研究假设H5.1和H5.2，本章构造模型（5.1）。模型（5.1）分为线性和非线性两个子模型，其被解释变量分别为Credit和D_credit。

$$
\begin{aligned}
Credit = {} & \beta_0 + \beta_1 ASI + \beta_2 Uncertain + \beta_3 Frequency + \beta_4 Ln\_asset + \beta_5 D\_ownship \\
& + \beta_6 Mortgage + \beta_7 D\_norm + \beta_8 D\_gov\_plat + \beta_9 D\_group \\
& + \beta_{10} D\_nonlocal + \beta_{11} Growth + \beta_{12} Risk + \beta_{13} Sdprof + \beta_{14} A\_sen \\
& + \beta_{15} Med\_credit + \beta_{16} Debt\_Ratio + \Sigma\beta_j Year + \Sigma\beta_q Industry + \varepsilon
\end{aligned} \tag{5.1}
$$

模型（5.1）的被解释变量、解释变量和控制变量：

1．被解释变量

Credit：银行信誉认证等级，即银行计算性组织间信任，是模型（5.1）的线性子模型的被解释变量，依据银行信誉认证等级由高到低排列，分为AAA+、AAA、AA+、AA等15个级别，将观测值最少的低等级与邻近等级合并，并由低到高依次赋值为1—14的自然数，按连续变量处理。依据信誉认证等级的中位数，生成虚拟变量D_credit，是模型（5.1）的非线性模型的被解释变量，用于模型的稳健性测试，中位数以上取1，否则取0。结合我国《法人客户信用等级评定办法》的内容不难发现，银行信誉认证是银企双方确定贷款期限、贷款利率、贷款规模等核心契约条款的基础，银行会通过认证企业信誉等级以决策是否给予贷款承诺。因为样本银行贷款信誉认证主要依据于会计“硬”信息，辅之以银企关系等“软”信息。因此，本章亦将重点关注基于会计信息的物质专用性投入对信誉认证的影响。

2．解释变量

ASI：物质专用性资本，连续变量，D_ASI为物质专用性资本虚拟变量。银企金融交易中所涉及的专用性投入会正向影响银行对交易安排安全性的评价以及对债务人履约能力的感知（Katsikeas等，2009）。从前文对专用性投入的“套牢效应”“租金效应”和“治理效应”可以推测对组织间信任也会存在差异。首先，在破产清算假设条件下，“套牢效应”是指经济组织为了支持某些特定交易而进行的耐久性投资，该类投资在特定的经济交易关系外残余价值极低。譬如高科技企业债务融资用于设定抵押物权担保的专用性机器设备，因此基于专用性投入的“套牢效应”视角可见，专用性投资不利于增进组织间信任的形成。其次，在持续经营假设条件下，“租金效应”说明科技企业致力于创新而加大专用性投资的过程，会使银行投资人做出授信决策时感知到其创造“熊彼特创新租金”的意愿，为其提供融资支持，其是值得信赖的（Katsikeas等，2009）。最后，在履约时的契约治理环节，科技企业可能会依据投资人的特殊要求加大专用性投资，由此增加交易主体间对持续加深合作的需要，这又诱致交易伙伴对彼此资源的依赖，合作规范是阻止还是助长融资人违约的机会主义，是增进还是降低契约自我履约效率，取决于规范的治理效能如何，因此基于专用性投入的“治理效应”视角可见，专用性投资对组织间信任的经济后果有待进一步的检验。

Uncertain：不确定性，连续变量。不确定性对组织间信任经济后果的影响主要由行动者的“有限理性”所致（Williamson，1975）。不确定性产生于完成任务所需的信息量与组织自身所拥有的信息量之间的不对称程度，信息可能来源自于组织外部环境，也可能源自组织内部环境，最终表现为履约能力的不确定。一是内部环境的不确定性。组织内部的不确定性主要是由投资人经营能力波动以及组织内发生的意外事件如高管团队变化等引起的。其中在经营能力波动状态下，投资人对交易伙伴行为和交易公平与效率的评价变得困难，一方面无力评价融资人的努力及其行为结果，另一方面可能会歪曲或掩盖交易伙伴的表现（Katsikeas等，2009），这弱化了投资人对其交易伙伴可靠性的感知与推断。类似地，高管团队的变化因打破了投资人的现状，改变了他们对战略选择的价值取向和意义建构结果，从而对投资人内部及其交易伙伴造成高度的不确定性（Joshi和Stump，1999）。这种不确定性让交易各方难以预见持续合作的价值，最终使彼此合作的信心受挫。二是外部环境的不确定性。一个动荡且不可预测的履约环境在使交易各方保持交易效率的同时，也为融资人利用不稳定的履约环境以不公平的方式追求短期利益创造了机会，并为其实施机会主义和背弃契约条款提供了可能（Katsikeas等，2009）。与此同时，外部环境的不确定性也会大大增强交易各方对机会主义行为和交易风险的感知，而这恰恰减弱了对彼此行为可靠性的积极预期（Gaur等，2011）。此外，履约环境的不确定性会加剧信息的不对称，除了可能诱发的机会主义行为外，交易伙伴间的分歧、摩擦和紧张程度也会加剧，这会降低交易各方相互的适应性，进而削弱相互的积极期待和信赖。综上所述，不确定性越低的企业越易于与银行达成债权融资合意，银行信誉认证等级越高。因此预计系数估计值显著为负。

Frequency：交易频率，代理本书的关系专用性投入，为连续变量。交易频率越高表明银企关系越密切，有助于降低信息不对称性，也更能发挥关系契约的自我履约优势。当投资人与交易伙伴有着连续重复的交易历史或较高的交易频率时，组织间信任程度会随之上升。这是因为，在频繁交易过程中，交易伙伴往往会建立一组制度化的交易程序和对投资人使用的交易惯例，这为交易创造了一个相对稳定可靠的环境（Dyer和Chu，2000）。如果投资人不断选择同一个交易伙伴进行合作，那么其相当于重复选择交易伙伴的交易程序和惯例。在这种情境下，对投资人而言，交易伙伴的交易程序和惯例是可预测和一致的。这将有助于降低交易风险、减少交易成本，并增加投资人对交易伙伴信守承诺和可靠完成任务的积极预期。因此，本章预期交易频率与代理计算性组织间信任的银行信誉认证正相关。

3．控制变量

本章主要引入企业特征和契约治理变量为控制变量。其中，企业特征变量增加负债率（Debt_Ratio）。高负债率会增加财务杠杆风险，所以该变量对信誉认证等级具有负向作用。行业信誉认证中值（Med_credit），本章选用每一个行业、每一年度的企业信誉认证中位数作为行业信誉认证中值。其他控制变量构成同第4章变量定义。

表5.1为本章新增变量定义列表。其他变量同表4.2定义。

表5.1　变量定义

变量类型	变量名称	变量符号	变量描述
因变量	银行信誉认证等级（银行计算性组织间信任）	Credit	按照信誉认证等级由高到低分为AAA+、AAA、AA+、AA等15个级别，将观测值最少的低等级与邻近等级合并，由低到高依次赋值为1—14的自然数
自变量	物质专用性资本	ASI	同表4.2
		D_ASI	同表4.2
	不确定性	Uncertain	同表4.2
	关系专用性资本（交易频率）	Frequency	同表4.2

续表

变量类型	变量名称	变量符号	变量描述
新增控制变量	负债率	Debt_Ratio	负债/总资产
	行业信誉认证中值	Med_credit	企业所在行业当期（年）信誉认证的中位数

5.3 实证检验结果

5.3.1 描述性统计

表5.2_A列示了本章主要变量的描述性统计结果。核心解释变量物质专用性投入（ASI）的中值为0.07，均值为0.09，说明物质专用性投入在企业总投入中的占比相对较高。关系专用性变量（Frequency）均值为3.13，标准差为1.22，表明样本企业与样本银行存在一定合作基础，但是该合作关系在企业间存在差异。不确定性变量（Uncertain）标准差为0.84，说明不确定性变量在样本企业间存在较大差异。表5.2_B列示了银行对债务人信誉认证等级认证结果的分布情况。BBB级信誉认证最多，BBB级以上占比48.61%，BB级以上为84.43%，说明样本企业信誉等级总体良好，银企双方基于自我履约的关系契约治理有信誉机制保障。

表5.2 描述性统计

表5.2_A 变量统计

变量	最大值	最小值	均值	中位数	标准差	观测值
ASI	0.49	0.00	0.09	0.07	0.09	49328
Uncertain	5.13	0.00	4.22	4.50	0.84	49328
Frequency	5.84	0.71	3.13	3.23	1.22	49328

续表

变量	最大值	最小值	均值	中位数	标准差	观测值
企业特征变量						
Ln_asset	24.51	16.83	20.34	20.24	1.38	49328
D_scale	1.00	0.00	0.79	1.00	0.40	49328
D_group	1.00	0.00	0.37	0.00	0.48	49328
D_ownship	1.00	0.00	0.38	0.00	0.49	49328
D_gov_plat	1.00	0.00	0.00	0.00	0.02	49328
Growth	1.55	–0.47	0.15	0.10	0.30	49328
Risk	1.31	0.00	0.08	0.01	0.20	49328
Debt_Ratio	1.00	0.10	0.58	0.61	0.20	49328
契约治理变量						
D_norm	1.00	0.00	1.00	1.00	0.05	49328
D_nonlocal	1.00	0.00	0.02	0.00	0.12	49328
Mortgage	1.00	0.00	0.85	1.00	0.36	49328
Med_credit	12.00	3.00	7.80	7.00	1.35	49328
Sdprof	2.12	0.00	0.58	0.41	0.37	49325
A_sen	1.00	0.00	0.99	1.00	0.12	49328

表5.2_B　信誉认证分布

Credit	信誉等级	样本数	占比（%）
1	DDD、新D	97	0.20
2	C	100	0.20
3	CC	1432	2.90
4	CCC	2706	5.49
5	B、新B	3347	6.79
6	BB、新BB	7901	16.02
7	BB+、新BB+	9769	19.80

续表

Credit	信誉等级	样本数	占比（%）
8	BBB、新BBB	10391	21.07
9	BBB+、新BBB+	4733	9.59
10	A、新A	3665	7.43
11	A+、新A+	4709	9.55
12	AA、新AA	322	0.65
13	新AA+	142	0.29
14	AAA	14	0.03
Total		49328	100.00

企业特征变量的描述性统计表明，有79%的样本企业为大中型企业（D_scale），集团企业（D_group）占比为37%，38%的样本来自公有制（国有或集体）企业（D_ownship），成长性（Growth）均值为0.15，意味着样本企业的成长能力总体较好。银企关系变量：D_nonlocal均值0.02，说明异地企业仅占2%，银企关系空间紧密度较高，D_norm均值为1，表明样本企业贷款债项状态普遍正常，银企关系契约治理质量较高。契约变量：Mortgage均值为0.85，意味着85%的样本在贷款交易中提供了抵押或质押物权担保，可见，物权担保是银行最有代表性的三方契约治理机制。

5.3.2 基准回归的理论分析及稳健性测试

5.3.2.1 基准回归分析

表5.3报告了运用模型（5.1）对研究假设H5.1和H5.2的检验结果。本章首先分别考察物质专用性资本、关系专用性资本对银行信誉认证的影响，并引入可能影响企业信誉等级的变量，包括贷款交易不确定性、企业特征变量、契约治理因素变量，以降低因遗漏变量可能对估计系数产生的偏误。

表5.3的估计结果显示，在依次控制可能的影响因素后，拟合优度显著提高。具体从第（4）列的估计结果看。第一，物质专用性资本的系数为-3.8448，且在1%水平上显著，这表明，企业高物质专用性对银行信誉认证等级有负向影响，即银行对企业的信誉认证等级受物质专用性投入高低的约束。在其他条件不变的情况下，企业物质专用性投入ASI每增加约0.26个单位（1/3.8448），信誉认证将降低一个等级。易言之，与高物质专用性的企业相比，低物质专用性的企业更可能获得银行高等级的信誉认证。研究假设H5.1得证。第二，关系专用性资本的系数为0.0904，且在1%水平上显著，这表明，高关系专用性资本投入对银行信誉认证结果存在显著的正向影响，在其他条件不变的情况下，样本企业关系专用性资本Frequency每增加约11个单位（1 / 0.0904），信誉认证将提高一个等级。意味着，样本企业关系专用性投入会通过传递社会资本的"信任"机制对其获得债权融资产生正向影响。研究假设H5.2得证。

物质专用性投入与银行信誉认证负相关，可能的原因是，在交易成本理论的破产清算假说条件下，Williamson（1979，1988，2016）指出，债务人的物质专用性投入会给债权人产生"套牢"风险。因为随着物质专用性投入强度提高，专用性投入的预期收益不确定性会加大，此时选用债权融资与股权融资的交易成本都会变大，因为专用性投资意味着信息不对称性加剧，签订一份完全契约变得不可能，引入三方契约治理"可认证"的难度加大。因此选用古典契约和新古典契约治理机制很难保护债权人的利益，专用性物质所提供的物权担保价值减小，这些结果都表明，随着物质专用性增加，银行债权人面临被"套牢"的风险加大，这也意味着，银企双方基于自我履约的关系契约治理难度变大。为了规避物质专用性投入所诱致的"套牢"风险，银行债权人会降低对高专用物质投入企业的信誉认证等级。Balakrishnan 和 Fox（1993）的实证研究发现，物质专用性投入是影响企业债权融资行为的重要因素，物质专用性投入越高，企业选用债权融资的比例越小。Cushing 和 McCarty（1996）以清算价值差值构建了一个物质专用性指数，发现，专用性投入与企业债权融资之间存在着显著负相关关系。

这一负相关关系，一方面可能是企业自主选择的结果；另一方面还可能是因为专用性投入所诱致的“套牢”风险，使投资人心存顾忌而减小投资意愿。因此，本章引入债权融资的信誉认证为“企业专用性投入与债权融资负相关”这一新制度学理论的经典命题提供了一个新的分析视角。

关系专用性资本投入与银行信誉认证等级正相关，可能的原因如下。

①关系专用性投入存在关系契约的“治理效应”。在关系契约理论下，银企关系型社会资本使得债权人债务人有更多的交流机会，银企之间的信息不对称性减小，这不仅能提高信息获取的时效性和降低信息搜集成本，而且还能提高贷款违约的机会成本（Coleman，1990）。在关系契约理论下，债务人行为会受到群体意识影响（Turner和Oakes，1986），企业文化和高管特征等都会与周边环境发生信息交流，并逐渐趋于同化。关系专用性投入越高，越能提升信任、合作规范和关系网络密度，从而增进关系契约的“治理效应”，抑制债务人的机会主义行为。当有关债务人信誉质量信息或其他私人信息难以获取时，银行等债权人将债务人关系型社会资本的拥有量视为其信誉质量和违约风险的代理变量（Cheng 等，2016）。关系型社会资本将影响债务人如何实现自我履约，以信任为核心内涵的社会资本将在贷款契约事后治理中发挥关系治理效应。

②关系专用性投入具有“租金效应”。组织资源理论认为，关系专用性

投入是企业长期培养和累积形成的，为企业专有专用，是企业维持市场竞争力，创造“租金效应”的重要源泉。因此，企业若要将创新力和竞争力转化为“租金效应”，专用性投入应与融资契约选择相互匹配（Williamson，2016），高水平银企关系型社会资本意味着较强的合作规范和较宽的社会网络（Guiso 等，2010），可能创造更大的“租金效应”。Guiso 等（2004）发现，高水平的社会资本有利于促进金融发展，因为通过债权人债务人反复持续的金融交易所建立和发展起来的信任水平以及信息优势能提高金融交易效率。企业内部人往往会利用信息优势“攫取”投资人的租金，这些机会主义行为可能会诱致债务违约。而通过发挥关系契约的“治理效应”，则可以缓解债权人的有限理性和债务人的机会主义行为，进而节约贷款交易成本。

表5.3　专用性资本投入与银行信誉认证：基准回归

变量	（1）	（2）	（3）	（4）
ASI	–4.5390***			–3.8448***
	（–50.55）			（–43.72）
Uncertain		–0.5847***		–0.4702***
		（–54.47）		（–42.29）
Frequency			0.1629***	0.0904***
			（25.69）	（14.27）
Ln_asset	0.5065***	0.6511***	0.5752***	0.5524***
	（74.97）	（99.08）	（85.84）	（81.68）
D_ownship	–0.2382***	–0.3466***	–0.4604***	–0.1895***
	（–12.06）	（–17.56）	（–23.16）	（–9.72）
Mortgage	0.2338***	0.0959***	0.0543**	0.1033***
	（9.94）	（4.14）	（2.25）	（4.36）
D_norm	3.4973***	3.3849***	3.3369***	3.2968***

续表

变量	(1)	(2)	(3)	(4)
	(12.56)	(12.41)	(12.17)	(11.85)
D_nonlocal	-0.3152***	-0.2713***	-0.2431***	-0.1883***
	(-4.81)	(-4.27)	(-3.77)	(-2.92)
D_group	0.2663***	0.2291***	0.1818***	0.3010***
	(14.88)	(12.68)	(9.73)	(17.03)
Growth	-0.4612***	-0.1744***	-0.4811***	-0.1707***
	(-17.39)	(-6.21)	(-17.85)	(-6.31)
Risk	2.0748***	1.4338***	2.1019***	1.5346***
	(46.74)	(33.82)	(49.90)	(35.33)
Sdprof	0.2221***	-0.1950***	0.1604***	-0.1781***
	(9.92)	(-7.48)	(6.58)	(-7.49)
D_gov_plat	-0.7788***	-0.8724***	-0.6593***	-0.6805***
	(-4.32)	(-4.04)	(-3.13)	(-3.73)
Med_credit	0.5469***	0.5865***	0.5642***	0.5638***
	(54.80)	(60.66)	(56.22)	(58.98)
A_sen	-0.6106***	-0.6218***	-0.6685***	-0.6912***
	(-9.62)	(-10.34)	(-10.68)	(-11.24)
Debt_Ratio	-1.1599***	-1.1872***	-0.6440***	-1.3359***
	(-25.49)	(-26.20)	(-14.14)	(-29.17)
_cons	-7.9155	-8.6329	-10.2681	-6.6328
	(-0.00)	(-0.00)	(-0.00)	(-0.00)
Year	Yes	Yes	Yes	Yes
Industry	Yes	Yes	Yes	Yes
N	49325	49325	49325	49325
R-squared	0.4645	0.4663	0.4436	0.4890

注：(1) 被解释变量为信誉认证Credit；

(2) *、**、***分别表示参数的估计值在10%、5%和1%的统计水平上显著（双尾检验）；

(3) 括号内为t值，标准误经过了firm cluster调整。

表5.3第（4）列中，企业规模（Ln_asset）、银企合作质量（D_norm）均对银行信誉认证有显著正向影响，不确定性（Uncertain）、是否异地（D_nonlocal）系数显著为负，这意味着企业规模越大经营相对越稳健，越能获得银行更高的信誉认证等级，银企合作质量是契约自我履约的结果，能在一定程度上表示关系契约治理的质量。如果企业经营的不确定性越大，银企双方地理距离越远，表明贷款交易成本可能更高（殷孟波等，2020b），会降低银行对其信誉认证。这与交易成本理论和关系契约理论的预期一致。

规模变量Ln_asset的系数估计值在1%水平上显著为正，说明大企业的信誉认证等级更高。可能的原因是，企业规模越大，可能经历了长期限的市场竞争考验，抵御风险的能力越高，越注重信誉等社会资本积累，大企业与银行谈判的能力更强，也更容易获得银行高等级的信誉认证。从破产清算风险的视角分析，大企业更倾向于且有条件采取多角化和纵向一体化。多角化可以分散经营风险，平滑不同时期的利润水平，使企业的现金流量更为稳定。纵向一体化则可以通过关系契约治理减少外部性问题，从而有助于企业节约交易成本。这些都决定了大企业相比于小企业经营更稳健，具有更低的破产清算预期，所以大企业的信誉认证等级更高。这与钟宁桦等（2016）、殷孟波等（2020a）的研究结论一致。

企业成长性Growth的系数估计值在1%水平上显著为负，一般而言，企业的成长性越好，未来现金流越有保障，其信誉认证等级越高。但是，Gong等（2018）指出，成长性越好的企业越容易陷入财务困境，因为有些企业因盲目扩张，极易造成企业资金链断裂。表5.3的实证结果初步验证了这一观点。

5.3.2.2 稳健性测试1：变量内生性偏误讨论

企业是否拥有较高的物质专用性投入，这可能受企业经营效率和产权异质性等影响，这些因素也可能会影响银行对企业的信誉认证，导致物质专用性变量可能是内生的。本章借鉴Gong等（2018）的做法，构建处理效应模型，使用处理效应模型两步法缓解内生性问题。第一步用Probit估计影响物质资产专用性投入的因素，并生成逆米尔斯风险比Hazard，第二步在控制样本选择性偏差后考察物质专用性是否依然对信誉认证有显著的抑制效应。

本章依据虚拟变量D_ASI将样本分为高物质专用性企业组和低物质专用性企业组。处理效应模型第一步中，以D_ASI作为被解释变量展开估计。回归中主要加入人力专用性（Human_ASI）、企业规模（Ln_asset）、销售收入（Ln_income）、是否公有制（D_ownship）等一系列变量。一般情况下，销售收入越高，企业当期实现的利润越高，在企业总资产中流动资产的占比可能会提高，专用性固定资产的占比相对降低。公有制企业主要集中在关系国计民生的公共事业产业，这些产业需发挥规模经济效应，具有自然垄断属性，物质专用性投入强度一般更大。

处理效应模型的第二步回归。信誉认证（Credit）为被解释变量，D_ASI为本章关注的解释变量，估计中控制了企业特征因素和契约治理因素，同时，通过控制风险比Hazard降低样本选择偏误对估计结果的影响。本章用模型（5.2）检验研究假设H5.1，即高专用物质投入对银行信誉认证有显著的负向影响。

$$\begin{aligned}Credit = &\beta_0 + \beta_1 D\_ASI + \beta_2 Uncertain + \beta_3 Frequency + \beta_4 Ln\_asset + \beta_5 D\_ownship \\ &+ \beta_6 Mortgage + \beta_7 D\_norm + \beta_8 D\_gov\_plat + \beta_9 D\_group \\ &+ \beta_{10} D\_nonlocal + \beta_{11} Growth + \beta_{12} Risk + \beta_{13} Sdprof + \beta_{14} A\_sen \\ &+ \beta_{15} Med\_credit + \beta_{16} Debt\_Ratio + \beta_{17} Hazard + \Sigma\beta_j Year + \Sigma\beta_q Industry + \varepsilon\end{aligned}$$

（5.2）

表5.4报告了模型（5.2）的估计结果。第（1）列为第一步回归结果，企业物质专用性投入与销售收入、规模、是否公有制等均显著相关。第二步估计结果显示，在控制了样本选择偏误的影响后，物质专用性投入对企业信誉认证仍然存在显著的制约作用。以二元变量D_credit为被解释变量，运用模型（5.2），分别使用处理效应模型两步法（TE_twostep）和最大似然估计法（TE_MLE）估计，结果如表5.5，与前文结论一致。

表5.4　处理效应模型估计结果：Credit为被解释变量

变量	（1） 第一阶段 D_ASI	（2） 第二阶段 Credit
D_ASI		−3.4566***
		（−28.56）
Uncertain		−0.3238***
		（−21.72）
Frequency		0.0001***
		（2.92）
Ln_asset	−0.1338***	0.1758***
	（−17.11）	（9.22）

续表

变量	(1)	(2)
	第一阶段 D_ASI	第二阶段 Credit
D_ownship	0.6782*** (45.84)	0.5673*** (14.23)
Mortgage		0.1075*** (5.20)
D_norm		3.2932*** (30.09)
D_nonlocal		-0.1852*** (-3.32)
D_group		0.1053*** (6.44)
Growth		-0.1845*** (-7.61)
Risk		1.3828*** (35.60)
Sdprof		-0.1708*** (-10.09)
D_gov_plat		-0.5509** (-2.17)
Med_credit		0.5562*** (53.66)
A_sen		-0.7046*** (-12.00)
Debt_Ratio		-1.5788*** (-36.18)
Human_ASI	-0.1497*** (-24.85)	

续表

变量	（1）	（2）
	第一阶段 D_ASI	第二阶段 Credit
Ln_income	-0.2827***	
	（-36.56）	
Hazard		1.8064***
		（24.64）
_cons	10.0661***	1.2384***
	（78.55）	（2.82）
Year	Yes	Yes
Industry	Yes	Yes
N	48809	48809

注：（1）*、**、***分别表示参数的估计值在10%、5%和1%的统计水平上显著（双尾检验）；

（2）括号内为z统计值。

表5.5 处理效应模型估计结果：D_credit为被解释变量

变量	（1）TE_twostep	（2）TE_MLE
D_ASI	-3.2908***	-3.0962***
	（-26.19）	（-104.14）
Uncertain	-0.3160***	-0.3108***
	（-20.59）	（-26.00）
Frequency	0.1036***	0.0765***
	（17.19）	（12.88）
Ln_asset	0.1885***	0.2084***
	（9.77）	（24.08）
D_ownship	0.5319***	0.4523***
	（12.84）	（19.83）

续表

变量	(1)TE_twostep	(2)TE_MLE
Mortgage	0.0668***	0.0961***
	(3.27)	(4.82)
D_norm	3.1956***	3.2766***
	(28.80)	(28.49)
D_nonlocal	-0.1076*	-0.1370**
	(-1.93)	(-2.48)
D_group	0.1348***	0.1406***
	(8.52)	(9.34)
Growth	-0.1944***	-0.2184***
	(-8.00)	(-9.12)
Risk	1.4462***	1.3786***
	(37.21)	(34.89)
Sdprof	-0.4062***	-0.4396***
	(-16.98)	(-19.26)
D_gov_plat	-0.5100*	-0.2243
	(-1.96)	(-0.89)
Med_credit	0.5457***	0.5235***
	(52.77)	(51.92)
A_sen	-0.7860***	-0.9316***
	(-13.42)	(-15.91)
Debt_Ratio	-1.4376***	-1.3753***
	(-33.63)	(-32.77)
_cons	0.8699*	0.7505***
	(1.96)	(2.99)
Hazard	1.6961***	
	(22.15)	
athrho		1.1935***
		(79.92)

续表

变量	（1）TE_twostep	（2）TE_MLE
lnsigma		0.6407***
		（118.06）
Log likelihood		−1.2e+05
chi2_c		6.4e+03
p_c		0.0000
Year	Yes	Yes
Industry	Yes	Yes
N	48806	48806

注：（1）*、**、***分别表示参数的估计值在10%、5%和1%的统计水平上显著（双尾检验）；

（2）括号内为z统计值。

本章也选用工具变量二阶段最小二乘法（2SLS）回归检验内生性偏误。参照于文超和梁平汉（2019）的方法引入行业平均物质专用性资本、行业平均关系专用性资本分别作为物质专用性资本和关系专用性资本的工具变量。因为从行业发展的生命周期视角分析，行业发展程度不同平均专用性投入程度也不同，企业的专用性投入可能受同一行业的其他企业专用性投入的影响，但在理论上，其他企业的专用性投入不会对银行的信誉认证产生直接影响。经弱工具变量检验，Kleibergen–Paap rk Wald F 统计量与临界值比较，工具变量有效。依次单独引入、同时引入工具变量展开二阶段最小二乘法回归。表5.6报告的回归结果表明，物质专用性投入与信誉认证显著负相关，关系专用性投入与信誉认证显著正相关。结论均与前文保持一致。

表5.6　工具变量估计结果

变量	（1）	（2）	（3）
	2SLS_物质专用性 IV	2SLS_关系专用性 IV	2SLS_物质及关系专用性 IV
ASI	−3.995***	−3.835***	−3.987***
	（−45.38）	（−43.56）	（−45.24）
Uncertain	−0.467***	−0.461***	−0.458***
	（−42.02）	（−41.48）	（−41.18）
Frequency	0.090***	0.113***	0.113***
	（14.23）	（17.93）	（17.89）
Ln_asset	0.549***	0.549***	0.546***
	（81.11）	（80.91）	（80.32）
D_ownship	−0.183***	−0.193***	−0.186***
	（−9.37）	（−9.87）	（−9.52）
Mortgage	0.106***	0.088***	0.091***
	（4.45）	（3.70）	（3.81）
D_norm	3.297***	3.274***	3.274***
	（11.84）	（11.76）	（11.75）
D_nonlocal	−0.188***	−0.174***	−0.173***
	（−2.91）	（−2.70）	（−2.68）
D_group	0.304***	0.301***	0.304***
	（17.20）	（17.03）	（17.19）
Growth	−0.170***	−0.170***	−0.170***
	（−6.26）	（−6.29）	（−6.28）
Risk	1.537***	1.544***	1.546***
	（35.31）	（35.61）	（35.57）
Sdprof	−0.176***	−0.183***	−0.182***
	（−7.43）	（−7.71）	（−7.66）
D_gov_plat	−0.681***	−0.654***	−0.652***

续表

变量	(1)	(2)	(3)
	2SLS_物质专用性 IV	2SLS_关系专用性 IV	2SLS_物质及关系专用性 IV
	(-3.75)	(-3.59)	(-3.59)
Med_credit	0.563***	0.564***	0.563***
	(58.86)	(58.86)	(58.81)
A_sen	-0.691***	-0.703***	-0.703***
	(-11.23)	(-11.40)	(-11.39)
Debt_Ratio	-1.347***	-1.308***	-1.319***
	(-29.38)	(-28.59)	(-28.79)
_cons	-7.436***	-7.512***	-7.438***
	(-22.33)	(-22.58)	(-22.33)
Year	0.000	0.000	0.000
N	49315	49315	49315
R-squared	0.489	0.488	0.488

注：(1)被解释变量为信誉认证Credit；

(2)*、**、***分别表示参数的估计值在10%、5%和1%的统计水平上显著（双尾检验）；

(3)括号内为z值，标准误经过了firm cluster调整。

5.3.2.3 稳健性测试2：契约治理分样本回归

前文实证分析表明，物质专用性投入会显著降低企业信誉认证等级，关系专用性投入对企业的信誉认证有显著的促进作用。进一步地，本章从企业规模、产权性质、信用贷款、工业属性4个维度出发，对上述实证结果的稳健性分情景讨论。

①小企业样本回归。相比于大企业，创新型企业多为小企业，小企业也更容易陷入融资困境。本章因此专门对小企业样本的稳健性予以考察。本章

以小企业为样本，重复模型（5.1）的实证过程，结果报告在表5.7的前两列（其中，第（2）列是规模高精度回归）。结果发现，物质专用性投入对小企业的信誉认证存在显著的负向影响，关系专用性投入对小企业的信誉认证有显著的促进作用。回归结果与基准回归基本一致。

②民营企业样本回归。民营企业是我国科技创新的生力军，相比于公有制企业，民营企业所面临的融资约束更大。在我国政府“父爱主义”制度情景下，企业产权性质对专用性投入与银行信誉认证之间的关系可能存在影响（林毅夫，2019）。本章以民营企业为样本，重复模型（5.1）的实证过程，结果报告在表5.7第（3）列。结果发现，物质专用性投入对企业信誉认证等级存在显著的抑制效应，关系专用性投入对企业的信誉认证等级有显著的正向影响。回归结果与基准回归基本一致。

③信用贷款样本回归。本章选用信用贷款企业为样本检验模型稳健性。因为企业获得信用贷款在一定程度说明其信誉度较高，银行对其自我履约能力的认同度也较高。相比于担保贷款，信用贷款主要是基于自我履约的关系契约治理，更能显示关系专用性投入的“信任”传递效应。信用贷款对企业专用性投入与银行信誉认证的关系可能存在影响。本研究以信用贷款企业为样本，重复模型（5.1）实证过程，结果报告在表5.7第（4）列。结果发现，物质专用性对企业的信誉认证存在显著的负向影响，关系专用性对企业的信誉认证有显著的促进作用。回归结果与基准回归基本一致。

④工业企业样本回归。本章选用工业企业为样本检验模型稳健性。因为工业是我国实体经济最具有代表性的行业，党的十九大报告也凸显了工业在实体经济中的主导地位，工业是现代金融服务科技创新的最密集的行业。工业企业专用性投入强度高，工业企业属性可能对物质专用性、关系专用性与

信誉认证的关系存在影响。本研究以工业企业为样本①，重复模型（5.1）实证过程，结果报告在表5.7第（5）列。结果发现，企业物质专用性对银行信誉认证存在显著的约束效应，关系专用性对企业的信誉认证有显著的促进作用。回归结果与基准回归基本一致。

表5.7　专用性资本投入与银行信誉认证：分样本回归

变量	（1）	（2）	（3）	（4）	(5)
	小企业	小企业（高精度）	民营企业	信用贷款	工业企业
ASI	−4.2867***	−4.1535***	−4.8098***	−4.9098***	−3.4436***
	（−18.59）	（−18.14）	（−44.37）	（−2.68）	（−24.53）
Uncertain	−0.0286	−0.0825**	−0.3690***	−1.0631***	−1.0785***
	（−0.84）	（−2.51）	（−31.19）	（−6.88）	（−29.33）
Frequency	0.0521***	0.0377**	0.1251***	0.2075***	0.1035***
	（3.16）	（2.31）	（15.32）	（3.85）	（12.85）
Ln_asset		0.2159***	0.5980***	0.1747**	0.5311***
		（9.71）	（74.09）	（2.55）	（64.12）
D_ownship	−0.9407***	−1.0165***		1.5786***	0.0995***
	（−14.98）	（−16.47）		（4.72）	（4.40）
Mortgage	0.0024	−0.0257	0.3298***		−0.0434
	（0.04）	（−0.39）	（9.69）		（−1.55）
D_norm	4.5910***	4.6347***	2.8959***	5.9334***	3.6520***
	（11.98）	（12.25）	（10.13）	（5.79）	（9.56）
D_nonlocal	−0.3100**	−0.2568*	−0.2677***	−1.1570**	−0.2313***
	（−1.98）	（−1.66）	（−3.07）	（−2.06）	（−3.40）
D_group	0.4392***	0.3082***	−0.1106***	1.6511***	0.1744***

① 参考于文超和梁平汉（2019）等学者的研究，本研究选用采矿业B、制造业C、电力煤气水D、建筑业E企业为工业企业样本。

续表

变量	（1）	（2）	（3）	（4）	(5)
	小企业	小企业（高精度）	民营企业	信用贷款	工业企业
	（8.75）	（6.04）	（-5.18）	（7.46）	（7.79）
Growth	-1.0576***	-1.1513***	-0.3465***	1.0045***	0.1076**
	（-17.66）	（-19.21）	（-10.86）	（3.52）	（2.41）
Risk	0.4647***	0.5444***	0.9792***	0.0326	-0.1553
	（4.02）	（4.91）	（21.34）	（0.02）	（-0.94）
Sdprof	-0.0770	0.0824	0.1484***	-0.5316*	0.4168***
	（-1.19）	（1.23）	（5.36）	（-1.78）	（11.57）
D_gov_plat				-0.7856	-1.2844*
				（-1.26）	（-1.76）
Med_credit	0.4705***	0.4815***	0.5841***	0.0858	0.5833***
	（19.74）	（20.43）	（44.34）	（1.25）	（55.50）
A_sen	0.5202***	0.3334*	-0.5356***	-0.7763**	
	（2.78）	（1.72）	（-4.72）	（-2.35）	
Debt_Ratio	0.1449	-0.1618	-0.4091***	-5.2311***	-1.9248***
	（1.26）	（-1.37）	（-8.92）	（-8.75）	（-32.16）
_cons	1.0673**	-2.3680***	-10.4606***	5.4208***	-5.8064***
	（2.47）	（-4.28）	（-27.67）	（3.31）	（-5.74）
Year	Yes	Yes	Yes	Yes	Yes
Industry	Yes	Yes	Yes	Yes	Yes
N	10159	10159	29405	989	31204
R-squared	0.4911	0.4961	0.5490	0.6476	0.4806

注：（1）被解释变量为信誉认证Credit；

（2）*、**、***分别表示参数的估计值在10%、5%和1%的统计水平上显著（双尾检验）；

（3）括号内为t值，标准误经过了firm cluster调整。

综上所述，本章分别选用小企业样本、民营企业样本、信用贷款样本、工业企业样本回归，发现企业物质专用性投入对银行信誉认证存在显著的约束影响，关系专用性投入对企业的信誉认证有显著的促进作用。总体上看，回归结果与基准回归基本一致，说明结论稳健。

5.4　科技金融情景进一步讨论

在新制度学理论框架下，本章前述实证分析从银行贷款承诺视角考察了科技金融资金要素交易的共性规律。在我国现实科技金融制度环境下，企业科技创新资金要素投入主要来源有债权资本、股权资本、政府资助（辜胜阻和庄芹芹，2016；张一林等，2016）。但是银行贷款债权融资仍是我国企业科技创新主要的融资来源（马光荣等，2014；翟胜宝等，2018；殷孟波等，2020a）。在债权契约融资方面，相比于非科技企业，科技企业专用性投入强度更高，不确定性程度高，银行天性厌恶风险（Williamson，1996；王满四和王旭东，2020）。企业科技创新成果多为专利无形资产，其担保价值比较有限，这使企业科技创新的贷款债权融资约束更加凸显（Stiglitz 和 Weiss，1981）。企业科技创新还涉及大量专业信息披露，但是银行往往缺乏专用性人力资本解读这些信息。这些因素导致科技企业专用性投入与银行信誉认证负相关，这也意味着，科技企业的融资约束相比非科技企业可能更加凸显（黎文靖和郑曼妮，2016）。相比于非科技企业，科技企业专用性投入对银行信誉认证的影响是否存在异质性（讨论科技金融的个性特征）呢？

5.4.1　科技金融情景：产业分组

考虑企业所属异质产业对探讨上述问题的可能影响，首先将样本企业分为非工业企业和工业企业。依据模型（5.1）进行估计，结果如表5.8第（1）列、第（2）列所示。结果显示，物质专用性投入、关系专用性投入对不同产业的企业信誉认证均有显著影响，物质专用性对企业信誉认证存在显著的负向影响，关系专用性对企业的信誉认证有显著的促进作用，结果与前文一致。但是，两类企业的专用性变量估计系数的绝对值存在差异，其中，工业企业关系专用性系数绝对值较大，非工业企业物质专用性系数绝对值较大，经检验组间系数差异显著。这意味着，与非工业企业相比，工业企业物质专用性对信誉认证的约束更小，关系专用性对信誉认证的正向影响更为明显。可能的原因是，在交易成本理论下，虽然专用性物质都存在破产清算价值低的共性，专用性投入会对债权人产生“套牢”风险，但是相比而言，工业企业的机器设备、基础设施的资产价值更容易评估、权属清晰、物权担保价值可能更高，对债务人机会主义的抑制效应更明显。

表5.8　专用性资本投入与银行信誉认证：产业分组

变量	（1）	（2）
	非工业企业	工业企业
ASI	–4.8603***	–3.4436***
	（–34.71）	（–24.53）
Uncertain	–0.4494***	–1.0785***
	（–33.55）	（–29.33）
Frequency	0.0825***	0.1035***
	（7.96）	（12.85）
Ln_asset	0.5936***	0.5311***
	（44.58）	（64.12）
D_ownship	–0.6484***	0.0995***
	（–18.21）	（4.40）
Mortgage	0.2734***	–0.0434

续表

变量	（1）	（2）
	非工业企业	工业企业
	（5.88）	（-1.55）
D_norm	2.9903***	3.6520***
	（7.71）	（9.56）
D_nonlocal	-0.3938**	-0.2313***
	（-2.04）	（-3.40）
D_group	0.7318***	0.1744***
	（22.45）	（7.79）
Growth	-0.1519***	0.1076**
	（-4.15）	（2.41）
Risk	1.6582***	-0.1553
	（32.50）	（-0.94）
Sdprof	0.1542**	0.4168***
	（2.22）	（11.57）
D_gov_plat	-0.2889	-1.2844*
	（-1.49）	（-1.76）
Med_credit	0.6513***	0.5833***
	（27.44）	（55.50）
A_sen	-0.8350***	
	（-10.18）	
Debt_Ratio	-0.7147***	-1.9248***
	（-8.53）	（-32.16）
_cons	-7.7004***	-5.8064***
	（-8.13）	（-5.74）
Year	Yes	Yes
N	18121	31204
R-squared	0.5679	0.4806

注：（1）被解释变量为信誉认证Credit；

（2）*、**、***分别表示参数的估计值在10%、5%和1%的统计水平上显著（双尾检验）；

（3）括号内为t值，标准误经过了firm cluster调整。

5.4.2　科技金融情景：PSM匹配样本

基于前文的实证分析，已知企业物质专用性投入会显著降低银行信誉认证。同时，表5.9报告的变量分组统计结果显示，科技企业与非科技企业的专用性物质资本存在显著差异。因此，进一步考察科技属性对物质专用性投入与信誉认证关系的可能影响，在此之前，需要使科技企业和非科技企业各个方面特征尽可能相似，易言之，选择与科技企业特征相似的非科技企业。为此本章使用倾向得分匹配方法（PSM）消除可能存在的样本选择性偏差。

表5.9　科技&非科技企业：变量分组统计

变量	均值	均值	差异	
	非科技企业	科技企业	均值	t-statistic
ASI	0.090	0.150	0.060***	40.32
Ln_asset	20.15	20.45	0.300***	13.34
Growth	0.150	0.150	0.000	–0.17
Risk	0.080	0.000	–0.080***	–22.54
D_ownship	0.370	0.540	0.170***	20.24
D_group	0.360	0.480	0.120***	14.35

1．倾向得分匹配

本章定义科技企业为实验组，非科技企业为控制组，选择模型及匹配变量同第4章，选用倾向得分匹配（PSM）的最近邻匹配（nearest neighbor matching）方法进行匹配，依据倾向得分PS值，为科技企业匹配特征相似的非科技企业。匹配结果需要满足以下两方面假设。

（1）条件独立性假设（conditional independence assumption）检验。本章

从匹配变量均值的标准化偏差、均值差异t检验两个方面考察匹配结果的数据平衡性。检验结果详见表5.10。结果显示，科技企业与非科技企业相比，匹配前的大部分变量均值存在明显差异。匹配后，两组匹配变量的标准化偏差均小于20%，且总体较匹配前大幅缩减；同时，大多数变量t检验结果显示，匹配后两组之间的变量均值不存在显著差异，这说明两组样本特征基本相似，匹配结果满足数据平衡性。

表5.10　科技&非科技企业：匹配前后的特征比较

变量	U匹配前	均值		标准化偏差%	减幅%	t-test	
	M匹配后	实验组	控制组			t	p>|t|
Ln_asset	U	20.550	20.320	18.8		9.41	0.000
	M	20.550	20.551	−0.1	99.2	−0.08	0.939
Ln_liability	U	19.890	19.698	14.0		7.15	0.000
	M	19.890	19.923	−2.4	82.7	−1.26	0.209
Ln_income	U	19.532	19.926	−34.9		−16.90	0.000
	M	19.532	19.489	3.8	89.1	1.96	0.051
Risk	U	0.0043	0.0835	−54.2		−22.67	0.000
	M	0.0043	0.0040	0.2	99.6	1.52	0.128
D_group	U	0.4801	0.3628	23.9		13.85	0.000
	M	0.4801	0.4758	0.9	96.3	0.36	0.716
A_sen	U	0.9994	0.9842	16.9		7.21	0.000
	M	0.9994	0.9997	−0.3	98.1	−0.57	0.569

（2）共同支撑假设（common support assumption）检验。该检验要求实验组和控制组倾向得分值的分布很大程度是重合的。本部分以图形方式进行检验。

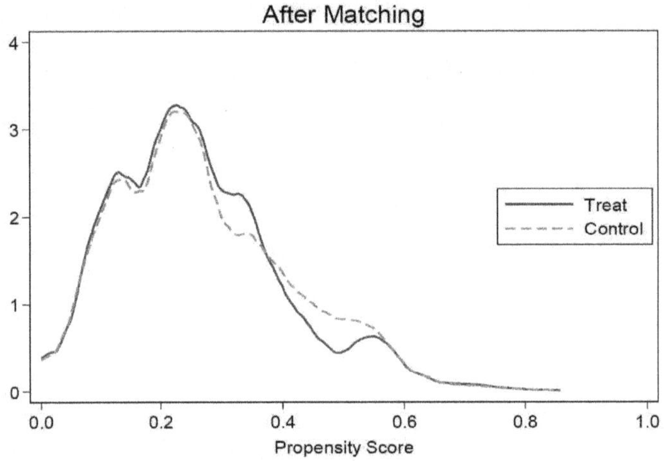

图5.1　匹配后的倾向得分密度函数图

匹配后的倾向得分密度函数如图5.1所示。图中横轴为倾向得分，纵轴为概率密度，实线（Treat）代表实验组（科技企业组）的密度函数，虚线（Control）代表控制组（非科技企业组）的密度函数。控制组和实验组的倾向得分基本上是重叠的，最高频率比较接近（值约3.30），倾向得分基本上集中在0.23左右，这表明共同支撑假设得以满足。

2. 科技属性的调节效应：基于匹配样本

通过上述最近邻匹配，本章获得匹配成功的样本观测值4431个，基于匹配样本，进一步分析科技属性对企业物质专用性投入与银行信誉认证关系的影响是否具有异质性。

因为科技企业是创新密集型企业，需要持续性、积累性的专用性要素投入。科技企业的物质专用性投入与非科技企业相比平均水平较高，表5.9报告的分组统计结果表明，科技企业物质专用性投入均值0.15，高于非科技企业物质专用性投入均值0.09。相比于非科技企业的投资，科技企业专用性投资的特点如下。①成功概率较低。难以在短期内实现与高风险相匹配的回报，科技创新成果难以预测（Cole和Sokoly，2018；黄宇虹和黄霖，2019）。②投资不可逆性（investment irreversible）。科技创新需要企业持续投入大量专用性资本（申宇等，2017），创新成果多为无形资产，难以用于物权担保，加剧了企业科技创新的债权融资约束（Stiglitz 和Weiss，1981）。③物质专用性投入的破产清算价值较低，可供债权人分配的剩余索取权小，高物质专用性的企业一般需要支付较高的风险溢价弥补债权人的不确定性（Williamson，1988）。

表5.11　物质专用性投入与银行信誉认证：科技属性的调节效应（基于匹配样本）

变量	（1）	（2）
Tech	1.3423***	1.1636***
	（11.97）	（12.21）
ASI	0.6567	1.0829***
	（1.26）	（2.63）
Tech *ASI	-3.5117***	-1.9732***
	（-5.13）	（-3.55）
Uncertain		-2.2885***
		（-17.23）
Frequency		-0.0248
		（-0.99）
Ln_asset		0.2822***
		（9.21）
D_ownship		0.7082***
		（12.77）
D_norm		4.3381***
		（6.04）
Mortgage		-0.4451***

续表

变量	（1）	（2）
		（-6.60）
D_nonlocal		0.2251
		（1.28）
D_group		0.6084***
		（9.47）
Growth		2.9859***
		（20.46）
Risk		-5.8329
		（-1.58）
Sdprof		0.9564***
		（2.73）
D_gov_plat		0.0000
		（.）
Med_credit		0.2705***
		（3.37）
A_sen		-0.4679
		（-0.57）
Debt_Ratio		-3.5304***
		（-18.54）
_cons	6.6412***	7.8765***
	（73.76）	（4.88）
Year	Yes	Yes
N	4431	4431
R-squared	0.0541	0.5313

注：（1）被解释变量为信誉认证Credit；

（2）*、**、***分别表示参数的估计值在10%、5%和1%的统计水平上显著（双尾检验）；

（3）括号内为t值，标准误经过了firm cluster调整。

为了检验科技属性对企业物质专用性投入与信誉认证关系的可能影响，

运用匹配样本在模型（5.1）中加入交乘项Tech*ASI进行估计，回归结果如表5.11所示。其中，第（1）列仅控制了年度效应和行业效应，第（2）列则加入模型（5.1）的全部控制变量。结果显示，物质专用性投入的系数显著为正，物质专用性投入与科技的交乘项（Tech*ASI）的系数为负，且在1%水平上显著。结果表明，物质专用性投入对信誉认证的边际效应受科技属性影响，即科技水平的提高会降低物质专用性投入的增加对信誉认证的正向影响。具体而言，在控制其他条件不变的情况下，非科技企业的物质专用性投入对Credit有显著提升，物质专用性每增加1%，则信誉认证显著提升0.0108级；科技企业物质专用性投入对Credit有显著的抑制效应，ASI每增加1%，则Credit下降0.0089级。可能的原因是：在交易成本理论的破产清算假说条件下，非科技企业的专用性物质对债权人更具有担保价值，而科技企业的专用性物质对债权人的担保价值更低，或者能带来被“套牢”的风险。Williamson（1988）指出，随着物质专用性提高，预期收益的不确定性会加大，此时选用股权融资与选用债权融资的成本都会变大，因为在“契约人”条件下导致依债权融资的古典契约治理（或三方契约治理）很难保护债权人的产权，债务人所提供给债权人的物权担保所赋予的优先受偿权也会因物质专用性而被削弱。因此，随着物质专用性投入增加，银行债权人为了避免事后被“套牢”，会降低向高物质专用性企业提供债权融资的意愿，因此可能会降低信誉认证等级。综上所述，科技金融分情景讨论为本章的基准回归结果提供了证据支撑。

科技金融相比一般标准化金融交易而言，契约复杂程度明显增加，而契约复杂性是组织间信任形成的重要前因（Barney和Hansen，1994；Faems等，2008；Lewicki和Bunker，1996），值得关注的是，契约复杂程度对组织间信任的影响结论尚未收敛。①契约复杂程度与组织间信任正相关。尤其在动态和不确定的环境中，面临交易伙伴机会主义的风险，金融组织可能更加依赖于复杂的契约治理结构安排（Joshi和Stump，1999）。复杂的契约治理更偏好明确什么是机会主义行为、什么可为或不可为，并要求科技企业以诚信可靠的方式行事，指明了违约和背叛须接受的惩罚。显然，契约治理结构不仅提供了确保交易互惠性的强制性制度框架和抑制交易伙伴寻求自利行为的事前约束与激励（Schilke和Cook，2015），而且创建了一种协调机制和一个可预见的协作环境，通过交易伙伴间的分工合作和业务流程整合，交易合作模式变得更加协调，由此简化了决策流程并减少了在如何完成任务方面的冲突，降低了交易成本，增进了交易一方对另一方可靠履约的信心（Faems等，2008）。②契约复杂程度与组织间信任负相关。有文献对契约复杂度与组织间信任负相关给出的解释是，由于投资人感知机会主义风险的能力有限，所以金融契约常常是非完全性的，在高不确定性环境中，越是复杂的契约治理安排越会增加缔约主体间的摩擦和事后再谈判成本，这些都不利于组织间信任的发展（Granovetter，1985；Malhorta和Murnighan，2002）。可见这些有关于科技金融组织间信任形成动因的相悖结论还需后续研究从不同角度、运用不同方法进行理论探索和实证验证。

5.5 本章小结

银行信誉认证（银行对借款人的计算性组织间信任）既关系到融资契约选择也关系到契约治理，本章内容发挥了承上启下的作用。紧扣子问题1和子问题2，本章围绕银行贷款“承诺”行为展开实证分析。一方面，从银行信誉认证视角继续探讨专用性资本投入对企业融资契约选择的影响。因为本研究全样本是基于我国“贷款新规”制度下的债权交易，银行贷款决策主要依据于企业信誉等级，通过信誉认证等级即可辨别实现债权交易的概率。基准回归和科技金融分情景讨论的实证结果表明：①专用性物质资本投入对银行的信誉认证有负向影响；②关系型社会资本投入对银行信誉认证有正向影响；③专用性物资投入对银行信誉认证的影响受科技属性的调节。这说明借款企业物质资本专用性越高，越可能向银行传递“套牢效应”信号，银行向企业提供贷款债权支持的意愿会受到抑制，这为银投合作服务企业科技创新的融资契约选择提供了新的经验证据，子问题1得到进一步回答。另一方面，银行信誉认证是银行在不完全契约条件下，基于计算性组织间信任对缔结关系契约的预判（Kreps和Wilson，1982；Williamson，1996；韩洪云和李寒凝，2018；许楠等，2018）。关系型社会资本可以增进缔约双方的互信。实证结果表明，关系型社会资本投入对银行信誉认证有正向影响，说明专用性社会资本投入有助于提升银行的信任度，进而助力于交易主体缔结关系契约。子问题2得到初步回答。

本章对实证分析选用TE-towstep估计、TE-MLE估计、2SLS估计、PSM匹配等方法进行了一系列的稳健性测试和科技金融分情景讨论。发现，主要结果不变。本章的研究为新制度学理论的“专用性资本投入与企业债权融资负相关”这一经典的命题，提供了一个来自我国全面创新改革试验区贷款市场的新证据。为专用性资本投入如何通过影响银行信誉认证，进而影响企业债权融资提供了一个机制分析参考。未来值得拓展的是，“计算性信任”和“关系性信任”都是非正式金融制度的重要构成，在全社会弘扬社会主义核心价值观的时代背景下，和“诚信”“友善”“文明”“和谐”相关的非正式制度如何影响科技金融交易的事后关系契约治理值得专文深入探讨。

第 6 章

科技金融银投合作的契约治理结构：基于专用性投入视角

第4章和第5章的实证结果表明：①在融资契约选择方面，专用性资本投入越高选用股权融资（投）相比于债权融资（贷）更契合企业的融资偏好；②在契约治理方面，专用性资本投入越高越需要匹配关系契约治理。本章将对第5章的关系契约治理结论做进一步考察。在关系契约理论下，契约期限可以代理关系契约属性；在交易成本理论下，贷款利率可以代理贷款交易成本。Coase（1937）的解释是，随着契约期限延续，长期契约可以包含未来不确定时期内一系列“市场交易”，为了节约交易成本，一次性长期缔约可以替代多次短期缔约。关系契约理论认为，契约期限是判断关系契约是否成立的主要标准。Eisenberg（2000）认为，期限虽然不是认定关系契约的唯一标准，但是期限对认定关系契约的确很重要。因为关系长期持续可以促进和鼓励有效的交易，并且在长期互动交易中所提供的私人信息有助于建立组织间信任，减少债权人、债务人的有限理性和机会主义行为。

依据前文图1.1所示的研究思路和贷款缔约的法律程序，需结合“契约人”双边要素交易视角深入探讨的是，在银投合作制度变迁下，科技金融交易适宜的契约治理机制究竟是关系契约治理还是古典契约治理？因为专用性资本投入对企业融资要约和银行贷款承诺的影响最终会归结为契约条款的确立，而契约条款又是契约治理的依据。我国《合同法》《贷款通则》指出，贷款期限、贷款成本和贷款规模是贷款契约的核心定量条款。参考前人文献和我国现有贷款制度，本章以契约期限作为认定关系契约的主要标准，以贷款成本和贷款规模作为辅助标准。在理论推演“专用性资本投入→异质经济效应（关系契约治理效应）→银企关系契约治理（立约）”的基础上，结合大样本贷款交易记录和源于BvD-Bankscope数据库、CSMAR数据库、Wind数据库的银行监管指标[①]，实证检验债权人、债务人双边专用性资本投入对关系契约条款的影响，考察科技金融交易在贷款立约环节的共性规律和个性特征。以进一步回答子问题2。

6.1 理论分析和研究假设

交易成本理论指出，假设交易主体符合“契约人”特性，影响关系契约的因素主要源于专用物质投入、专用关系投入和不确定性，专用性资本投入是决定契约治理的关捩（Williamson，1985）。但是Williamson的研究并未区分专用性投入是物质的，还是非物质的，因此难以传递异质专用性投入可能对契约治理的不同影响。交易成本理论主要在破产清算假说条件下，考察专用性投入的“套牢效应”及其治理。Klein等（1978）和Williamson（1985）指出，如果交易主体做出了专用性投入，因为投入方受有限理性约束，另一方很可能诱发“租金”攫取行为，这会导致事前专用性投入的效率减损，专用性投入的租金创造能力下降。交易成本理论和关系契约理论认为，缓释“套牢效应”的主要策略是缔结长期契约和实施一体化，这两种方式都属于关系契约范畴（Coase，1937；Williamson，1971）。关系契约可以消除契约当事人非效率引发的预期被“套牢”风险，而且还能增进交易效率（Klein等，1978；Joskow，2005）。

Lafontaine 和 Slade（2007）以特定行业为样本，发现专用性货运、地理区位等专用性投入的替代变量对关系契约的影响显著正相关，这意味着，专

① 基于国际银行业的骆驼评级法（camel rating）和我国银行业的腕骨监管（carpals supervision）体系，本章引入5个银行监管指标，主要用于模型稳健性测试。

用性投入可以增进关系契约治理，支持了专用性投入在解释企业一体化中的作用（Joskow，2005），“费雪—通用”一体化案例被新制度学人广泛援引。Klein等（1978）、Williamson（1985）的研究证明，物质专用性投入会产生“套牢”风险，但是此类由于物质专用性投入所诱致的机会主义又难以匹配古典契约治理，因此基于自我履约的关系型缔约是治理此类问题的主要机制。以微观企业为样本，Acemoglu 等（2009）发现，如果一个国家契约治理成本越高，那么资本密集型企业，选用关系契约的程度越高。以19749个美国企业为样本，Williams（2011）发现，以物质资本代理专用性投入，物质专用性投入能正向影响经销商的一体化策略，如果以R&D代理专用性投入，则与供应商缔结长期性关系契约正相关。此外，Spiller（1985）以企业间的地理距离代理专用性投入，发现，企业间的地理距离与一体化发布日的收益率负相关。国内学者陈玉罡和李善民（2007），李青原和王永超（2011）使用我国的样本，发现物质专用性投入与关系契约治理的绩效正相关。

在关系契约理论体系下，长期契约和一体化策略是缓释专用性投入“套牢”风险的主要机制。有学者认为，长期契约是短期契约向一体化股权契约演化的过渡，因此长期契约和一体化是密切相关的（戴泽伟和潘松剑，2019）。Holmstrom 和 Roberts（1998）发现，高专用性投入行业一般选用长期契约而非一体化缓释“套牢”风险。如，信息和高科技产业的网络组织会选用外包等方式，而非一体化来防止被“套牢”，基于长期契约的自我履约机制可以增进事前的投资激励，降低事后专用性投入的激励扭曲。Lafontaine 和 Masten（2002）的研究为前述观点提供了经验证据支撑。聂辉华和李金波（2008）的研究对“费雪—通用”一体化案例做出考察后发现，专用性资本投入与“套牢”风险间并不存在必然联系，同样，“套牢”风险也不一定必然导致一体化。

综上所述，学者们对物质专用性投入与关系契约治理间的关系做出卓有成效的研究，研究成果集中于上市企业的一体化关系契约治理，而来自贷款市场有关长期契约关系治理的文献较少。因此专用性投入与契约期限之间的相关性，及其非正式金融制度因素（譬如银企关系）如何影响关系契约治理仍有待进一步研究。虽然专用性投入和关系契约的定义和计量标准尚未统一，但是主流文献认为，高物质专用性投入需要与关系契约匹配。本研究认为，物质专用性投入需要匹配长期契约，以实现关系契约的"治理效应"。所以，提出假设H6.1。

H6.1：在其他条件不变的情况下，高物质专用性投入需要匹配长期契约，长期契约传递了关系契约信号。

关系契约理论指出，贷款债权契约具有天然的"不完全性"，正式制度很难为履约提供完全的法律保护（韩洪云和李寒凝，2018），并且法庭对"认证"高科技专用性投入同样存在有限理性。关系治理是法律裁判的重要补充，关系专用性投入积累的关系型社会资本有助于增进关系契约的"治理效应"，廖理等（2020）学者基于一个"现金贷"企业的贷款交易记录，发现，社会资本可以降低贷款违约概率，为关系型社会资本的"治理效应"提供了来自我国非银行贷款市场的证据补充。Goss和Roberts（2011）研究了关系型社会资本对关系契约治理的影响，发现，关系型社会资本会显著地降低贷款交易成本。说明企业关系资本可能会被银行债权人引入贷款投资决策，将此视为除信誉认证之外影响银行贷款交易成本的另一个重要因素。Goss和Roberts（2011）依信誉质量对实证结果做出异质性考察，发现，信誉质量较低的债务人，其关系型社会资本与银行贷款交易成本正相关、与贷款期限负相关。可能的原因是，银行将低信誉质量企业过高的关系专用资本投资视为过度投资；而对高信誉质量的债务人，企业的关系资本投资对银行贷款交易成本、贷款期限等契约条款不存在显著影响。从企业关系资本对与银行缔结关系契约的影响视角分析，银行更看重债务人的信誉质量。Kim等（2014）以伦理道德行为代理企业的关系型社会资本，发现，债务人的伦理道德水平能显著增进与银行间的关系契约“治理效应”。这是因为，债务人伦理道德水平越高，银行贷款契约复杂性减小，所设置的限制性条款也越少，银行贷款交易成本会降低。Kim 等（2014）还发现，若债权人、债务人的价值观相似程度越高，伦理道德的关系契约“治理效应”则越显著。Talavera等（2012）认为企业家参与社会慈善可以代理关系型社会资本投入，发现，企业家的公益事业贡献度，可以显著影响银行贷款融资的可得性。Hasan 等（2015）发现，企业所处的区域社会资本水平也会显著影响企业的关系契约治理，如果所属区域社会资本的发展水平越高，银行贷款交易成本越低、贷款契约限制性条款越少。Mistrulli和Vacca（2015）进一步验证了前述观点，他们发现，美国次级贷款危机后，与低社会资本水平区域的债务人相比，高社会资本水平区域的债务人，银行贷款交易成本的上升速度更慢。还有学者从微观视角，考察关系型社会资本如何影响关系契约治理。Bharath 等（2011）的研究发现，债权人、债务人之间因频繁的贷款交易所累积的社会关系资本越多，越能显著降低贷款交易成本。对于信息不对称性高、机会主义行为严重的债务人而言，其社会关系资本存量对银行贷款契约条款的影响越显著。他们的研究说明，专用性关系投入有助于自我履约。Uzzi和Lancaster（2001）研究表明，当债权人、债务人建立社会关系网络时，银行贷款交易成本更低、银行贷款对三方契约治理机制的要求更低。这意味着，银企社会关系资本有助于增进关系契约治理。Uzzi和Lancaster认为，社会关系资本能降低贷款交易成本，这些成本包括：贷前缔约成本、贷后履约成本，并且社会关系资本可以降低贷款契约对三方契约治理的需求，这会节约企业的担保成本和事后的监督成本。Allen等（2019a，2019b）学者认为，我国非正规贷款市场基于关系契约的自我履约可以减小信息不对称性影响，相比国外企业而言，中国企业的外源性融资更倚重关系型非正规借贷。

国内学者从企业的银企关系网络、政府关系网络不同视角切入，分别考察了关系型社会资本对关系契约治理的影响。①银企关系型社会资本。翟胜宝等（2018）选用我国A股制造业企业数据，发现银企关系网络促进了企业科技创新，这些企业可以获得更大规模、更长期限的贷款。殷孟波等（2020a）基于非上市企业贷款交易数据实证发现，银行关系可以降低小企业信息不对称性，增进贷款契约有效性。张敦力和李四海（2012）基于民营上市企业数据发现，社会信任越高的地区，贷款期限越长、贷款交易成本越低；对企业有无政治关系网络做出比较后，发现，有政府关系网络的企业，银行贷款期限更长、贷款交易成本更低。但是，政府关系会削弱社会信任对银行贷款契约的正面影响。张敦力和李四海（2012）的研究凸显了企业融资中“社会人”属性的重要性。值得深入探讨的是，贷款期限越长意味着契约不确定性也在加大，在社会信任度高的环境下，债权人、债务人应该会协同致力于减小契约风险，可能会因此缩短贷款期限。钱先航和曹春芳（2013）的研究发现，社会信任度与银行贷款期限的确呈负相关关系，说明贷款期限越短，当事人共同面临的契约风险越小。祝继高等（2015）从产业政策视角，基于上市企业数据，发现拥有银行关系网络的上市企业贷款期限更长，这表明银行关系型社会资本具有资源效应和信息效应。②政府关系型社会资本。余明桂和潘红波（2008）的研究发现，政府关系型社会资本可以显著的影响贷款关系契约治理。相比于那些没有政府关系网络的企业，有政府关系网络的企业，银行贷款期限更长，如果在金融发展程度低、政府干预严重的区域，政府关系网络对银行贷款契约的影响越显著。这表明政府干预是影响银企关系契约的重要外部力量。连军等（2011）以上市企业为样本的研究，为政府关系对贷款契约治理存在显著影响这一命题提供了佐证。他们发现，政府关系对民营企业的银行贷款规模存在正向影响；在正式制度环境差的区域，政府关系网络对银行贷款规模的影响越显著。

综上所述，学者们对关系专用性资本投入与关系契约治理之间的关系做出了较全面系统的考察。主流文献认为，关系专用性资本投入可以显著影响贷款期限、贷款成本、贷款规模等契约条款。关系型社会资本投入能够增进关系契约当事人的自我履约，缓解债务人的机会主义行为，从而节约贷款交易成本，这是关系契约重要的经济后果。所以，提出假设H6.2。

H6.2：在其他条件不变的情况下，高关系专用性投入能节约贷款交易成本，交易成本的节约传递了关系契约信号。

6.2 研究设计

6.2.1 数据与样本筛选

本部分在第4章、第5章样本数据基础上，剔除契约条款（贷款期限、贷款利率、贷款规模）存在数据缺失的样本。本章最终获得49322笔贷款交易记录。样本银行数据来源于BvD-Bankscope数据库、CSMAR数据库、Wind数据库（系合并后的数据）。

6.2.2 模型设定与变量定义

为了验证研究假设H6.1和H6.2，本章构造模型（6.1）。

$$
\begin{aligned}
Elements = \beta_0 + \beta_1 ASI + \beta_2 Uncertain + \beta_3 Frequency + \beta_4 Ln\_asset + \beta_5 D\_ownship \\
+\beta_6 Mortgage + \beta_7 D\_norm + \beta_8 D\_gov\_plat + \beta_9 D\_group + \beta_{10} D\_nonlocal \\
+\beta_{11} Growth + \beta_{12} Risk + \beta_{13} Sdprof + \beta_{14} A\_sen + \beta_{15} Med\_term \\
+\beta_{16} Marketization + \beta_{17} Debt\_Ratio + \beta_{18} Credit + \Sigma Bank \\
+\Sigma Risk\_type + \Sigma Occ\_type + \Sigma Year + \Sigma Industry + \varepsilon
\end{aligned} \tag{6.1}
$$

模型（6.1）的被解释变量、解释变量和控制变量：

1．被解释变量

我国《合同法》《贷款通则》及其现行贷款制度规定，贷款期限（Term）、贷款利率（Rate）、贷款规模（Amount）是契约条款的核心定量要素（Elements）。结合我国贷款制度和前人研究（张敦力和李四海，2012；肖作平和张樱，2014），本章选用贷款期限、贷款利率、贷款规模三个契约条款作为被解释变量。

Term：贷款期限，是模型（6.1）的被解释变量1，连续变量。本章使用以月为单位的贷款契约期限衡量贷款期限。在关系契约理论下，大量文献认为，长期契约可以用来代理关系契约（Smythe，2004）。虽然契约期限并不能完全概括关系契约的内涵，但是长期性仍然是关系契约的主要特性（Eisenberg，2000）。Gifford（1999）认为关系契约是以长期交易为基本特性，当事人为增进信任需要付出长期的契约关注。结合契约与交易的内在联系，日本学者内田贵（2004）提出长期契约是关系性契约的典型。他认为可能的原因是，“长期性”是增进契约弹性的保障，只有长期交易才能创造更多租金效应。在交易成本理论下，契约期限越长，表明贷款交易的不确定性越高。相反，期限越短则契约风险会减小（尹志超和甘犁，2011）。因此贷款契约期限是银企双边契约治理的重点。

Rate：贷款利率，是模型（6.1）的被解释变量2，连续变量。本章使用贷款契约约定的利率衡量贷款利率。在交易成本理论和我国现实贷款制度下，贷款利率是贷款交易成本的核心构成。2013年金融监管部门在《关于进一步做好小微企业金融服务工作的指导意见》中提出，银行需落实贷款定价、激励约束、人员培训、违约信息通报等“六项机制”，将降低小企业、民营企业贷款交易成本列入考核指标，禁止银行向企业收取其他额外费用。2014年发布的《关于大力推进体制机制创新扎实做好科技金融服务的意见》，鼓励银行提升金融服务企业科技创新的质效，严格控制贷款交易成本。2016年发布的《关于支持银行业金融机构加大创新力度开展科创企业投贷联动试点的指导意见》提出的“六专机制”，主要目的包括节约贷款交易成本。综上所述，笔者认为，本研究以银行贷款利率作为贷款交易成本的代理指标有一定合理性。

Amount：贷款规模，是模型（6.1）的被解释变量3，连续变量。本章使用贷款契约约定的贷款金额衡量贷款规模。我国《商业银行授信工作尽职指引》规定“商业银行应认真评估客户的财务报表，对影响客户财务状况的各项因素进行分析评价，预测客户未来的财务和经营情况”对贷款规模的核定提出了详尽的要求和评定标准。我国《流动资金贷款管理暂行办法》明确了贷款规模的计算公式①。从新增贷款规模、营运资金量的计算公式可以看出，贷款规模这一契约条款的确定，主要依据企业的需要和会计信息，对于关系契约的“治理效应”相比于贷款期限、贷款利率指标可能要弱一些。

2．解释变量

ASI：物质专用性资本，连续变量，D_ASI为物质专用性资本的虚拟变量。（1）在交易成本理论的破产清算假说条件下，企业物质专用性程度越高，说明这些资产的可逆性和清算价值越低，可能会给债权人带来“套牢”风险。这意味着，如果企业物质专用性投入越高，银行可能会通过缩短贷款期限降低贷款交易的不确定性。（2）在组织资源理论下，企业物质资产越多，说明企业有更多资源向债权人提供物权担保，提升债权的安全边际。因而债权人可以向企业提供期限更长的贷款。（3）在关系契约理论的持续经营假说条件下，企业科技创新需要大量高专用性的资源投入以创造“租金效应”，这一定程度上意味资产经营周期长，企业需要匹配期限更长的资金要素投入；从银行债权投资视角分析，高专用性投入意味着未来可共享的“租金”越多，如果银企双方基于自我履约的关系契约治理能够顺利实现，则银行可能会偏好向企业提供长期债权融资支持。

Uncertain：不确定性，连续变量。企业经营效率是银企关系契约治理的基础，是影响银企自我履约能力的关键会计信息，同时也是银行贷款决策的参考指标。由于企业经营效率越高，债权契约得到履约的不确定性越低，本章在具体估计中，将经营效率变量的最大值与企业经营效率的差作为衡量不

① 新增贷款规模的计算公式。新增贷款规模=营运资金量－借款人自有资金－现有流动资金贷款－其他渠道提供的营运资金。其中，营运资金量=上年度销售收入×（1－上年度销售利润率）×（1+预计销售收入年增长率）/营运资金周转次数。

确定性的正项指标。从贷款期限视角分析，企业经营效率越高，意味着企业持续经营有保障，生产经营的不确定性低，如果有融资需求，也只是短期内的临时资金周转。因此，预期不确定性与贷款期限正相关。

Frequency：交易频率，代理本章的关系专用性资本投入，为连续变量。交易频率越高表明银企关系越密切，有助于降低信息不对称性的影响，也更能发挥关系契约的“治理效应”。通常情况下，交易频率越高，债权融资规模和交易成本可以分散到更多次的交易，单笔贷款交易的规模会减小、贷款期限会变短。因此，本章预期交易频率与贷款期限负相关。

3. 控制变量

本章分析中主要引入企业特征、契约治理等变量，用以控制其对贷款期限、贷款交易成本、贷款规模的影响。尹志超和甘犁（2011）认为，银行常常通过缩短贷款期限来控制高风险债务人的违约风险。因而，通常情况下，信誉度高的企业更容易获得银行长期贷款。但是，高信誉度的企业也意味着关系型社会资本存量高，这些企业经营稳健，更多选用低风险的短期债权融资或股权融资，而非选择高风险的长期债权融资。因此，信誉认证与贷款期限的关系需要具体问题具体分析。Risk_type：风险类型，类别变量，分为低风险、一般风险、高风险、中期流动资金贷款及一般固定资产贷款。以低风险为参照，生成虚拟变量。Occ_type：借据发生类型，类别变量，分为新发生、主动展期、主动重组、被动重组，以新发生为参照，生成虚拟变量。Med_term行业期限中值，本章取每个行业每一年度的期限中位数作为行业期限中值。

银行变量：Bank为综合性银行监管指标，均为连续变量。包括：Bank_CRAR为资本充足率，Bank_Asset_qua为不良贷款比率，Bank_ASI为银行专用性投入（其分子项分别是：固定资产投入ASI1、无形资产投入ASI2、商誉投入ASI3）。Bank_EFF为银行经营效率，以利息收入与银行总资产之比计量。Bank_Liq为流动性比例，以银行经营净现金流量与利息支出之比计量。

表6.1为变量定义列表。

表6.1　变量定义

变量类型	变量名称	变量符号	变量描述
因变量	贷款期限	Term	贷款契约载明的期限（单位：月）
	贷款利率	Rate	贷款契约载明的利率。代理贷款交易成本
	贷款规模	Amount	贷款契约载明的金额
自变量	物质专用性资本	ASI	同表4.2
		D_ASI	同表4.2
	不确定性	Uncertain	同表4.2
	关系专用性资本（交易频率）	Frequency	同表4.2
	信誉认证等级	Credit	同表5.1
新增控制变量	风险类型	Risk_type	低风险=1，一般风险=2，高风险=3，中期流贷（3年以内含3年，仅AAA-BBB客户）=4，中期流贷（1—3年）、一般固定资产贷款（5年以内）=5
		Risk_type1	虚拟变量。低风险=1，否则=0
		Risk_type2	虚拟变量。一般风险=1，否则=0
		Risk_type3	虚拟变量。高风险=1，否则=0
		Risk_type4	虚拟变量。中期流贷（1—3年）、一般固定资产贷款（5年以内）=1，否则=0
	借据发生类型	Occ_type	新发生=1，主动展期=2，主动重组=3，被动展期=4，被动重组=5
		Occ_type1	虚拟变量。新发生=1，否则=0

续表

<table>
<tr><th>变量类型</th><th>变量名称</th><th>变量符号</th><th>变量描述</th></tr>
<tr><td rowspan="5">新增控制变量</td><td rowspan="3">借据发生类型</td><td>Occ_type2</td><td>虚拟变量。主动展期=1，否则=0</td></tr>
<tr><td>Occ_type3</td><td>虚拟变量。主动重组=1，否则=0</td></tr>
<tr><td>Occ_type4</td><td>虚拟变量。被动重组=1，否则=0</td></tr>
<tr><td>样本银行监管指标</td><td>Bank</td><td>涵盖资本充足率、不良贷款率、专用性投入、经营效率、流动性比率。均为连续变量</td></tr>
<tr><td>行业期限中值</td><td>Med_term</td><td>企业所在行业当年期限的中位数</td></tr>
</table>

6.3 实证检验结果

6.3.1 描述性统计

表6.2列示了样本的契约期限分布统计。从时间维度纵向比较，12个月以内的样本观测值最多，占总样本的99.04%。从横向比较，36个月以内的契约样本主要是中型企业和民营企业，36个月以上的契约样本主要为大企业和国有企业，60个月以内的契约样本物权担保贷款的占比最高，60个月以上的贷款则信用贷款最多。这说明，样本银行贷款期限总体以短期为主，这与我国银行三性经营原则中“安全性”第一的经营理念相关，贷款期限越短则面临的不确定性越低。而中长期贷款主要集中在大企业、国有企业和高信誉度的企业，这些企业经营风格稳健，银行贷款债权面临的不确定性较小。

表6.2 贷款期限分布统计

期限	全样本（个/%）		规模样本（%）			产权样本（%）			担保样本（%）		
	笔数	占比	小微企业	中型企业	大型企业	国有企业	集体企业	民营企业	信用	保证	抵押质押
3月以内	7404	15.01	2.11	9.40	3.50	3.20	0.60	11.52	0.15	0.79	14.08
3—6月	38049	77.15	16.24	31.03	29.87	24.07	8.19	44.61	1.05	9.55	66.54
6—12月	3394	6.88	2.08	2.90	1.91	1.75	0.62	4.49	0.56	2.85	3.47
12—36月	319	0.65	0.16	0.32	0.16	0.29	0.05	0.30	0.11	0.06	0.47
36—60月	24	0.05	0.00	0.02	0.02	0.02	0.01	0.02	0.01	0.00	0.04
60月以上	129	0.26	0.00	0.01	0.25	0.26	0.00	0.01	0.13	0.00	0.12
合计	4919	100.00	20.59	43.68	35.71	29.59	9.47	60.95	2.01	13.25	84.72

表6.3报告了本章主要变量的描述性统计结果。核心解释变量物质专用性投入（ASI）的均值为0.09，中位数为0.07，说明数据结构无明显偏态。Frequency均值为3.13，标准差为1.22，表明样本企业与样本银行一般存在合作基础，但该合作关系在企业间存在差异。Uncertain标准差为0.84，说明不确定性变量在样本企业间差异较大。

企业特征变量：有38%的样本来自公有制企业（D_ownship），79%的样本企业为大中型企业（D_scale），集团企业（D_group）占比为37%。成长性（Growth）均值为0.15，意味着样本企业的成长能力普遍较好。

银企关系变量：D_nonlocal均值0.02，说明异地贷款企业仅占2%，银企关系空间紧密度总体较高，D_norm均值为1，表明样本企业贷款债项评级总体正常，银企关系契约治理的基础较好。

契约治理变量：Mortgage均值为0.85，意味着85%的样本在贷款交易中提供了物权担保。由此可见，以抵押、质押为主的物权担保方式在银行贷款决策中具有重要意义。Risk_type1均值为0.33，说明有33%的贷款交易被样本银行认定为低风险形态。Credit变量定义同第5章。

表6.3　描述性统计

变量	最大值	最小值	均值	中位数	标准差	观测值
ASI	0.49	0.00	0.09	0.07	0.09	49319
Uncertain	5.13	0.00	4.22	4.50	0.84	49319
Frequency	5.84	0.71	3.13	3.23	1.22	49322
企业特征变量						
Ln_asset	24.51	16.83	20.34	20.24	1.38	49319
D_scale	1.00	0.00	0.79	1.00	0.40	49319
D_group	1.00	0.00	0.37	0.00	0.48	49319

续表

变量	最大值	最小值	均值	中位数	标准差	观测值
D_ownship	1.00	0.00	0.38	0.00	0.49	49319
D_gov_plat	1.00	0.00	0.00	0.00	0.02	49319
Growth	1.55	0.47	0.15	0.10	0.30	49319
Risk	1.31	0.00	0.08	0.01	0.20	49319
Debt_Ratio	1.00	0.10	0.58	0.61	0.20	49328
契约治理变量						
D_norm	1.00	0.00	1.00	1.00	0.06	49322
D_nonlocal	1.00	0.00	0.02	0.00	0.12	49319
Credit	14.00	1.00	7.46	7.00	2.09	49319
Mortgage	1.00	0.00	0.85	1.00	0.36	49319
Risk_type	5.00	1.00	1.68	2.00	0.48	49319
Risk_type1	1.00	0.00	0.33	0.00	0.47	49319
Risk_type2	1.00	0.00	0.67	1.00	0.47	49319
Risk_type3	1.00	0.00	0.00	0.00	0.06	49319
Risk_type4	1.00	0.00	0.00	0.00	0.02	49319
Occ_type	5.00	1.00	1.00	1.00	0.11	49319
Occ_type1	1.00	0.00	1.00	1.00	0.05	49319
Occ_type2	1.00	0.00	0.00	0.00	0.03	49319
Occ_type3	1.00	0.00	0.00	0.00	0.03	49319
Occ_type4	1.00	0.00	0.00	0.00	0.02	49319
Marketization	7.01	5.80	6.37	6.26	0.39	49319
Med_term	232.10	4.90	6.52	5.90	10.82	49319
Sdprof	2.12	0.00	0.58	0.41	0.37	49319
A_sen	1.00	0.00	0.99	1.00	0.12	49319

6.3.2　基准回归的理论分析及稳健性测试

6.3.2.1　基准回归分析

表6.4报告了选用模型（6.1）对研究假设H6.1的检验结果。本章首先分别考察物质专用性投入对银行贷款契约期限的影响，并引入可能影响贷款契约期限的变量，包括贷款交易不确定性、企业特征变量、契约治理因素等变量，以降低因遗漏变量可能对估计系数产生的偏误。表6.4的估计结果显示，在依次控制可能的影响因素后，模型拟合优度显著提高。表6.4估计结果显示，主要单变量回归系数显著。具体从第（5）列的估计结果分析，物质专用性投入的系数为0.3700，在1%水平上显著，这表明，企业物质专用性变量对银行贷款期限有正向影响，即高物质专用性投入对企业获得较长期限的银行贷款有积极作用。易言之，与低物质专用性的企业相比，高物质专用性的企业更可能获得银行较长期限的贷款支持。在交易成本理论下，长期契约和纵向一体化属于关系契约范畴。可见，契约期限越长，越能传递关系契约信号。研究假设H6.1得证。

物质专用性投入与贷款期限正相关传递了关系契约信号。笔者从理论上、制度上分析可能的原因。①理论上。在关系契约理论的可持续经营假说条件下，银企双方缔结长期契约是基于长期合作价值（value of future relationship）双边博弈的结果。因为企业物质专用性投入强度越高，也意味着企业科技创新的前景可能较好，能够向银行债权人传递未来分享“租金”的信号。相比短期债权融资，长期债权融资对企业科技创新有诸多优势：比如，单位时间内还本付息的压力更小；长期契约已隐性地嵌入了再谈判机制；与企业科技创新的长周期、持续专用性要素投入可以更好地匹配。企业科技创新投入更看重于持续经营会计假说。相比而言，长期契约更符合关系契约的期限持续性、自我履约性、关系嵌入性（relational embeddedness）、条款开放性的特征（孙元欣和于茂荐，2010）。

②制度上。虽然长期契约面临的不确定性相比短期契约更高，但是结合我国《商业银行授信工作尽职指引》《法人客户信用等级评定办法》和《流动资金贷款管理暂行办法》的内容不难发现，银企双方在确定贷款期限、贷款成本、贷款规模等核心契约条款之前，银行已经对企业负债能力、信誉质量及其自我履约能力进行了甄别。其中反映企业负债能力、信誉质量、物权担保等“硬”信息，都已被会计报告审计师、信贷分析师、法律顾问审查。表征企业自我履约能力的经营效率首先在得到银行认可的前提下，银行会进一步结合《法人客户信用等级评定办法》认证企业信誉等级以决策是否给予“贷款承诺”，然后才依据《流动资金贷款管理暂行办法》测算企业营运资金量和增量负债以决策“贷款规模”。所以银企之间缔结长期契约的决策，是双方在持续经营假说和破产清算假说条件下，综合权衡和双边博弈之后的理性选择。

表6.4　专用性资本投入与贷款期限：基准回归

变量	（1）	（2）	（3）	（4）	(5)
ASI	0.3575***				0.3700***
	（3.49）				（3.56）
Uncertain		0.2363***			0.0502***
		（23.49）			（3.56）
Frequency			–0.3661***		–0.2614***
			（–42.83）		（–30.14）
Ln_asset				0.0260***	0.0497***

续表

变量	（1）	（2）	（3）	（4）	(5)
				（3.34）	（5.73）
D_ownship				0.0041	0.1216***
				（0.20）	（5.51）
Mortgage				-1.4129***	-1.0546***
				（-41.91）	（-33.65）
D_norm					-1.5027***
					（-5.53）
D_nonlocal					4.7648***
					（77.77）
D_group					-0.4316***
					（-22.82）
Growth					0.4750***
					（15.67）
Risk					-0.4268***
					（-9.44）
Sdprof					0.2405***
					（7.73）
D_gov_plat					3.1461***
					（9.55）
Marketization					
Med_term					0.0087***
					（6.87）
A_sen					-1.5615***
					（-15.49）
Risk_type2					0.2365***
					（14.54）
Risk_type3					3.9714***

续表

变量	(1)	(2)	(3)	(4)	(5)
					(17.49)
Risk_type4					3.2986***
					(5.37)
Occ_type2					3.1210***
					(6.22)
Occ_type3					0.3552
					(0.77)
Occ_type4					-4.8946***
					(-12.98)
Debt_Ratio					-0.1776***
					(-3.24)
Credit					0.0285***
					(5.26)
Bank_Liq					-0.0141***
					(-4.19)
_cons	5.8257***	9.8203***	11.5061***	10.5672***	8.8504***
	(461.24)	(12.68)	(14.37)	(12.35)	(26.68)
Year	Yes	Yes	Yes	Yes	Yes
Industry	Yes	Yes	Yes	Yes	Yes
N	49319	49319	49319	49319	49316
R-squared	0.0002	0.0186	0.0578	0.0736	0.2560

注：（1）被解释变量为贷款期限Term；

（2）*、**、***分别表示参数的估计值在10%、5%和1%的统计水平上显著（双尾检验）；

（3）括号内为t值，标准误经过了firm cluster调整。

控制变量方面，表6.4第（5）列中，抵质押担保（Mortgage）系数显著为负，这意味着被要求提供物权担保的贷款企业，从银行获得的贷款期限相对更短。与表6.2贷款期限分布统计结果相符，因为短期、中期贷款样本以物权担保贷款为主，5年期以上的长期贷款以信用贷款为主。信誉认证等级（Credit）、企业规模（Ln_asset）、公有制属性均对贷款期限有显著正向影响，这与前文预期相符。

规模变量Ln_asset的系数估计值在1%水平上显著为正，这说明，随着企业资产规模的变大，总体上更容易取得更长期限的贷款。可能的原因是：①在关系契约理论的持续经营假说下，大企业更倾向于且有条件采取多角化经营或纵向一体化。多角化可以分散经营风险，平滑不同时期的利润水平，使企业的现金流量更稳定。纵向一体化则可以通过关系契约治理结构减少交易成本，从而有助于企业治理水平提高。②在交易成本理论的破产清算假说条件下，大企业抵御不确定性的能力相比小企业高，大企业经营更稳健，具有更低的破产清算预期，所以银行更偏好向大企业提供较长期限的贷款。

考虑到银行自身流动性管理对其贷款期限决策的影响，回归中对样本银行流动性（Bank_Liq）等财务信息加以控制，结果显示，银行流动性与贷款期限在1%水平上显著负相关。可能的原因是，银行流动性资产中包含大量短期贷款，这些短期贷款相对于长期贷款的安全性更高，符合我国银行"三性"经营原则的流动性原则和安全性原则。

表6.5报告了研究假设H6.2的检验结果。其中，第（1）列—第（3）列是专用性资本投入与贷款利率的回归结果，主要单变量回归系数显著。具体从第（3）列的估计结果分析，关系专用性投入的系数为-0.0033，在10%水平上显著，这表明，企业关系专用性变量对贷款利率有负向影响，即高关系专用性投入对降低贷款交易成本有积极作用。易言之，企业关系专用性投入越高，越有可能节约贷款交易成本。这意味着，关系专用性投入与贷款交易

成本之间的关系传递了关系契约治理信号。研究假设H6.2得证。相关的制度背景是，我国金融监管部门在2013年要求银行需落实“六项机制”降低企业贷款交易成本，严禁银行向债务人收取额外的费用。据此可以判断贷款利率是我国正规贷款市场交易成本的核心构成，选用银行贷款利率代理贷款交易成本具有一定合理性。

表6.5 专用性资本投入与贷款利率、贷款规模

变量	（1）	（2）	（3）	（4）	(5)	(6)
ASI		−0.0837	0.0851***		−4.3699***	−2.0846***
		（−0.72）	（3.06）		（−52.47）	（−31.73）
Uncertain		0.0527***	0.0045*		0.3114***	−0.0314***
		（5.57）	（1.83）		（44.02）	（−3.72）
Frequency	−0.2737***	−0.2660***	−0.0033*	−0.1859***	−0.1604***	−0.2599***
	（−32.05）	（−30.10）	（−1.72）	（−32.48）	（−27.49）	（−51.48）
Ln_asset			−0.0215***			0.5293***
			（−11.84）			（108.34）
D_ownship			−0.0030			0.1707***
			（−0.65）			（12.87）
Mortgage			−0.0362***			0.1034***
			（−4.40）			（6.57）
D_norm			0.1708			−0.3038***
			（0.82）			（−2.83）
D_nonlocal			0.1673***			0.3489***
			（4.02）			（9.56）
D_group			−0.0064			−0.1153***
			（−1.62）			（−10.07）
Growth			0.0224***			−0.1614***
			（3.55）			（−9.42）

续表

变量	(1)	(2)	(3)	(4)	(5)	(6)
Risk			-0.0264***			0.4658***
			(-4.19)			(18.24)
Sdprof			-0.0035			-0.2032***
			(-0.61)			(-11.83)
D_gov_plat			-0.1776			-0.9101***
			(-1.42)			(-2.64)
Marketization			0.0000			0.0000
			(.)			(.)
Med_term			-0.0024***			0.0057***
			(-4.85)			(5.15)
A_sen			-0.0581**			0.5426***
			(-2.21)			(10.28)
Risk_type2			0.0029			0.4009***
			(0.80)			(34.24)
Risk_type3			-0.6028***			3.6135***
			(-4.81)			(16.09)
Risk_type4			0.6230			1.5211***
			(1.49)			(5.80)
Occ_type2			0.8283**			0.5975***
			(2.16)			(3.90)
Occ_type3			-0.0026			-0.0281
			(-0.01)			(-0.18)
Occ_type4			1.0767***			-0.3281
			(4.99)			(-1.53)
Bank_Liq			-0.0018***			-0.0070***
			(-3.02)			(-3.46)
Debt_Ratio			-0.0215*			-0.1558***
			(-1.79)			(-5.63)
Credit			-0.0016			0.0112***

续表

变量	（1）	（2）	（3）	（4）	(5)	(6)
			（-1.33）			（3.73）
jzll			1.1342***			
			（316.94）			
_cons	5.3517***	5.1005***	0.1554	18.1742***	17.1836***	5.7917***
	（6.04）	（5.81）	（0.41）	（17.28）	（19.63）	（40.00）
Year	Yes	Yes	Yes	Yes	Yes	Yes
N	41095	41095	41092	49319	49319	49316
R-squared	0.1758	0.1763	0.9738	0.0348	0.1252	0.4309

注：（1）被解释变量前3列为贷款利率Rate，后3列为贷款规模Amount；

（2）*、**、***分别表示参数的估计值在10%、5%和1%的统计水平上显著（双尾检验）；

（3）括号内为t值，标准误经过了firm cluster调整；

（4）贷款利率回归中对基准利率（jzll）因素进行了控制。

关系专用性投入与银行贷款交易成本负相关，可能的原因是：①在关系契约理论下，关系专用性投入有利于创造社会资本的关系“租金效应”。信誉机制是双边关系契约治理机制的核心，即便契约不完全，关系契约仍然可以得到有效履约。贷款契约是典型的信任密集型契约（肖作平和张樱，2014），信任是交易当事人对彼此将会进行特定行动的主观概率判断，是当事人对交易的一致性认知，银行贷款交易程序中的信誉认证，也是债权人对债务人信任度的认证，是债权人对债务人社会资本、自我履约能力等一系列有关信誉机制的预判。文献认为，信任源自社会资本，是一种社会关系嵌入（Putnam，1993；Fukuyama，1995；Nahapiet和Ghoshal，1998；Orlowski和Wicker，2015），信任乃社会资本的精义（Glaeser等，2000）。银企关系型社会资本可以增进银企组织间信任，紧密互动的社会关系网络能够增进合作规范形成，集聚更多关系租金。关系契约理论认为，银企关系型社会资本可以增进当事人共享信息的意愿，可以降低信息不对称性。总之，这些关系规则可以影响参与者的诚信，增进经济组织的租金创造，促进双边交易关系的自我履约，关系性规则会影响信任水平，并通过信任水平来创造、集聚和分享银企关系租金。

②关系专用性投入通过关系契约的治理效应而节约贷款交易成本。在关系契约理论下，银企关系型社会资本使得银企之间的信息不对称性减小，这既可以降低信息搜集成本，还能提高贷款违约的机会成本（Coleman，1990）。债务人行为会受到群体意识影响（Turner和Oakes，1986）。合作规范会通过社会关系网络与制度环境发生信息交流。关系专用性投入越高，越能提升关系契约的“治理效应”，银行债权人常常将债务人的关系型社会资本的拥有量视为其信誉质量和违约风险的代理变量（Cheng等，2016）。在银行信誉认证的“6C”标准中，企业高管的道德品质是核心构成。企业高管道德品质越高，也说明企业的履约能力有保障、社会资本拥有量高、信誉担保价值高、关系契约治理环境好，银企关系也更具有可持续性（Continutiy）。因此关系型社会资本投入有助于债务人自我履约和贷款交易成本节约。

表6.5第（4）列—第（6）列报告了专用性投入与贷款规模之间存在负相关关系，说明专用性投入越高，银行会通过调减贷款规模，减小风险暴露度，减小预期贷款损失。这也部分地体现了关系契约的自我履约性和条款开放性（open terms），缔约当事人可以比法庭更便利地提高贷款契约的适应性效率。

6.3.2.2 稳健性测试1：变量内生性偏误讨论

企业是否拥有较高的专用性资本投入，可能受企业经营效率、规模异质性等影响，而且这些因素也可能会影响贷款契约条款，导致专用性投入变量可能是内生的。本章借鉴Gong等（2018）的做法，构建处理效应模型，使用处理效应模型两步法缓解内生性问题。第一步用Probit估计影响物质专用性投入的因素，并生成逆米尔斯风险比Hazard；第二步在控制样本选择偏差后考察物质专用性是否依然与贷款期限正相关。

本章依据虚拟变量D_ASI将样本分为高物质专用性企业组和低物质专用性企业组。处理效应模型第一步估计，定义D_ASI为被解释变量，主要加入企业规模（Ln_asset）、销售收入（ln_income）以及所有制（D_ownship）等一系列变量，通常情况下，企业销售收入越高，当期所实现的利润越高，在企业总资产中现金等流动资产占比提高，专用性物质占比相对降低。公有制企业主要集中于关系国计民生的公共产业，这些产业需要发挥规模经济效应，具有自然垄断属性，物质专用性投入强度一般更大。

处理效应模型的第二步回归，贷款期限（Term）为被解释变量，D_ASI为本章关注的解释变量，估计中控制了企业特征因素、银企关系因素、契约治理等因素，同时，通过控制风险比Hazard降低样本选择偏误对估计结果的影响。本章用模型（6.2）检验研究假设H6.1，即物质专用性投入对贷款期限有显著的正向影响。

$$
\begin{aligned}
Term = {} & \beta_0 + \beta_1 ASI + \beta_2 Uncertain + \beta_3 Frequency + \beta_4 Ln\_asset + \beta_5 D\_ownship \\
& + \beta_6 Mortgage + \beta_7 D\_norm + \beta_8 D\_gov\_plat + \beta_9 D\_group + \beta_{10} D\_nonlocal \\
& + \beta_{11} Growth + \beta_{12} Risk + \beta_{13} Sdprof + \beta_{14} A\_sen + \beta_{15} Med\_term \\
& + \beta_{16} Marketization + \beta_{17} Debt\_Ratio + \beta_{18} Credit + \beta_{19} Hazard \\
& + \Sigma Bank + \Sigma Risk\_type + \Sigma Occ\_type + \Sigma Year + \Sigma Industry + \varepsilon
\end{aligned}
\tag{6.2}
$$

表6.6报告了模型（6.2）的估计结果。第（1）列为第一步回归结果，企业物质专用性投入与销售收入、规模、所有制等变量均显著相关。第二步估计结果显示，在控制了样本选择性偏误的影响后，物质专用性对企业取得较长期限的贷款仍然存在显著的正向影响。

表6.6 处理效应模型估计结果

变量	（1） 第一阶段 D_ASI	（2） 第二阶段 Term
ASI		0.8374***
		（8.67）
Uncertain		−0.0087
		（−0.60）
Frequency		−0.2542***
		（−36.10）
Ln_asset	−0.3264***	0.1706***
	（−31.81）	（10.89）
D_ownship	0.6712***	−0.0247
	（45.14）	（−0.81）
Mortgage		−1.0073***
		（−43.25）
D_norm		−1.5050***
		（−9.90）
D_nonlocal		4.7266***
		（73.45）
D_group		−0.4035***
		（−22.60）
Growth	−0.3840***	0.6253***

续表

变量	(1)	(2)
	第一阶段	第二阶段
	D_ASI	Term
	(-17.27)	(19.08)
Risk		-0.3861***
		(-8.40)
Sdprof		0.3419***
		(11.92)
D_gov_plat		3.0719***
		(9.59)
Med_term		0.0079***
		(7.34)
A_sen		-1.4289***
		(-20.28)
Risk_type2		0.2533***
		(14.33)
Risk_type3		4.1954***
		(20.95)
Risk_type4		3.4513***
		(7.51)
Occ_type2		3.1306***
		(9.91)
Occ_type3		0.3033
		(1.17)
Occ_type4		-5.0516***
		(-13.73)
Debt_Ratio		-0.2801***
		(-5.73)
Credit		0.0123**
		(2.44)

续表

变量	（1）	（2）
	第一阶段	第二阶段
	D_ASI	Term
Bank_Liq		0.0788
		（1.33）
Ln_income	−0.1407***	
	（−14.62）	
Hazard		−0.6629***
		（−11.27）
_cons	9.7231***	6.3345***
	（53.20）	（16.49）
Year	Yes	Yes
Industry	Yes	Yes
N	49098	49098

注：（1）*、**、***分别表示参数的估计值在10%、5%和1%的统计水平上显著（双尾检验）；

（2）括号内为z统计值。

另外，本章选用工具变量二阶段最小二乘法（2SLS）回归检验内生性偏误。参照于文超和梁平汉（2019）等学者的方法引入行业平均物质专用性资本、行业平均关系专用性资本分别作为物质专用性资本和关系专用性资本的工具变量。因为从行业发展的生命周期视角分析，行业发展程度不同平均专用性投入程度也不同，企业的专用性投入可能受同一行业的其他企业专用性投入的影响，但在理论上，其他企业的专用性投入不会对银企之间的关系契约条款产生直接影响。经弱工具变量检验，Kleibergen–Paap rk Wald F 统计量与临界值比较，工具变量有效。依次单独引入、同时引入工具变量展开2SLS回归。结果如表6.7所示，物质专用性与贷款期限正相关，关系专用性与贷款期限负相关。结论与前文基本一致。

表6.7　工具变量回归结果

变量	（1）	（2）	（3）
	2SLS_物质专用性 IV	2SLS _关系专用性 IV	2SLS _物质及关系专用性 IV
ASI	0.068	0.372***	0.069
	（0.65）	（3.57）	（0.66）
Uncertain	0.054***	0.062***	0.066***
	（3.81）	（4.37）	（4.65）
Frequency	−0.262***	−0.226***	−0.226***
	（−30.17）	（−26.30）	（−26.30）
Ln_asset	0.045***	0.045***	0.041***
	（5.20）	（5.22）	（4.67）
D_ownship	0.134***	0.117***	0.129***
	（6.06）	（5.31）	（5.86）
Mortgage	−1.050***	−1.079***	−1.073***
	（−33.49）	（−34.31）	（−34.13）
D_norm	−1.496***	−1.536***	−1.530***
	（−5.53）	（−5.64）	（−5.64）
D_nonlocal	4.765***	4.787***	4.790***
	（77.75）	（78.05）	（78.16）
D_group	−0.425***	−0.430***	−0.424***
	（−22.48）	（−22.76）	（−22.45）
Growth	0.476***	0.475***	0.474***
	（15.68）	（15.65）	（15.60）
Risk	−0.418***	−0.409***	−0.399***
	（−9.23）	（−9.02）	（−8.80）

续表

变量	（1）	（2）	（3）
	2SLS_物质专用性 IV	2SLS _关系专用性 IV	2SLS _物质及关系专用性 IV
Sdprof	0.243***	0.232***	0.235***
	（7.80）	（7.47）	（7.54）
D_gov_plat	3.115***	3.159***	3.159***
	（9.40）	（9.49）	（9.47）
Marketization	4.289***	4.366***	4.357***
	（2.63）	（2.71）	（2.69）
Med_term	0.009***	0.009***	0.009***
	（7.19）	（7.10）	（7.17）
A_sen	−1.564***	−1.580***	−1.584***
	（−15.51）	（−15.70）	（−15.72）
Risk_type2	0.233***	0.226***	0.222***
	（14.32）	（13.94）	（13.71）
Risk_type3	3.992***	3.952***	3.952***
	（17.68）	（17.52）	（17.49）
Risk_type4	3.299***	3.330***	3.325***
	（5.37）	（5.41）	（5.39）
Occ_type2	3.128***	3.130***	3.138***
	（6.23）	（6.22）	（6.23）
Occ_type3	0.348	0.369	0.362
	（0.76）	（0.79）	（0.78）
Occ_type4	−4.916***	−4.931***	−4.952***
	（−13.13）	（−13.08）	（−13.23）
Bank_CRAR	−63.947***	−65.698***	−65.728***
	（−2.65）	（−2.75）	（−2.74）
Bank_Asset_qua	−1.4e+03**	−1.4e+03***	−1.4e+03***

续表

变量	(1) 2SLS_物质专用性 IV	(2) 2SLS _关系专用性 IV	(3) 2SLS _物质及关系专用性 IV
	(−2.57)	(−2.62)	(−2.61)
Bank_ASI1	24.1.4.6 ***	25.1.7.5 ***	24.9.6.5 ***
	(2.76)	(2.88)	(2.82)
Bank_ASI2	1.0e+04**	1.1e+04**	1.1e+04**
	(1.97)	(2.10)	(2.10)
Bank_ASI3	−4.9e+04**	−4.9e+04**	−4.9e+04**
	(−2.56)	(−2.57)	(−2.56)
Bank_EFF	0.000	0.000	0.000
	(.)	(.)	(.)
Bank_Liq	0.000	0.000	0.000
	(.)	(.)	(.)
Debt_Ratio	−0.202***	−0.140**	−0.164***
	(−3.68)	(−2.55)	(−2.98)
Credit	0.026***	0.027***	0.024***
	(4.71)	(4.96)	(4.41)
_cons	2.114	1.223	1.628
	(0.61)	(0.35)	(0.47)
Year	Yes	Yes	Yes
N	49306	49306	49306
R-squared	0.255	0.254	0.254

注：(1)被解释变量为贷款期限Term；

(2)*、**、***分别表示参数的估计值在10%、5%和1%的统计水平上显著（双尾检验）；

(3)括号内为z值，标准误经过了firm cluster调整；

(4)Bank_CRAR为银行资本充足率、Bank_Asset_qua为不良贷款比率、Bank_ASI为银行专用性投入（固定资产、无形资产、商誉）、Bank_EFF银行经营效率、Bank_Liq为银行经营现金流与利息支出之比。

6.3.2.3　稳健性测试2：契约治理分样本回归

前文实证结果发现，物质专用性投入与贷款期限显著正相关，关系专用性投入与贷款期限显著负相关。为了考察专用性投入对企业贷款期限的影响是否稳健，本章从企业规模、产权性质、信用贷款、工业属性四个维度出发，对上述实证结果的稳健性进行分情景讨论。①小企业样本回归。因为我国的科技企业多为小企业，这些企业存在融资难痼疾。所以本章专门考察小企业样本的稳健性。以小企业为样本，重复模型（6.2）的实证过程，结果报告在表6.8前2列（其中第（2）列是高精度回归）。结果显示，物质专用性对小企业的贷款期限存在显著的正向影响，关系专用性对小企业的贷款期限有显著的负向影响。回归结果与基准回归基本一致。

②民营企业样本回归。民营企业是近年我国科技成果贡献度较高的群体。相比公有制企业，民营企业更容易陷入融资约束。企业产权性质对物质专用性、关系专用性与贷款期限的关系可能存在影响。本研究以民营企业为样本，重复模型（6.2）的实证过程，结果报告在表6.8第（3）列。结果显示，物质专用性对企业的贷款期限存在显著的正向效应，关系专用性对企业的贷款期限有显著的负向影响。回归结果与基准回归基本一致。

③信用贷款样本回归。本章选用信用贷款企业为样本检验模型稳健性。在交易成本理论的破产清算假说条件下，相比担保贷款的“套牢效应”，信用贷款更多基于关系契约理论的持续经营假说条件，物质专用性投入会创造“租金效应”。信用贷款对物质专用性、关系专用性与信用认证的关系可能存在影响。本研究以信用贷款企业为样本，重复模型（6.2）的实证过程，结果报告在表6.8第（4）列。结果显示，物质专用性对贷款期限存在显著的负向影响，与基准回归存在差异，可能的原因是，相比于物权担保贷款的三

方契约治理，信用贷款更多基于当事人的自我履约，专用性投入更能显示“租金效应”和“治理效应”，贷款期限越短，说明贷款契约面临的不确定性较小。关系专用性对贷款期限有显著的约束作用，与基准回归基本一致。

④工业企业样本回归。本章选用工业企业为样本检验模型稳健性。工业企业是我国科技创新相对密集的产业，其专用性资本投入更密集，工业企业属性可能对物质专用性、关系专用性与贷款期限的关系存在影响。本研究以工业企业为样本[①]，重复模型（6.2）的实证过程，结果报告在表6.8第（5）列。结果显示，物质专用性对企业的贷款期限存在显著的正向影响，关系专用性对企业的贷款期限有显著的约束作用。回归结果与基准回归基本一致。

表6.8　专用性资本投入与贷款期限：分样本回归

变量	（1）	（2）	（3）	（4）	（5）
	小企业	小企业（高精度）	民营企业	信用贷款	工业企业
ASI	1.7621***	1.8031***	0.2859**	–4.4630*	0.6979***
	（6.90）	（7.05）	（1.97）	（–1.90）	（4.84）
Uncertain	0.1102**	0.0877*	0.0357**	0.4343**	–0.0152
	（2.40）	（1.87）	（2.35）	（2.07）	（–0.38）
Frequency	–0.3653***	–0.3728***	–0.3601***	–0.3007***	–0.2369***
	（–17.96）	（–18.16）	（–29.29）	（–2.74）	（–20.63）
Ln_asset		0.0955***	0.1080***	0.3647***	–0.0304***
		（3.32）	（8.74）	（3.76）	（–3.10）
D_ownship	0.1498***	0.1142**		0.5797	0.1637***
	（2.59）	（2.01）		（1.27）	（6.43）

① 参考于文超和梁平汉（2019）等学者的研究。本研究选用采矿业（B）；制造业（C）；电力煤气水（D）；建筑业（E）的企业为工业企业样本。

续表

变量	（1）	（2）	（3）	（4）	（5）
	小企业	小企业（高精度）	民营企业	信用贷款	工业企业
Mortgage	-1.7607***	-1.7715***	-1.4340***		-0.9065***
	（-19.94）	（-19.99）	（-26.06）		（-25.84）
D_norm	-1.7990***	-1.7739***	-1.2861***	2.7788***	-1.8083***
	（-5.22）	（-5.11）	（-4.69）	（5.69）	（-4.71）
D_nonlocal	3.8341***	3.8550***	4.6235***	1.4546***	4.6736***
	（27.20）	（26.96）	（54.07）	（4.52）	（71.96）
D_group	-0.2969***	-0.3521***	-0.5451***	-1.7372***	-0.3278***
	（-5.25）	（-5.91）	（-21.62）	（-6.36）	（-13.09）
Growth	-0.0118	-0.0566	0.1126***	1.0783***	0.9809***
	（-0.18）	（-0.87）	（2.95）	（2.95）	（20.71）
Risk	-0.9501***	-0.9136***	-0.4827***	1.7386**	0.0924
	（-6.11）	（-5.80）	（-8.91）	（2.22）	（0.37）
Sdprof	0.4505***	0.5204***	0.7696***	-1.9171***	0.6189***
	（6.05）	（6.56）	（19.94）	（-4.32）	（12.48）
D_gov_plat				0.5322	4.7610***
				（1.08）	（23.50）
Marketization			0.0000	0.0000	0.0000
			（.）	（.）	（.）
Med_term	0.0281***	0.0281***	0.0195***	0.0099***	-0.0039
	（2.87）	（2.86）	（4.28）	（5.24）	（-0.57）
A_sen	-1.3755***	-1.4666***	-1.8238***	-2.2218***	
	（-7.14）	（-7.50）	（-10.41）	（-4.86）	
Risk_type2	0.7476***	0.7535***	0.2170***	-0.2362	0.3411***
	（18.23）	（18.52）	（9.12）	（-0.83）	（17.75）
Risk_type3	3.6879***	3.4937***	4.2611***	2.0843***	4.1893***
	（13.01）	（11.90）	（16.68）	（3.87）	（10.01）

续表

变量	（1）	（2）	（3）	（4）	（5）
	小企业	小企业（高精度）	民营企业	信用贷款	工业企业
Risk_type4	4.7480***	4.6859***	3.4658***	0.0000	3.8936***
	（18.25）	（17.90）	（4.85）	（.）	（3.89）
Occ_type2	2.8067***	2.7590***	3.1378***	0.1493	2.8551***
	（5.49）	（5.36）	（5.94）	（0.10）	（4.00）
Occ_type3	−0.3825	−0.3993	−0.3198	0.0000	−0.1050
	（−0.76）	（−0.79）	（−0.67）	（.）	（−0.14）
Occ_type4	−6.7092***	−6.7368***	−5.5409***	−1.8142***	−10.1778***
	（−17.36）	（−17.42）	（−14.09）	（−2.67）	（−26.41）
Bank_Liq	0.0048	0.0029	−0.0141***	0.0352	−0.0074*
	（0.38）	（0.23）	（−2.79）	（0.92）	（−1.75）
Debt_Ratio	−2.3326***	−2.4641***	−0.0643	2.1618**	1.3359***
	（−18.28）	（−17.74）	（−1.03）	（2.19）	（19.62）
Credit	−0.0022	−0.0059	−0.0109	−0.1024*	−0.0080
	（−0.20）	（−0.54）	（−1.37）	（−1.71）	（−1.29）
_cons	11.2893***	9.7362***	8.3316***	−0.1360***	8.5303***
	（24.41）	（15.07）	（22.17）	（−0.07）	（18.68）
Year	Yes	Yes	Yes	Yes	Yes
Industry	Yes	Yes	Yes	Yes	Yes
N	10155	10155	29404	989	31200
R-squared	0.3649	0.3660	0.2582	0.4672	0.3070

注：（1）被解释变量为贷款期限Term；

（2）*、**、***分别表示参数的估计值在10%、5%和1%的统计水平上显著（双尾检验）；

（3）括号内为t值，标准误经过了firm cluster调整。

综上所述，本研究分别选用小企业样本、民营企业样本、信用贷款样本、工业企业样本回归。除信用贷款样本之外，物质专用性对企业的贷款期限存在显著的正向影响，关系专用性对企业的贷款期限有显著的约束作用。总体上，回归结果与基准回归基本一致，结论较为稳健。

6.4　科技金融情景进一步讨论

在新制度学理论框架下，本章前述实证分析从关系契约立约视角考察了科技金融资金要素交易的共性规律。在我国现实的银投合作制度变迁下，提高科技型企业的贷款可得性，为企业科技创新提供期限更长、成本更低、规模更大的贷款资金，是政府科技金融制度优化的主要出发点。2013年，金融监管部门在《关于进一步做好小微企业金融服务工作的指导意见》中提出，银行需落实贷款定价等“六项机制”，将提高小企业和民营企业贷款可得性纳入监管指标。2014年发布的《关于大力推进体制机制创新扎实做好科技金融服务的意见》，鼓励商业银行通过产品创新、组织创新等举措提高科技企业的贷款债权融资可得性。2016年，科技金融监管部门联合发布的投贷联动试点意见，文件中提出的“六专机制”，其最终的目的是通过金融供给侧改革，更好地服务于企业科技创新。“六专机制”蕴含了大量的关系契约治理元素，但是也意味着银行需要支付大量的交易成本。进一步推演，金融中介组织服务企业科技创新亦可能需要支付大量的交易成本。尤其在事后契约治理方面，法庭三方契约治理对高科技产业同样面临有限理性约束，关系契约是正式契约的重要补充。那么相比于非科技企业，科技企业专用性投入对关系契约条款的影响是否存在异质性（讨论科技金融的个性问题）呢？

6.4.1 科技金融情景：产业分组

考虑企业所属的异质产业对正确回答上述问题的可能影响，首先将样本企业分为非工业企业和工业企业。依据模型（6.2）进行估计，结果如表6.9第（1）列、第（2）列所示。结果显示，物质专用性、关系专用性对不同产业的企业贷款期限均有显著影响，而且物质专用性对企业的贷款期限存在显著的正向影响，关系专用性对小企业的贷款期限有显著的约束作用，结果与前文一致。但是，两类企业的专用性变量估计系数的绝对值存在差异，其中，工业企业关系专用性系数绝对值较大，非工业企业物质专用性系数绝对值较大，经检验发现，组间系数差异显著。这意味着，与非工业企业相比，工业企业物质专用性对贷款期限的正向影响更小，关系专用性对贷款期限的约束更为凸显。可能的原因是，在关系契约理论下，工业企业的专用性投入强度相比非工业企业更高，需要与银行保持更紧密的银企关系，工业企业的银企关系型社会资本更有助于抑制企业高负债经营的机会主义行为。

表6.9 专用性资本投入与贷款期限：产业分组

变量	（1）	（2）
	非工业企业	工业企业
ASI	1.3207***	0.6979***
	（6.71）	（4.84）
Uncertain	0.1030***	-0.0152
	（5.92）	（-0.38）
Frequency	-0.2052***	-0.2369***
	（-15.31）	（-20.63）
Ln_asset	0.2049***	-0.0304***

续表

变量	（1）	（2）
	非工业企业	工业企业
	（10.26）	（-3.10）
D_ownship	-0.4712***	0.1637***
	（-9.35）	（6.43）
Mortgage	-1.3366***	-0.9065***
	（-19.06）	（-25.84）
D_norm	-1.2348***	-1.8083***
	（-3.53）	（-4.71）
D_nonlocal	4.8931***	4.6736***
	（25.14）	（71.96）
D_group	-0.7094***	-0.3278***
	（-16.88）	（-13.09）
Growth	-0.0313	0.9809***
	（-0.70）	（20.71）
Risk	0.1289**	0.0924
	（2.34）	（0.37）
Sdprof	0.9395***	0.6189***
	（9.47）	（12.48）
D_gov_plat	2.9398***	4.7610***
	（8.68）	（23.50）
Med_term	0.0097***	-0.0039
	（6.55）	（-0.57）
A_sen	-1.7578***	
	（-15.16）	
Risk_type2	0.4818***	0.3411***
	（14.51）	（17.75）
Risk_type3	3.9732***	4.1893***
	（15.45）	（10.01）

续表

变量	（1）	（2）
	非工业企业	工业企业
Risk_type4	3.8246***	3.8936***
	（8.46）	（3.89）
Occ_type2	2.8781***	2.8551***
	（4.35）	（4.00）
Occ_type3	0.2081	-0.1050
	（0.35）	（-0.14）
Occ_type4	-5.0158***	-10.1778***
	（-11.83）	（-26.41）
Bank_Liq	-0.0439***	-0.0074*
	（-6.04）	（-1.75）
Debt_Ratio	-2.7618***	1.3359***
	（-26.31）	（19.62）
Credit	0.0781***	-0.0080
	（7.47）	（-1.29）
_cons	6.0800***	8.5303***
	（11.87）	（18.68）
Year	Yes	Yes
N	18116	31200
R-squared	0.2925	0.3070

注：（1）被解释变量为贷款期限Term；

（2）*、**、***分别表示参数的估计值在10%、5%和1%的统计水平上显著（双尾检验）；

（3）括号内为t值，标准误经过了firm cluster调整。

6.4.2 科技金融情景：PSM匹配样本

前述实证分析中，已知物质专用性投入会显著增加银行对企业的贷款期限。表6.10报告的结果可见，科技企业与非科技企业贷款期限差异显著。企业的科技属性可能会对物质专用性资本和贷款期限间的关系存在影响。因此，进一步考察专用性物质资本与贷款期限之间的关系在科技与非科技企业间是否存在差异。在此之前，需要使科技企业和非科技企业各方面特征尽可能相似，即选择与科技企业特征相似的非科技企业，以消除可能存在的样本选择性偏差，为此本部分使用倾向得分匹配方法（PSM）缓解该问题。

表6.10　科技企业&非科技企业：变量分组统计

变量	均值	均值	差异	
	非科技企业	科技企业	均值	t-statistic
Term	5.84	6.10	0.26***	7.52
ASI	0.09	0.15	0.06***	40.34
Ln_asset	20.33	20.55	0.22***	9.19
Debt_Ratio	0.59	0.54	-0.05***	-14.09
Growth	0.15	0.15	0.00	-0.17
Risk	0.08	0.00	-0.08***	-22.54
D_ownship	0.37	0.54	0.17***	20.22
D_group	0.36	0.48	0.12***	14.36

1. 倾向得分匹配PSM

本章以科技企业为实验组，非科技企业为控制组，选择模型及匹配变量同第4章。选用倾向得分匹配（PSM）的最近邻匹配（nearest neighbor matching）方法进行匹配，依据倾向得分PS值，为科技企业匹配到特征相似的非科技企业。匹配结果的可靠性需要符合以下两方面假设。

（1）条件独立性假设（conditional independence assumption）检验。本节

从匹配变量均值的标准化偏差、均值差异t检验两个方面考察匹配结果的数据平衡性假设。检验结果详见表6.11。结果显示，科技企业与非科技企业相比，匹配前的变量均值存在明显差异。匹配后，两组主要匹配变量的标准化偏差均小于20%，且较匹配前大幅缩减；同时，大多数变量的t检验结果显示，匹配后两组之间的变量均值不存在显著差异，这说明两组样本特征基本相似，匹配结果满足数据平衡性。

表6.11　科技企业&非科技企业：匹配前后的特征比较

变量	U匹配前	均值		标准化偏差%	减幅%	t-test	
	M匹配后	实验组	控制组			t	p>|t|
Ln_asset	U	20.550	20.320	18.8		9.41	0.000
	M	20.550	20.551	−0.1	99.2	−0.08	0.939
Ln_liability	U	19.890	19.698	14.0		7.15	0.000
	M	19.890	19.923	−2.4	82.7	−1.26	0.209
Ln_income	U	19.532	19.926	−34.9		−16.91	0.000
	M	19.532	19.489	3.8	89.1	1.96	0.051
Risk	U	0.0043	0.0835	−54.2		−22.68	0.000
	M	0.0043	0.0040	0.2	99.6	1.52	0.128
D_group	U	0.4801	0.3629	23.9		13.85	0.000
	M	0.4801	0.4758	0.9	96.3	0.36	0.716

（2）共同支撑假设（common support assumption）检验。该检验要求实验组和控制组倾向得分值的分布很大程度是重合的。本部分以图形方式进行检验。

匹配后的倾向得分密度函数如图6.1所示。图中横轴为倾向得分，纵轴

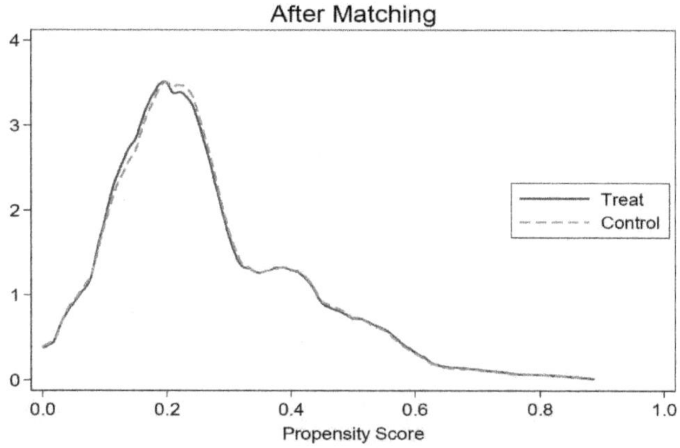

图6.1　匹配后的倾向得分密度函数图

为概率密度，实线（Treat）代表实验组（科技企业组）的密度函数，虚线（Control）代表控制组（非科技企业组）的密度函数。控制组和实验组的倾向得分基本上是重叠的，最高频率比较接近（值约3.50），倾向得分基本上集中在0.20左右，这表明共同支撑假设得以满足。

2. 科技属性的调节效应：基于匹配样本

通过上述最近邻匹配，本章获得匹配成功的样本观测值4046个，基于匹配样本，进一步分析科技属性对企业物质专用性投入与贷款期限关系的影响，本章在模型（6.1）中加入交乘项Tech*ASI，运用匹配样本估计，回归结果如表6.12所示。其中，第（1）列控制企业特征、年度、行业效应，第（2）列增加银行财务信息等控制变量，对模型再次回归。估计结果显示，物质专用性投入与科技属性的交乘项Tech*ASI的系数为负，但不显著。这表明，物质专用性投入对贷款期限的边际效应不受科技属性的影响。易言之，物质专用性投入对贷款期限的边际效应在科技企业与非科技企业之间不存在显著差异。

表6.12 物质专用性投入与贷款期限：科技属性的调节效应（基于匹配样本）

变量	（1）	（2）
Tech	0.0012	–0.0682
	（0.01）	（–0.55）
ASI	–1.6847***	–0.9229*
	（–3.13）	（–1.82）
Tech*ASI	–0.6804	–0.9805
	（–0.98）	（–1.48）
Uncertain	1.0364***	0.8387***
	（4.61）	（3.63）
Frequency	–0.1887***	–0.2476***
	（–4.76）	（–6.25）
Ln_asset	–0.1217**	–0.1370***
	（–2.34）	（–2.76）
D_ownship	0.1883**	0.2005***
	（2.55）	（2.72）
Mortgage	–1.4874***	–1.4955***
	（–13.38）	（–14.20）
D_norm	–3.0759***	–2.0028***
	（–5.36）	（–3.37）
D_nonlocal	4.6435***	4.3198***
	（21.51）	（19.62）
D_group	–0.4781***	–0.6015***
	（–5.59）	（–6.91）
Growth	0.5085***	0.8112***
	（2.73）	（4.33）
Risk	10.5255**	5.7771
	（2.08）	（1.17）
D_gov_plat	1.9383*	1.5383

续表

变量	（1）	（2）
	（1.85）	（1.25）
Debt_Ratio	-1.2184***	-1.3986***
	（-4.72）	（-5.54）
Risk_type2		1.1246***
		（15.67）
Risk_type3		-4.2593***
		（-3.39）
Occ_type2		3.5579***
		（3.81）
Occ_type3		-0.1713
		（-0.60）
Credit		-0.0223
		（-0.93）
Bank_CRAR		-67.1889***
		（-3.40）
Bank_Asset_qua		-1.7e+02
		（-1.04）
Bank_ASI1		-4.8e+03***
		（-3.71）
Bank_ASI2		4.9e+04***
		（3.13）
Bank_ASI3		9.0e+03
		（0.87）
Bank_EFF		5.6.8.3　1***
		（2.71）
Marketization	1.0780***	
	（3.08）	
Sdprof	2.1099***	2.3763***

续表

变量	（1）	（2）
	（4.35）	（4.78）
Med_term	0.0122**	0.0295***
	（2.46）	（6.25）
A_sen	-1.6329*	-1.8312**
	（-1.78）	（-2.50）
_cons	3.6320	5.5024
	（1.27）	（0.93）
Year	Yes	Yes
N	4046	4046
R-squared	0.2331	0.2908

注：（1）被解释变量为贷款期限Term；

（2）*、**、***分别表示参数的估计值在10%、5%和1%的统计水平上显著（双尾检验）。

（3）括号内为t值，标准误经过了firm cluster调整。

6.5　本章小结

本章在理论推演的基础上，选用近10万笔贷款交易数据和银行监管数据（数据源于BvD-Bankscope数据库、CSMAR数据库、Wind数据库）①，实证考察银企双边专用性资本投入对关系契约条款的影响。从银企双边贷款立约的视角，为回答子问题2提供了进一步的证据。新制度学理论认为，长期契约和一体化是治理“套牢”风险的主要机制（Coase，1937）。专用性资本投入对

① 所引入的银行监管指标：Bank_CRAR为资本充足率；Bank_Asset_qua为不良贷款比率；Bank_ASI为银行专用性资本投入（Bank_ASI分子项的会计科目分别是固定资产、无形资产、商誉）；Bank_EFF为银行经营效率；Bank_Liq为流动性比例，是银行经营现金流净值与利息支出之比。

贷款要约、贷款承诺的影响最终表现为契约条款的确立，契约条款也是契约治理的依据。我国《合同法》《贷款通则》规定，贷款期限、贷款成本、贷款规模是核心的定量契约条款。主流文献认为，长期契约可以用于测度关系契约属性，鉴于此，本研究以契约期限作为认定关系契约的主要标准。实证结果发现：①物质专用性投入与贷款期限正相关；②关系专用性投入与贷款交易成本负相关。总体上看，专用性资本投入作用于贷款期限和贷款交易成本传递了关系契约信号。子问题2得到进一步回答。

本章设计了线性和非线性模型。选用处理效应（TE）模型、工具变量（IV）估计等方法考察了变量的内生性偏误。选用产业分组、PSM样本匹配深入考察了科技金融情景。发现，主要结果不变，子问题2得到回答。本章的研究为银企双边的专用性资本投入如何影响关系契约条款提供了新的经验证据；为《中华人民共和国民法典》和社会主义核心价值观相互融合，协同优化科技金融的关系契约治理提供了新证据。因为本章的三个被解释变量（立约条款）是第4章的融资要约行为、第5章的贷款承诺行为的契约化，所以，本研究的主要实证结果可以在纵向上相互印证。未来值得拓展的是：企业科技创新的科技属性加大了债权股权投资人的有限理性，银企关系型社会资本可以发挥基于自我履约的“治理效应”，进而节约交易成本。除上述个体层面的指标以外，可以结合社会主义核心价值观将更多反映社会层面和国家层面的关系型社会资本指标纳入实证分析，以便系统和全面地揭示本土化制度因素影响科技金融交易的共性规律。

第 7 章

结论和启示

作为本研究的最后一章，笔者首先对全书的主要研究结论进行了系统性总结，然后紧扣“我国金融体系如何在银投合作制度变迁下服务企业科技创新”两个子问题的实证结果，再基于交易成本理论的比较制度分析提出科技金融制度优化的建议，最后对本研究未来研究方向提出展望。

7.1　主要研究结论

本研究基于新制度学理论视角，立足于我国全面创新改革试验，实证考察了企业科技创新专用性要素投入对其融资契约选择、银行贷款承诺、银企双边关系契约治理的影响。以“试验区”某国有控股银行2006—2015年间的近10万笔贷款交易数据和源于BvD-Bankscope数据库、CSMAR数据库、Wind数据库的银行监管数据，在基准回归的基础上，选用处理效应模型（TE）估计、工具变量（IV）估计、倾向得分匹配（PSM）估计等方法进行了一系列稳健性测试（含内生性偏误讨论）和科技金融分情景讨论。既分别实证检验了不同的专用性资本投入对企业融资要约、银行贷款承诺的影响，发现物质专用性和关系专用性投入对贷款缔约的异质影响；又从整体上考察了专用性资本投入对银企双边贷款立约以及关系契约条款的影响，主要得出以下研究结论。

（1）专用性资本是影响贷款缔约行为的重要内生性因素。①在组织资源理论下，专用性资本是企业科技创新的核心“原材料”投入，这些专用性投入具有“VRIN/O”（价值性，稀缺性，难以模仿、难以替代和组织性）属性，这一属性构成了市场竞争者的模仿壁垒，有助于企业通过科技创新创造“租金效应”。②在交易成本理论下，相比于“不确定性”和“交易频率”

维度，“专用性投入”才是影响金融交易的关捩，金融交易的“要约”“承诺”“立约”等缔约行为均受专用性资本投入的影响。但是这些专用性投入的可逆性和破产清算价值较低，常常会诱致“套牢效应”，银行债权人为保障债权安全性需要对企业的信誉经过计算性组织间信任认证以后，才能决策是否给予贷款承诺并确立契约条款。③在关系契约理论下，银企关系是企业关系型社会资本的核心构成，可以通过“信任、合作规范、社会关系网络”作用于关系契约的“治理效应”（Guiso等，2010），缓释物质专用性投入所诱发的“套牢效应”。Williamson（1996）指出，如果融资契约选择与契约治理关系相互匹配，则可以节约金融交易成本，这一条件就构成了本研究理论分析之肯綮。综上所述，物质专用性投入可以传递融资契约选择信号；关系专用性投入可以传递契约治理信号。所以，专用性资本投入是影响贷款缔约行为的重要内生性因素。

（2）物质专用性资本投入与选择债权融资负相关。①第4章企业融资要约行为的实证结果表明，物质专用性投入与负债率负相关。说明企业物质专用性投入强度越高，相比于“贷”（债权融资），企业可能会更偏好“投”（股权融资），这一结果与交易成本理论的预期一致。②第5章银行贷款承诺行为的实证结果表明，物质专用性投入与银行信誉认证等级负相关。因为全样本是基于我国“贷款新规”制度下的债权交易，信誉认证结果是银行做出债权投资决策的依据，说明企业物质专用性投入强度越高，与银行达成债权交易缔约的合意越低，企业物质专用性投入可能加剧了银行债权被“套牢”的顾忌。③第6章银企双边贷款立约行为的实证结果表明，物质专用性资本投入与贷款期限正相关。这意味着，物质专用性投入越高越需要匹配长期融资支持。相比于债权融资的有限期限，股权融资的期限更长。所以，物质专用性投入强度高更适宜匹配股权融资，而非债权融资。本书选用处理效应（TE）模型和工具变量（IV）方法测试了模型的稳健性，选用倾向得分匹配（PSM）等方法深入讨论了科技金融情景。发现主要研究结果不变，子问题1得到回答。

（3）关系专用性资本投入传递了关系契约治理信号。①第4章企业融资要约行为的实证结果表明，关系专用性资本投入与负债率负相关。说明银企关系专用性投入强度越高，越有利于发挥关系型社会资本的关系契约“治理效应”。相比于选用高风险的债权融资，企业可能会偏好选用更稳健的股权融资，这一结果同样符合交易成本理论的预期。②第5章银行贷款承诺行为的实证结果表明，关系专用性投入与银行信誉认证等级正相关。因为信誉机制是银行关系契约治理的核心，信誉认证结果是银行对银企组织间“人际诚信”和“社会信任”的预判，说明银企关系专用性投入强度越高，银企双方基于自我履约的关系契约治理越容易实现。这说明，企业关系专用性投入可以增进银行的计算性组织间信任，基于社会关系网络的自我履约更容易实现。③第6章银企双边贷款立约行为的实证结果表明，关系专用性投入与贷款利率（代理贷款交易成本）负相关，说明银企关系专用性投入强度越高，越容易实现关系契约治理，关系契约可以通过“信任、合作规范、社会关系网络”抑制债务人的机会主义行为，进而节约贷款交易成本。本书选用处理效应（TE）模型和工具变量（IV）方法测试了模型的稳健性，选用倾向得分匹配（PSM）等方法深入讨论了科技金融情景。发现主要研究结果不变，子问题2得到回答。

7.2 政策性启示

上述研究发现和推论可以为正确回答“金融体系如何在银投合作制度变迁下服务企业科技创新”提供学理参考。鉴于专用性资本投入对科技金融交易主体都存在“双刃剑”效应，政府的科技金融制度供给也应考虑到制度性“租金效应”和“套牢效应”。如，第4章、第5章的实证结果表明，专用性资本投入程度越高，企业越偏好选用股权融资，同时银行也并不偏好供给债权资本。鉴于此，基于交易成本理论的比较制度分析（comparative institution analysis），如果政府颁布政策撮合科技金融的债权交易则可能诱发“拉郎配”和“乱点鸳鸯谱”，这不利于节约交易成本。相反，如果政府为撮合科技金融的股权融资则可能促成一段你情我愿的“金玉良缘”。因此，企业专用性资本投入强度越高，股权融资交易比债权融资交易更能节约交易成本。我国当下的科技金融银投合作试点为促成“美好姻缘”提供了现实制度基础。基于本书实证结果，金融体系在银投合作制度变迁背景下服务企业科技创新可行的政策发力点如下。

（1）明确股权融资是科技金融交易的契约选择方向。综合第4章和第5章有关子问题1的实证结果可以发现，企业专用资本投入强度越高，银企之间的关系性契约匹配股权交易，相比于古典契约匹配债权交易更易于节约交易成本。从选择融资契约的视角分析，银投合作服务企业科技创新的资金供给可以侧重于股权资本而非债权资本。因此，我国科技金融银投合作制度符合交易成本理论的预期，也符合我国金融体系服务企业科技创新的制度变迁方向。综合本文的理论分析和实证结果，进一步说明，银投合作试点是契合我国科技金融发展规律的理性选择。在银投合作制度变迁背景下，“试验区”

在金融服务科技创新的股权资本支持方面进行了积极探索。如，国务院于2019年发布了“试验区”第2批科技金融成果，其中“区域性股权市场设置科技创新板”和“优化政府股权资金投入配置”等成果都是拓展科技企业股权融资来源的有效探索。此外，回溯第3章制度背景的内容，笔者认为，已有科技金融制度亦可予以创造性的改进。如，2006年11月国家科技部和开发银行共同制定了《国家开发银行高新技术领域软贷款实施细则》，文件鼓励开发银行为企业科技创新提供软贷款（soft loan），但同时也规定了信用认证等“门槛”。由此可见，此类软贷款的产权性质是优惠性债权融资。结合党的十九大报告指出的“深化金融体制改革，增强金融服务实体经济能力，提高直接融资比重”精神，是否可以科学地将部分“债权性软贷款”转化为“股权性软贷款”呢？进一步地，政策性金融组织是否可以直接向符合条件的科技企业提供“股本贷款”呢？此问题有待理论界和政策界的深入论证①。当然，相比于我国“贷款新规”制度下单一的债权贷款治理，银投合作和“股本贷款”金融交易已经触发剩余索取权和剩余控制权问题。这类问题已超出本书探讨的范围，此处毋庸赘述。

（2）明确关系契约自我履约是科技金融的契约治理重点。综合第5章和第6章有关子问题2的实证结果可以发现，企业专用性资本投入强度增加，潜在的“套牢效应”强化，银行向企业提供债权资本的意愿可能会降低，相比于三方契约治理，基于组织间“人际诚信”和“社会信任”的自我履约机制更为金融交易双方所倚重。因此，银行支持企业科技创新的契约治理重点是

---

① 可以参考的制度背景是，国家开发银行2013年以后的信贷投资布局也有改变，“两基一支”贷款占比从1994年的90%下降至2019年的40%左右。其中，高科技产业贷款余额占比上升至10.3%，年复合增长率达24.5%。因此政策性金融是我国发展科技金融可能的抓手。

优化自我履约。结合交易成本理论下节约金融交易成本的匹配条件：①交易高专用性投入（如企业科技创新投入）选用股权融资匹配关系契约可以节约交易成本，这一金融交易模式所隐含的契约治理是持续经营假说条件下的真实融资需求。因为科技金融涉及大量专门知识，这增加了第三方“可认证”难度，此时的契约治理将由三方契约治理向双方治理或一体化治理转化。②交易低专用性投入选用债权融资匹配古典契约可以节约交易成本，这一金融交易模式所隐含的契约治理的重心在于考察企业的最大负债能力，以避免债务人事后的破产清算风险。所以，科技金融契约治理的重点是基于自我履约的关系契约治理。在“试验区”的前3批制度成果中，有关知识产权保护的正式制度成果较为丰硕（第2批成果中含有5项），而有关金融产权保护的正式制度成果较为稀少（第2批成果中暂缺），这也说明科技金融产权保护的正式制度创新相比而言难度可能更大，这也更凸显和关系契约相关的“德行之治”对科技金融交易产权保护的意义。“试验区”第3批科技金融成果新提出“比选高水平的征信组织和信用评级组织，建立信用风险分析数据库，选用大数据分析技术，为银行提供高精准度的信用信息”，这意味着，“诚信至上，信誉第一”和“人无忠信，不可立于世”这些悠久的民族道德规范，在新时代依然是我国科技金融契约治理的核心要义。

（3）以金融组织创新实现股权融资和关系契约治理的协同性。在科技金融制度创新中，嵌入合伙制组织创新可以满足企业科技创新对股权资本、专用性人力资本的双重需求。具体讲，一是合伙制组织具有“资合”组织优势，可以保障不同产权性质的资金便捷地变性为企业科技创新所需的股权资本。二是合伙制经济组织具有“人合”组织优势，可以保障银行选择高质量的风险股权资本（VC）合作伙伴，弥补银行专用性人力资本的匮乏。笔者认为，企业科技创新的“套牢”风险主要来源于R&D活动的不确定性，可以引入R&D团队加入普通合伙人（GP），并赋予R&D团队对知识产权享有剩余索取权和剩余控制权，激发R&D团队的内生活力，降低R&D活动的不确定性。这一思路与“试验区”前3批探索的“技术股与现金股结合激励的科技成果转化相关方利益捆绑机制”和“以事前产权激励为核心的职务科技成果权属改革”等制度成果的思路较为契洽。更重要的是，发挥合伙制的“资合”和“人合”组织优势，可以实现政府资本、金融资本、企业资本、R&D团队人力资本纵向一体化，增进我国“产业链、创新链、资金链”三链融合，为早日建成“实体经济、科技创新、现代金融、人力资源”协同发展的产业体系提供微观组织动能①。

（4）集聚关系型社会资本助力新时代科技金融发展。我国正在深入推进“法治中国”和“诚信中国”建设，集聚高质量的社会资本有助于增进正式制度和非正式制度协同性，从而实现“善治”。社会主义核心价值观是我国非正式制度的本真精义，《中华人民共和国民法典》已成为我国正式制度供给划时代的丰碑，弘扬社会主义核心价值观成为《中华人民共和国民法典》的立法主旨，这更加凸显正式制度和非正式制度协同发展对于增进“中国之治”的时代意涵。对于优化科技金融制度而言，参考Allen等（2019a，2019b）学者对中国“建设性非正规金融”（constructive informal financing）的研究，是否可以将科技金融创新纳入全民“创业创新”的范畴呢？是否可以在“试验区”探索建立服务于企业科技创新的民间债权股权合作的辛迪加

① 在2020年8月的经济社会专家座谈会上，习近平总书记指出：自2008年国际金融危机以来，我国经济已经向国内大循环为主体转变，科技创新是形成国内大循环为主体的关键；要打造科技、教育、产业、金融紧密融合的创新体系。这为科技金融理论创新提供了战略指引。

风险投资（syndicate venture capital）体系呢？这些问题都和组织间“人际”诚信、社会信任、关系型社会资本密不可分（Allen等，2019b）。鉴于此，可以在社会主义核心价值观的引领下，从多维度为我国科技金融发展集聚社会资本：①在全社会大力倡导诚信友善、团结互信，弘扬以信任为基础的道德规范。②培育网络化的信用体系，实现政府部门、征信组织和金融组织的信用信息互联共享。③弘扬全民的契约精神和崇尚科学的精神，鼓励全民主动参与“创业创新”公共服务。④各级政府带头加强“诚信中国”建设，为全民共建合作分享的非正式制度体系提供高质量的正式制度保障。⑤推动社会主义核心价值观转化为社会公众的情感认同和行为自觉，激活社会主义核心价值观体系的“公民资本”和“社会资本”集聚效应，集聚充足的专用性人力资本、金融资本和科技资本投入到新时代的民族复兴大业。

7.3 研究展望

本书的研究局限以及进一步的研究展望。

（1）本书选取的核心数据主要源于真实银行贷款交易，银行扎根微观企业经营且和宏观经济有更密切的联系（Gertler等，2020）。银行贷款信息在我国特殊的制度背景下具有独特的学术价值（马永强等，2021），但是银行贷款数据机密性高，脱敏要求严格，这极大地增加了本书实证研究的工作量。[①]本书所选用的贷款交易数据虽然和研究主题以及两个子问题有较好的契合性，但是大量样本为一次性交易，会计信息披露相比公开债权市场很有

① 譬如贷款契约的贷款期限、贷款利率、贷款规模等信息本身就受法律保护；企业主体信誉评级、债项评级属于银行的核心商业机密，等等。

限。未来的研究，可通过更大范围的田野调查等手工方式收集更多家银行及其会计信息披露更充分的贷款交易，建立全面完整的物质资本数据库、社会资本数据库、银行贷款契约数据库，进一步填补专用性资本投入和贷款缔约行为间关系的学理性认知缺口。

依据本研究如图1.1所示的研究思路和我国现实贷款制度，本研究主要探讨了贷款缔约的“要约→承诺→立约”行为，对契约事后治理鲜有涉及，因为相关问题更为复杂和宏大，有待专文深入探讨。单就第6章的贷款“立约”行为而言，在此章专门考察了银企双边专用性投入对契约条款的影响，并在模型（6.1）中引入源于BvD-Bankscope数据库、CSMAR数据库、Wind数据库的银行监管数据。为了凸显研究重点，模型（6.1）仅代表性地选用了5个银行监管指标[①]。后续研究还可以纳入更多银行监管信息，提炼更丰富的有关“契约人”双边交易的共性认知。

（2）本书在对已有专用性物质资本和社会资本理论文献进行梳理的基础上，结合我国科技金融的实际和贷款数据可获得性，基于物质和非物质两个层面选用适合我国企业科技创新专用性资本投入的度量指标，但对于物质和关系专用性资本的度量方法理论界尚未统一（Guiso等，2004），本书所选用的专用性资本度量指标难免有局限性，度量方法也有待完善。尤其是囿于银行贷款信息的特殊性，本研究可用于测度物质专用性资本投入的会计信息很有限。未来的研究，①可以参考2.2节的文献，进一步地扩充专用性资本投入的指标体系，尽可能全面呈现企业科技创新专用性要素投入（譬如专用性人力资本、专利技术、R&D投入、信誉）；②融合社会主义核心价值观和

① 相比于贷款交易记录中有限的会计信息披露，BvD-Bankscope数据库、CSMAR数据库、Wind数据库披露的会计信息更全面，在模型（6.1）中可以选用不同的会计指标测度银行专用性资本投入。

《中华人民共和国民法典》的内容，从个人、社会和国家层面多层次地提炼契合我国科技金融发展的制度要素投入体系。

（3）本书在新制度学理论框架下，主要基于“契约人”研究范式构建理论体系和实证模型，重点探讨了银企组织间“人际诚信”和银企关系型社会资本微观层面的非正式制度对科技金融贷款缔约行为的影响。然而其他非正式制度（社会信任、合作规范）或正式制度（党组织、物权担保）都有可能影响我国科技金融交易主体间的缔约行为。未来的研究，①可以系统探究更具有本土特色的制度因素和科技金融贷款缔约行为间的关系；②还可以引入Brander–Lewis模型（Brander和Lewis，1986）基于外部市场结构分析经济组织行为对科技金融交易的影响；③亦可以引入新制度学理论的Grossman–Hart–Moore模型，从内部分析剩余控制权、剩余索取权如何影响科技金融交易的激励约束机制，这样就可以将考察科技金融交易的“契约人”视野拓展至新产权理论。

参考文献

REFERENCES

中文文献

[1] 陈钦源，马黎珺，伊志宏．分析师跟踪与企业创新绩效——中国的逻辑［J］．南开管理评论，2017（03）：15-27．

[2] 陈思，何文龙，张然．风险投资与企业创新：影响和潜在机制［J］．管理世界，2017（01）：158-169．

[3] 陈涛，邓平，金炜东．中国公司获取战略性资产的途径及其比较［J］．国际经济合作，2007（6）：12-17．

[4] 陈玉罡，李善民．并购中主并公司的可预测性：基于交易成本视角的研究［J］．经济研究，2007（4）：90-100．

[5] 成力为，邹双．风险投资后期进入对企业创新绩效的影响研究——选择效应抑或增值效应?［J］．管理评论，2020（1）：80-90．

[6] 程宏伟．隐性契约、专用性投资与资本结构［J］．中国工业经济，2004（08）：105-111．

[7] 程六兵，叶凡，刘峰．资本市场管制与企业资本结构［J］．中国工业经济，2017（11）：155-173．

［8］ 戴泽伟，潘松剑. 市场范围、资产专用性与持续经营假设［J］. 厦门大学学报（哲学社会科学版），2019（01）：67–77.

［9］ 德姆塞茨（Demsetz）. 所有权、控制与企业——论经济活动的组织［M］. 北京：经济科学出版社，1999.

［10］ 方明月. 资产专用性、融资能力与企业并购——来自中国A股工业上市公司的经验证据［J］. 金融研究，2011（05）：156–170.

［11］ 费孝通. 乡土中国生育制度［M］. 北京：北京大学出版社，1998.

［12］ 付雷鸣，万迪昉，张雅慧. VC是更积极的投资者吗?——来自创业板上市公司创新投入的证据［J］. 金融研究，2012（10）：125–138.

［13］ 苟燕楠，董静. 风险投资进入时机对企业技术创新的影响研究［J］. 中国软科学，2013（03）：132–140.

［14］ 辜胜阻，庄芹芹. 资本市场功能视角下的企业创新发展研究［J］. 中国软科学，2016（11）：4–13.

［15］ 顾夏铭，陈勇民，潘士远. 经济政策不确定性与创新——基于我国上市公司的实证分析［J］. 经济研究，2018（02）：109–123.

［16］ 郝盼盼，张信东，贺亚楠. CEO研发工作经历对企业研发活动的影响研究［J］. 软科学，2019（8）：7–13.

［17］ 韩洪云，李寒凝. 契约经济学：起源、演进及其本土化发展［J］. 浙江大学学报（人文社会科学版），2018，48（02）：55–71.

［18］ 何韧，刘兵勇，王婧婧. 银企关系、制度环境与中小微企业信贷可得性［J］. 金融研究，2012（11）：103–115.

［19］ 洪银兴．论创新驱动经济发展战略［J］．经济学家，2013（01）：5-11．

［20］ 胡军，朱文胜，庞道满．劳动契约、交易费用与关系治理——华人家族企业内部治理行为分析［J］．暨南学报（哲学社会科学版），2002（03）：14-19．

［21］ 胡志浩，李勍．关系型融资研究新进展［J］．经济学动态，2019（10）：132-146．

［22］ 黄宇虹，黄霖．金融知识与小微企业科技创新意识、创新活力——基于中国小微企业调查（CMES）的实证研究［J］．金融研究，2019（4）：149-167．

［23］ 黄再胜，王玉．公平偏好、薪酬管制与国企高管激励——一种基于行为合约理论的分析［J］．财经研究，2009，35（01）：16-27．

［24］ 纪洋，王旭，谭语嫣，黄益平．经济政策不确定性、政府隐性担保与企业杠杆率分化［J］．经济学（季刊），2018，17（02）：449-470．

［25］ 解维敏，唐清泉，陆姗姗．政府R&D资助，企业R&D支出与自主创新——来自中国上市公司的经验证据［J］．金融研究，2009（06）：86-99．

［26］ 黎文靖，郑曼妮．实质性创新还是策略性创新?——宏观产业政策对微观企业创新的影响［J］．经济研究，2016（4）：60-73．

［27］ 李后建，刘思亚．银行信贷、所有权性质与企业创新［J］．科学学研究，2015（7）：1089-1099．

［28］李汇东，唐跃军，左晶晶．用自己的钱还是用别人的钱创新?——基于中国上市公司融资结构与公司创新的研究［J］．金融研究，2013（02）：170–183．

［29］李青原，王永海．资产专用性与公司资本结构——来自中国制造业股份有限公司的经验证据［J］．会计研究，2006（7）：66–71．

［30］李青原，王永超．公司纵向并购财富效应的实证研究——来自我国上市公司的经验证据［J］．中国会计与财务研究，2011（3）：1–21．

［31］李青原，王永海．产品市场竞争、资产专用性与资本结构：一个供给视角的分析［J］．经济评论，2008（6）：109–114．

［32］李万福，杜静，张怀．创新补助究竟有没有激励企业科技创新自主投资？——来自中国上市公司的新证据［J］．金融研究，2017（10）：130–145．

［33］李万福，林斌，宋璐．内部控制在公司投资中的角色：效率促进还是抑制?［J］．管理世界，2011（02）：81–99+188．

［34］李文贵，余明桂．民营化企业的股权结构与企业创新［J］．管理世界，2015（04）：112–125．

［35］连军，刘星，杨晋渝．政治联系、银行贷款与公司价值［J］．南开管理评论，2011（5）：48–57．

［36］廖理，李梦云，王正位．借款人社会资本会降低其贷款违约概率吗？——来自现金贷市场的证据［J］．中国工业经济，2020（10）：5–23．

［37］林毅夫．新结构经济学［M］．北京：北京大学出版社，2019．

[38] 刘凤芹，王姚瑶. 声誉机制与默认合约：一个“敲竹杠”治理方案的实证比较 [J]. 社会科学战线，2013 (11)：55–59.

[39] 刘贯春，段玉柱，刘媛媛. 经济政策不确定性、资产可逆性与固定资产投资 [J]. 经济研究，2019，54 (08)：53–70.

[40] 刘刚，梁晗，殷建瓴. 风险投资声誉、联合投资与企业创新绩效——基于新三板企业的实证分析 [J]. 中国软科学，2018 (12)：110–125.

[41] 刘景东，朱梦妍. 技术创新网络惯例的治理功能及维度构建 [J]. 管理科学，2019，32 (3)：106–119.

[42] 陆瑶，张叶青，贾睿，李健航. “辛迪加”风险投资与企业创新 [J]. 金融研究，2017 (06)：159–175.

[43] 马光荣，刘明，杨恩艳. 银行授信、信贷紧缩与企业研发 [J]. 金融研究，2014 (07)：76–93.

[44] 马娜，侯丽. 关系资产投资对融资结构影响的实证研究——基于中国创业板上市公司的数据验证 [J]. 中国流通经济，2018，32 (02)：98–106.

[45] 马娜，钟田丽. 战略性资产投资对资本结构的影响——以中国创业板企业为例 [J]. 科研管理，2017，38 (02)：125–134.

[46] 马永强，吴年年，玄宇豪. 银行贷款信息的宏观预测价值：基于中国制度环境的研究 [J]. 南开管理评论，2021，24 (01)：136–147.

[47] 苗文龙，何德旭，周潮. 企业创新行为差异与政府技术创新支出效应 [J]. 经济研究，2019 (01)：85–99.

[48] 内田贵．契约的再生［M］．胡宝海，译．北京：中国政法大学出版社，2004.

[49] 聂辉华，李金波．资产专用性、敲竹杠和纵向一体化——对费雪-通用汽车案例的全面考察［J］．经济学家，2008（4）：44-49.

[50] 亓同惠．法治中国背景下的“契约式身份”：从理性规制到德性认同［J］．法学家，2015（3）：1-15.

[51] 钱先航，曹春芳．信用环境影响银行贷款组合吗？——基于城市商业银行的实证研究［J］．金融研究，2013（4）：57-70.

[52] 饶艳超，胡奕明．银行信贷中会计信息的使用情况调查与分析［J］．会计研究，2005（04）：36-41+94-95.

[53] 申宇，赵玲，吴风云．创新的母校印记：基于校友圈与专利申请的证据［J］．中国工业经济，2017（08）：156-173.

[54] 舒惜虞，陈英．中小企业战略性资产开发的探讨［J］．商业研究，2003（21）：20-22.

[55] 孙元欣，于茂荐．关系契约理论研究述评［J］．学术交流，2010（08）：117-123.

[56] 孙早，许薛璐．前沿技术差距与科学研究的创新效应——基础研究与应用研究谁扮演了更重要的角色？［J］．中国工业经济，2017（03）：5-23.

[57] 王国刚．中国银行业70年：简要历程、主要特点和历史经验［J］．管理世界，2019，35（07）：15-25.

[58] 王建平，吴晓云．制造企业知识搜寻对渐进式和突破式创新的作用机制［J］．经济管理，2017，39（12）：58-72.

[59] 王满四，王旭东. 关系型融资、关系治理与企业创新——来自沪深A股高科技上市公司的实证研究［J］. 中国软科学，2020（5）：118-129.

[60] 王庆喜. 中小企业资源与竞争优势：基于浙江实证研究［M］. 北京：经济科学出版社，2012.

[61] 王永海，范明. 资产专用性视角下的资本结构动态分析［J］. 中国工业经济，2004（1）：93-98.

[62] 威廉姆森（Williamson）. 治理机制［M］. 石烁，译. 北京：机械工业出版社，2016.

[63] 温军，冯根福. 风险投资与企业创新："增值"与"攫取"的权衡视角［J］. 经济研究，2018（02）：185-199.

[64] 吴超鹏，吴世农，程静雅，王璐. 风险投资对上市公司投融资行为影响的实证研究［J］. 经济研究，2012（01）：105-119.

[65] 肖泽忠，邹宏. 中国上市公司资本结构的影响因素和股权融资偏好［J］. 经济研究，2008（06）：119-134+144.

[66] 肖作平，张樱. 社会资本对银行贷款契约的影响［J］. 证券市场导报，2014（12）：32-40.

[67] 谢家智，刘思亚，李后建. 政治关联、融资约束与企业研发投入［J］. 财经研究，2014（08）：81-93.

[68] 谢露. 银企关联、金融发展与企业创新——来自民营制造业上市公司的经验证据［J］. 中国物价，2017（09）：46-48+52.

[69] 徐德信，汪国银. 合约实施理论发展综述［J］. 安徽工业大学学报（社会科学版），2010，27（01）：44-47.

［70］许楠，刘浩，蔡伟成．独立董事人选、履职效率与津贴决定——资产专用性的视角［J］．管理世界，2018，34（03）：109-123+184.

［71］薛澜，俞乔．科技金融：理论的创新与现实的呼唤——评赵昌文等著《科技金融》一书［J］．经济研究，2010，45（07）：157-160.

［72］杨洋，魏江，罗来军．谁在利用政府补贴进行创新?——所有制和要素市场扭曲的联合调节效应［J］．管理世界，2015（01）：75-86.

［73］叶江峰，顾远东．校企非正式个人联结如何促进企业突破式创新?［J］．经济管理，2019（07）：36-52.

［74］叶祥松，刘敬．异质性研发、政府支持与中国科技创新困境［J］．经济研究，2018，53（09）：116-132.

［75］殷孟波，翁舟杰，梁丹．解读中小企业贷款难理论谜团的新框架——租值耗散与交易费用视角［J］．金融研究，2008（05）：99-106.

［76］殷孟波，吴佳其．非上市企业的经营效率传递了负债融资能力吗?［J］．财经科学，2020a（04）：37-45.

［77］殷孟波，吴佳其，许坤．微观非金融企业杠杆治理的加减法——来自信贷市场的证据［J/OL］．重庆大学学报（社会科学版）：2020b，http://kns.cnki.net/kcms/detail/50.1023.C.20200924.1032.002.html.

［78］尹志超，甘犁．信息不对称、企业异质性与信贷风险［J］．经济

研究，2011，46（09）：121-132.

［79］尹志超，钱龙，吴雨．银企关系、银行业竞争与中小企业借贷成本［J］．金融研究，2015（01）：134-149.

［80］余明桂，潘红波．政治关系、制度环境与民营企业银行贷款［J］．管理世界，2008（8）：9-23.

［81］于茂荐，孙元欣．专用性投资对企业绩效影响研究——产业技术投入的调节效应［J］．科学学研究，2012（09）：1363-1369+1353.

［82］于文超，梁平汉．不确定性、营商环境与民营企业经营活力［J］．中国工业经济，2019（11）：136-154.

［83］余琰，罗炜，李怡宗，朱琪．国有风险投资的投资行为和投资成效［J］．经济研究，2014，49（02）：32-46.

［84］翟胜宝，许浩然，唐玮，高康，曹蕾．银行关联与企业创新——基于我国制造业上市公司的经验证据［J］．会计研究，2018（07）：50-56.

［85］赵昌文，陈春发，唐英凯．科技金融［M］．北京：科学出版社，2009.

［86］张敦力，李四海．社会信任、政治关系与民营企业银行贷款［J］．会计研究，2012（8）：17-24.

［87］张杰．制度金融理论的新发展：文献述评［J］．经济研究，2011（03）：145-159.

［88］张杰．金融学在中国的发展：基于本土化批判吸收的西学东渐［J］．经济研究，2020（11）：4-18.

［89］张杰，陈志远，杨连星，新夫．中国创新补贴政策的绩效评估：理论与证据［J］．经济研究，2015（10）：4–17.

［90］张明喜，郭滕达，张俊芳．科技金融发展40年：基于演化视角的分析［J］．中国软科学，2019（03）：20–33.

［91］张璇，李子健，李春涛．银行业竞争、融资约束与企业创新——中国工业企业的经验证据［J］．金融研究，2019（10）：98–116.

［92］张璇，刘贝贝，汪婷，李春涛．信贷寻租、融资约束与企业创新［J］．经济研究，2017（05）：161–174.

［93］张学勇，张叶青．风险投资、创新能力与公司IPO的市场表现［J］．经济研究，2016（10）：112–125.

［94］张一林，龚强，荣昭．技术创新、股权融资与金融结构转型［J］．管理世界，2016（11）：65–80.

［95］章元，程郁，佘国满．政府补贴能否促进高新技术企业的自主创新?——来自中关村的证据［J］．金融研究，2018（10）：123–140.

［96］钟凯，程小可，肖翔，郑立东．宏观经济政策影响企业创新投资吗?——基于融资约束与融资来源视角的分析［J］．南开管理评论，2017（06）：4–14.

［97］钟宁桦，刘志阔，何嘉鑫，苏楚林．我国企业债务的结构性问题［J］．经济研究，2016，51（07）：102–117.

［98］钟田丽，胡彦斌．高技术创业企业人力资本特征对R&D投资与融资结构的影响［J］．科学学与科学技术管理，2014a（3）：164–174.

[99] 钟田丽，马娜，胡彦斌. 企业创新投入要素与融资结构选择——基于创业板上市公司的实证检验［J］. 会计研究，2014b（4）：66-73+96.

[100] 周海涛，张振刚. 政府科技经费对企业创新决策行为的引导效应研究——基于广东高新技术企业微观面板数据［J］. 中国软科学，2016（06）：110-120.

[101] 周开国，卢允之，杨海生. 融资约束、创新能力与企业协同创新［J］. 经济研究，2017（7）：94-108.

[102] 周其仁. 公有制企业的性质［J］. 经济研究，2000（11）：3-12.

[103] 祝继高，韩非池，陆正飞. 产业政策、银行关联与企业债务融资［J］. 金融研究，2015（3）：176-191.

英文文献

[1] Acemoglu D, Akcigit U, Alp H, et al. Innovation, reallocation, and growth [J]. American Economic Review, 2018, 108(11): 3450-3491.

[2] Acemoglu D, Johnson S, Mitton T. Determinants of vertical integration: Financial development and contracting costs [J]. Journal of Finance, 2009, 63（3）: 1251-1290.

[3] Acharya V V, Baghai R P, Subramanian K V. Wrongful discharge laws and innovation [J]. Review of Financial Studies, 2014, 27（1）: 301-346.

[4] Akey P, Lewellen S. Policy uncertainty, political capital, and firm risk-taking [R]. SSRN Working Paper, 2016.

[5] Allen F, Qian J, Qian M J. Law, finance, and economic growth in China [J]. Journal of Financial Economics, 2005, 77 (1): 57–116.

[6] Allen F, Qian M J, Xie J. Understanding informal financing [J]. Journal of Financial Intermediation, 2019a, 39: 19–33.

[7] Allen F, Qian Y M, Tu G Q, et al. Entrusted loans: A close look at China's shadow banking system [J]. Journal of Financial Economics, 2019b, 133 (1): 18–41.

[8] Allen J W, Phillips G M. Corporate equity ownership, strategic alliances, and product market relationships [J]. Journal of Finance, 2000, 55(6): 2791–2815.

[9] Amit R, Schoemaker P J H. Strategic assets and organizational rent [J]. Strategic Management Journal, 1993, 14 (1): 33–46.

[10] Amore M D, Schneider C, Zaldokas A. Credit supply and corporate innovation [J]. Journal of Financial Economics, 2013, 109 (3): 835–855.

[11] Arvanitis S, Stucki T. The Impact of venture capital on the persistence of innovation activities of Swiss start-ups [J]. Small Business Economics, 2013, 42 (4): 849–870.

[12] Balakrishnan S, Fox I. Assets speciality, firm heterogeneity, and capital structure [J]. Strategic Management Journal, 1993, 14 (1): 3–16.

[13] Banerjee S, Dasgupta S, Kim Y. Buyer-supplier relationships and the

stakeholder theory of capital structure [J] . Journal of Finance, 2008, 63(5): 2507–2552.

[14] Barney J B. Firms resources and sustained competitive advantage [J] . Journal of Management, 1991, 17 (1) : 99–120.

[15] Barney J, Wright M, David J, Ketchen J. The resource–based view of the firm: Ten years after 1991 [J] . Journal of Management, 2001, 27(6): 625–641.

[16] Behr P, et al. How do lending relationships affect access to credit and loan conditions in microlending [J] . Journal of Banking & Finance, 2011, 35(8): 2169–2178.

[17] Benfratello L, Schiantarelli F, Sembenelli A. Banks and innovation: Micro–econometric evidence on Italian firms [J] . Journal of Financial Economics, 2008, 90 (2) : 197–217.

[18] Berger A N, Frame W S. Small business credit scoring and credit availability [J] . Journal of Small Business Management, 2007, 45 (1) : 5–22.

[19] Berger A N, Goulding W, Rice T. Do small businesses still prefer community banks? [J] . Journal of Banking & Finance, 2014, 44(7): 264–278.

[20] Berger A N, Udell G F. Universal banking and the future of small business, in Saunders A, Walter I. (eds.). Financial system design: the case for universal banking. Irwin, Burr Ridge. 1996.

[21] Bharath S T, Dahiya S, Saunders A, et al. Lending relationships and

loan contract terms [J] . The Review of Financial Studies, 2011, 24 (4) : 1141–1203.

[22] Boeing P. The allocation and effectiveness of China's R&D subsidies–evidence from listed firms [J] . Research Policy, 2016, 45(9): 1774–1789.

[23] Bonte W, Nielen S. Innovation, credit constraints, and trade credit: Evidence from a cross–country study [J] . Schumpeter Discussion Papers, 2010, 32(6): 413–424.

[24] Botsch M, Vanasco V. Learning by lending [J] . Journal of Financial Intermediation, 2019, 37: 1–14.

[25] Bottazzi L, Da Rin M, Hellmann T. Who are the active investors? [J] . Journal of Financial Economics, 2008, 89 (3) : 488–512.

[26] Braggion F, Ongena S R G. Century of firm–bank relationships: Why the transition to multiple banking? [R] . FDIC Working Paper, No. 2011–07.

[27] Brander J A, Lewis T R. Oligopoly and financial structure: the limited liability effect [J] . American Economic Review, 1986, 76(5): 956–970.

[28] Chemmanur T J, Krishnan K, Nandy D K. How does venture capital financing improve efficiency in private firms? a look beneath the surface [J] . The Review of Financial Studies, 2011, 24(12): 4037–4090.

[29] Chemmanur T J, Loutskina E, Tian X. Corporate venture capital, value

creation and innovation [J] . The Review of Financial Studies, 2014, 27(8): 2434–2473.

[30] Chen Y, Huang R J, Tsai J, et al. Soft information and small business lending [J] . Journal of Financial Services Research, 2015, 47 (1) : 115–133.

[31] Cheng C S A, Wang J, Zhang N, et al. Bowling alone, bowling together: Is social capital priced in bank loans? [R] . SSRN Working Paper, 2016.

[32] Choate G M. The governance problem, asset specificity and corporate financing decisions [J] . Journal of Economic Behavior and Organization, 1997, 33: 75–90.

[33] Cole R A, Sokolyk T. Debt financing, survival, and growth of start-up firms [J] . Journal of Corporate Finance, 2018, 50(6): 609–625.

[34] Cole R A, et al. Cookie cutter vs. character: The micro structure of small business lending by large and small banks [J] . Journal of Financial and Quantitative Analysis, 2004, 39 (2) : 227–251.

[35] Coleman J S. Foundations of social theory [M] . Cambridge: Harvard University Press, 1990.

[36] Collis D J, Montgomery C A. Corporate strategy: Resources and the scope of the firm [M] . Chicago, MA: Irwin, 1997.

[37] Coase R H. The Nature of the Firm [J] . Economica, 1937, 16 (4) : 386–405.

[38] Cushing W W J, McCarty D E. Asset specificity and corporate

governance: An empirical test [J]. Managerial Finance, 1996, 22 (2): 16–28.

[39] Degryse H, Cayseele P V. Relationship lending within a bank–based system: Evidence from European small business data [J] . Journal of Financial Intermediation, 2000, 9 (1) : 90–109.

[40] Demsetz H. Industry structure, market rivalry and public policy [J] . Journal of Law and Economics, 1973, 16 (1) : 1–9.

[41] Dierickx I, Cool K. Asset stock accumulation and sustainability of competitive advantage [J] . Management Science, 1989, 35(12): 1504–1511.

[42] Durguner S. Do borrower–lender relationships still matter for small business loans? [J] . Journal of International Financial Markets, Institutions and Money, 2017, 50: 98–118.

[43] Eisenberg M A. Why there is no law of relational contracts, relational contract theory: Unanswered questions a symposium in honor of Ian R. Macneil [J] . Northwestern University Law Review, 2000 (Spring).

[44] Engbers T, Rubin B, Aubuchon C. Social capital and metropolitan economic development [R] . SSRN Working Paper, 2013.

[45] Engel D, Keilbach M. Firm–level implications of early stage venture capital investment–An empirical investigation [J] . Journal of Empirical Finance, 2–07, 14 (2) : 150–167.

[46] Fan J P H, Titman S, Twite G. An international comparison of capital

structure and debt maturity choices [J] . Journal of Financial and quantitative Analysis, 2012, 47 (1) : 23–56.

[47] Gambetta D. Trust: Making and breaking cooperative relations [M] . Oxford: Basil Blackwell, 2000.

[48] Gambini A, Zazzaro A. Long–lasting bank relationships and growth of firms [J] . Small Business Economics, 2013, 40 (4) : 977–1007.

[49] Gertler M, Kiyotaki N, Prestipino A. A macroeconomic model with financial panics [J] . The Review of Ecomomic Studies, 2020, 87 (1) : 240–288.

[50] Gifford S. Litmited attention and the optimal incompleteness of contracts [J] . Journal of Law, Economics and Organization, 1999(July).

[51] Glaudio P. Debt and firms' relationships: The Italian evidence [J] . Review of Industry Organization, 2002, 20 (3) : 267–282.

[52] Gong G, Xu S, Gong X. On the value of corporate social responsibility disclosure: An empirical investigation of corporate bond issues in China [J] . Journal of Business Ethics, 2018, 150: 227–258.

[53] Gopalan R, Kadan O, Pevzner M. Asset liquidity and stock liquidity [J] . Journal of Financial and Quantitative Analysis, 2012, 47 (2) : 333–364.

[54] Goss A, Roberts G S. The impact of corporate social responsibility on the cost of bank loans [J] . Journal of Banking & Finance, 2011, 35(7): 1794–1810.

[55] Guiso L, Sapienza P, Zingales L. The role of social capital in financial

development [J] . American Economic Review, 2004, 94 (3) : 526–556.

[56] Guiso L, Sapienza P, Zingales L. Civic capital as the missing link [R] . NBER Working Paper, 2010.

[57] Hall B H, Lerner J. The financing of R&D and innovation [M] // Handbook of the Economics of Innovation. North–Holland, 2010, 1: 609–639.

[58] Han D. The relationship–specific investment of suppliers customers and capital structure: An empirical study based on industry–level data [C] . IEEE Conference Publications 2011: 1–5.

[59] Hasan L, Hoi C K, Wu Q, et al. Social capital and debt contracting: Evidence from bank loans and public bonds [R] . Bank of Finland Research Discussion Papers, 2015.

[60] Hellmann T, Puri M. Venture capital and the professionalization of start–up firms: Empirical evidence [J] . Journal of Finance, 2002, 57 (1) : 169–197.

[61] Hennessy C A, Livdan D. Debt, bargaining, and credibility in firm–supplier relationships [J] . Journal of Financial Economics, 2009, 93 (3) : 382–399.

[62] Holmstrom B, Roberts J. The boundaries of the firm revisited [J] . Journal of Economic Perspectives, 1998, 12 (4) : 73–94.

[63] Hud M, Hussinger K. The impact of R&D subsidies during the crisis [J] . Research policy, 2015, 44(10): 1844–1855.

[64] Javier T T, Antonia R, Montes L, et al. The influence of manufacturing flexibility on the interplay between exploration and exploitation: The effects of organizational learning and the environment [J] . International Journal of Production Research, 2011, 49(20): 6175-6198.

[65] Johnson W C, Kang J K, Masulis R W, et al. Supply chain spillover effects and the interdependence of firm financing decisions [R] . Working Paper, 2011.

[66] Joskow P L. Vertical integration [A] . Menard C, Shirley M. Handbook of new institutional economics [C] . 2005: 319-348.

[67] Kaasa A. Effects of different dimensions of social capital on innovation activity: Evidence from Europe at the regional level [J] . Technovation, 2009, 29 (1) 218-233.

[68] Kale J R, Meneghetti C. Supplier/customer considerations in corporate financial decisions [J] . Limb Management Review, 2014, 26 (3) : 149-155.

[69] Karlan D, Mobius M, Rosenblat T, et al. Trust and social collateral [J] . The Quarterly Journal of Economics, 2009, 124 (3) : 1307-1361.

[70] Kim H, Kung H. Asset specificity, economic uncertainty, and corporate investment [R] . Working Paper, Duke University, 2011.

[71] Kim M, Surroca J, Tribo J A. The effect of social capital on financial capital [R] . SSRN Working Paper, 2009.

[72] Kim M, Surroca J, Tribo J A. Impact of ethical behavior on syndicated

loan rates [J] . Journal of Banking & Finance, 2014, 38: 122–144.

[73] Kipar S. The effect of restrictive bank lending on innovation: Evidence from a financial crisis [R] . IFO Working Paper, 2011.

[74] Kirschenmann K. Credit rationing in small firm–bank relationships [J] . Journal of Financial Intermediation, 2016, 26: 68–99.

[75] Klein B R. Why Hold–ups occur: The self–enforcing range of contractual relationships [J] . Economic Inquiry, 1996, 34 (3) : 444–463.

[76] Klein B R, Crawford A, Alehian A. Vertical integration, appropriable rents and the competitive contracting process [J] . Journal of Law and Economics, 1978, 21 (2) : 296–324.

[77] Kogan L. Asset prices and real investment [J] . Journal of Financial Economics, 2004, 73 (3) : 411–431.

[78] Kreps D M, Wilson R. Reputation and imperfect information [J] . Journal of Economic Theory, 1982, 27 (2) : 253–279.

[79] Kwon Y. Relationship–specific investment, social capital, and performance: The case of Korean exporter/foreign buyer relations [J] . Asia Pacific Journal of Management, 2011, 28 (4) : 761–773.

[80] La Porta R, Lopez–de–Silanes F, Shleifer A, et al. Legal determinants of external finance [J] . Journal of Finance, 1997, 52 (3) : 1131–1150.

[81] Lafontaine F, Slade M. Vertical integration and firm boundaries: The evidence [J] . Journal of Economic Literature, 2007, 45 (3) : 629–

685.

[82] Lafontaine F, Masten S. Contracting in the absence of specific investments and moral hazard [R]. National Bureau of Economic Research, 2002.

[83] Lippman S, Rurnelt R. Uncertain imitability: an analysis of inter–firm differences in efficiency under competition [J]. Bell Journal of Economics, 1982, 13(02): 418–438.

[84] Lopez–Espi–nosa G, et al. When does relationship lending start to pay? [J] Journal of Financial Intermediation, 2017, 31: 16–29.

[85] Macneil I R. Relational contract: What we do and do not know? [J]. Wisconsin Law Review, 1985 (Wis. L. Rev. 483).

[86] Macneil R W. Contract In China: Law, Practice, and dispute resolution [J]. Stanford Law Review, 1986(January).

[87] Maksimovic V, Titman S. Financial policy and reputation for product quality [J]. Review of Financial Studies, 1991, 4 (1): 175–200.

[88] Mang P Y. Exploiting innovation options: an empirical analysis of R&D intensive firms [J]. Journal of Economic Behavior and Organization, 1998, 35 (2): 229–242.

[89] Mansfield E. The economics of technological change [M]. Norton & Co. Inc., New York, 1968.

[90] Mistrulli P E, Vacca V. Social capital and the cost of credit: Evidence from a crisis [R]. SSRN Working Paper, 2015.

[91] Modigliani F, Miller M H. The cost of capital, corporation finance and

the theory of investment [J] . American Economic Review, 1958, 48 (3) : 261–297.

[92] Montmartin B, Herrera M. Internal and external effects of R&D subsidies and fiscal incentives: Empirical evidence using spatial dynamic panel models [J] . Research Policy, 2015, 44(5): 1065–1079.

[93] Morellec E. Asset liquidity, capital structure and secured debt [J] . Journal of Financial Economics, 2001, 61 (2) : 173–206.

[94] Myers S, Rajan R. The paradox of liquidity [J] . Quarterly Journal of Economics, 1998, 113 (3) : 733–771.

[95] Nahapiet J, Ghoshal S. Social capital, intellectual capital, and the organizational advantage [J] . The Academy of Management Review, 1998, 23 (2) : 242–266.

[96] Nelson R R, Winter S G. The Schumpeterian tradeoff revisited [J] . American Economic Review, 1982, 72 (1) : 114–132.

[97] Neuberger D, Räthke–Döppner S. The role of demographics in small business loan pricing [J] . Small Business Economics, 2015, 44 (2) : 411–424.

[98] Nunn N. Relationship specificity, incomplete contracts, and the pattern of trade [J] . The Quarterly Journal of Economics, 2007, 122 (2) : 569–600.

[99] Orlowski J, Wicker P. The monetary value of social capital [J] . Journal of Behavioral and Experimental Economics, 2015, 57(8): 26–36.

[100] Ortiz-Molina G, Phillips M. Real asset illiquidity and the cost of capital [R] . Working paper, University of British Columbia, University of Southern California, 2012.

[101] Peneder M. The impact of venture capital on innovation behavior and firm growth [M] //Perspectives on Financing Innovation. Routledge, 2014: 193–223.

[102] Penrose E. The theory of the growth of the firm [M] . Oxford: Oxford University Press, 1959.

[103] Pretty J, Ward H. Social capital and the environment [J] . World Development, 2001, 29 (2) : 209–227.

[104] Puri M, et al. What do a million observations have to say about loan defaults? Opening the black box of relationships [J] . Journal of Financial Intermediation, 2017, 31: 1–15.

[105] Rajapathirana R P J, Hui Y. Relationship between innovation capability, innovation type, and firm performance [J] . Journal of Innovation and Knowledge, 2018, 3 (1) , 44–55.

[106] Rosenbaum P R, Rubin D B. The central role of the propensity score in observational studies for causal effects [J] . Biometrika. 1983, 70 (1) : 41–55.

[107] Rosenbusch N, Brinckmann J, Müller V. Does acquiring venture capital pay off for the funded firms? A meta-analysis on the relationship between venture capital investment and funded firm financial performance [J] . Journal of Business Venturing, 2013, 28

(3): 335–353.

[108] Santikian L. The ties that bind: Bank relationships and small business lending [J]. Journal of Financial Intermediation, 2014, 23 (2): 177–213.

[109] Schumpeter J A. Theory of economic development [M]. Routledge, 1912.

[110] Shleifer A, Vishny R. Liquidation values and debt capacity: A market equilibrium approach [J]. Journal of Finance, 1992, 47 (4): 1343–1366.

[111] Sibilkov V. Asset liquidity and capital structure [J]. Journal of Financial and Quantitative Analysis, 2009, 44(5): 1173–1196.

[112] Silva F, Carreira C. Do financial constraints threat the innovation process? Evidence from Portuguese firms [J]. Economics of Innovation and New Technology, 2012, 21(8): 701–736.

[113] Smythe D J. Bounded rationality, the doctrine of impracticability, and the governance of relational contracts [J]. Southern California Interdisciplinary Law Journal , 2004(Spring).

[114] Spiller P T. On vertical mergers [J]. Journal of Law, Economics and Organization, 1985, 1 (2): 285–312.

[115] Stiglitz J E, Weiss A. Credit rationing in markets with imperfect information [J]. American Economic Review, 1981, 71 (3): 393–410.

[116] Stiglitz J E. Leaders and followers: Perspectives on the Nordic model

and the economics of innovation [J] . Journal of Public Economics, 2015, 127: 3–16.

[117] Strieborny M, Kukenova M. Investment in relationship–specific assets: Does finance matter? [J] . Center for Economic Research, 2010, 1: 1–36.

[118] Talavera O, Xiong L, Xiong X. Social capital and access to bank financing: The case of Chinese entrepreneurs [J] . Emerging Markets Finance and Trade, 2012, 48 (1) : 55–69.

[119] Teece D J, Pisano G, Shuen A. Dynamic capabilities and strategic management [J] . Strategic Management Journal, 1997, 18(7): 509–533.

[120] Titman S, Wessels R. The determinants of capital structure choice [J] . Journal of Finance, 1988, 43 (1) : 1–19.

[121] Turner J C, Oakes P J. The significance of the social identity concept for social psychology with reference to individualism, interactionism and social influence [J] . British Journal of Social Psychology, 1986, 25 (3) : 237–252.

[122] Uzzi B, Lancaster R. Social capital and the cost of business loan contracting [R] . SSRN Working Paper, 2001.

[123] Vicente–Lorente J D. Specificity and opacity as resource–based determinants of capital structure: evidence for Spanish Manufacturing Firms [J] . Strategic Management Journal, 2001, 22 (2) : 157–177.

[124] Waegenaere A, Sansing R C, Wielhouwer J L. Multinational taxation

and R&D investments [J] . The Accounting Review, 2012, 87 (4) : 1197–1217.

[125] Wang G C, Li S L, Wang X, et al. Relationship–specific investment, guanxi behavior, and salesperson–owned customer loyalty transfer [J] . Social Behavior and Personality, 2014, 42(7): 1147–1166.

[126] Wernerfelt B. A resource–based view of the firm [J] . Strategic Management Journal, 1984, 5 (2) : 171–180.

[127] Wernerfelt B. From critical resources to corporate strategy [J] . Journal of General Management, 1989, 14 (3) : 4–12.

[128] Williams O, Masten S E. Transaction Cost Economics [M] . England: Edward Elgar, 1995.

[129] Williams R. The determinants and effects of supplier–customer contracting [R] . Working Paper, Georgia State University, 2011.

[130] Williamson O E. The vertical integration of production market failure consideration [J] . American Economic Review, 1971, 62(02): 112–123.

[131] Williamson O E. Transaction Cost Economics: The government of contractual relations [J] . The Journal of Law and Economics, 1979, 22 (2) : 233–261.

[132] Williamson O E. The economic institutions of capitalism [M] . New York: Free Press, 1985.

[133] Williamson O E. Corporate finance and corporate governance [J] . Journal of Finance, 1988, 43 (3) : 567–591.

[134] Williamson O E. The mechanism of governance [M] . Oxford University Press, 1996.

[135] Wu W P. Dimensions of social capital and firm competitiveness improvement: The mediating role of information sharing [J] . Journal of Management Studies, 2008, 45 (1) : 122–146.

致 谢

THANKS

本书的主要内容源自自己的博士学位论文。一样的求学之路，自己博士之旅和硕士之旅的体验大不一样。感谢恩师殷孟波先生和师母对我一如既往地教导、培育和宽容；感谢家人和生命中的有缘人赋予我的力量。让我有信心和勇气跨越博士之旅的漫漫雄关，在硕士毕业十年以后有幸再圆金融科研梦，并在本研究的收官阶段收获凛然一觉——十年前研究的并购贷款不就是科技金融银投合作的雏形吗？战略性并购重组所要获取的资源不就是本书探讨的“VRIN/O”资源吗？企业并购和纵向一体化，自由现金流和剩余索取权，等等，这些术语在两篇学位论文中原来是可以对应的。事实上，自己十年前完全不懂科技金融和新制度学理论是什么，却懵懵懂懂地写了相关的学位论文。在博士阶段虽然参与了科技和制度金融学相关课题，却并不明白和硕士学位论文的联系。这一兜兜转转，真的像是做了一回梦。

这一觉十年的科研梦，梦白了太多的黑发。想当年，在长安城有幸拜读恩师的文章，千里迢迢奔赴成都光华村，聆听恩师的教诲，恩师告诫弟子们“做科研要有信念找到属于自己的那一粒种子”。找一粒种子，也就是自己奔赴光华村的初心吧。翻开硕士学位论文的致谢，十年前似乎已经找到种子了，为什么在后来的工作中会惴惴不安呢？十年后，自己已年逾不惑的凛然一觉依然是幻觉？无论如何，现在都该真心实意地感谢这么多年支持我坚持走下去的有缘人。

感谢恩师以博大的胸襟和非凡的气度宽容弟子的才疏学浅，还一再为我指路，坚定我的信念，接引我迈入制度金融学学术之门。正如Williamson O E所忠告的，学习这一门学问很有趣，也有益于健康，但是挑战很大，也异常艰难。因为学习这一门学问需要知行合一，要具备跨学科知识。在而今重头迈步之际才清醒一点，自己性资褊浅，这么多年太让恩师费心费力了。

感谢赐予我力量的师长和同人，要不然，那迟来的凛然一觉可能还得再等等；感谢母校西南财经大学和贵州财经大学为我传道授业的老师们；感谢在成都东坡路和东大街一带一起“田野调查”的老师们；感谢西安边家村周边大学的启迪；感谢西安银行、中国东方资产管理公司各位同人共享的科技金融知识；感谢白华金、毕文胜、王坤林等诸位兄长的长期襄助，使自己对“金融法治”的认知更加深刻。

感谢光华楼704和706的兄弟姐妹和博士班同学的同窗情谊，博士之旅有您们相伴，一路上增添了好多“不到长城非好汉，屈指行程二万”的英雄气概。

感谢我的家人，是您们给了我“一觉十年”和“用眼睛换智慧之泉”的勇气！长辈教导我做人要懂感恩，特意取名，字“涌泉”以提醒。谨以此书致敬赋予我生命、勇气、信任、希望和爱的6位父母亲人。再次真心感谢生命中遇见的或未曾谋面的有缘人！祝愿我们之间的缘、恩、情，如同村头的岷山岷水，山高水长……

吴佳其

2021年惊蛰于光华楼